国家社科基金
后期资助项目
GUOJIA SHEKE JIJIN HOUQI ZIZHU XIANGMU

网络主权论

Cyberspace & Sovereignty

赵宏瑞 著

九州出版社 | 全国百佳图书出版单位
JIUZHOUPRESS

图书在版编目（CIP）数据

网络主权论 / 赵宏瑞著. -- 北京 ：九州出版社，
2018.9

ISBN 978-7-5108-7443-7

Ⅰ．①网… Ⅱ．①赵… Ⅲ．①计算机网络－主权－研
究 Ⅳ．①D992

中国版本图书馆CIP数据核字(2018)第198957号

网络主权论

作　　者	赵宏瑞　著	
出版发行	九州出版社	
地　　址	北京市西城区阜外大街甲 35 号（100037）	
发行电话	(010)68992190/3/5/6	
网　　址	www.jiuzhoupress.com	
电子信箱	jiuzhou@jiuzhoupress.com	
印　　刷	三河市九洲财鑫印刷有限公司	
开　　本	787 毫米×1092 毫米　16 开	
印　　张	15.5	
字　　数	285 千字	
版　　次	2019 年 8 月第 1 版	
印　　次	2019 年 8 月第 1 次印刷	
书　　号	ISBN 978-7-5108-7443-7	
定　　价	78.00 元	

国家社科基金后期资助项目
出版说明

后期资助项目是国家社科基金设立的一类重要项目，旨在鼓励广大社科研究者潜心治学，支持基础研究多出优秀成果。它是经过严格评审，从接近完成的科研成果中遴选立项的。为扩大后期资助项目的影响，更好地推动学术发展，促进成果转化，全国哲学社会科学工作办公室按照"统一设计、统一标识、统一版式、形成系列"的总体要求，组织出版国家社科基金后期资助项目成果。

全国哲学社会科学工作办公室

作者的话

　　70 年前计算机发明，50 年前网络出现，30 年前互联网普及，网络信息技术的快速发展使得人们对网络的看法尚无一致的全球公论。人们期待着它——它能加速人类文明进程；同时也防范着它——它在加剧霸权威慑。

　　网络本体，亦可为善、亦可为恶。上网冲浪，环顾世界，带来超越时空的快感；上网窃密，跨国网袭，则是危害国家安全的隐形犯罪抑或是恐怖战争。传统主权与传统法治，何以保护"此类"的行为、惩戒"彼类"的犯罪、维护国家的主权？

　　关于网络与主权的关系，美国一些智库已领先研究了 20 多年。哈佛大学法学教授劳伦斯·莱斯格[①]（Lawrence Lessig）著述过"网络超主权""网络全球主权""网络民主前提论"等网络与主权关系的理论。但 20 年来，关于网络主权的国际争论从未停歇。目前，联合国的 196 个成员国和地区距离达成网络法治共识尚很遥远。

　　研究网络主权，旨在防范网络技术的突变有可能带来的负面危害。本书研究了网络正义和主权正义。若是切断主权正义的文明传统，那么网络"硬币"的背面将会给世界带来邪恶的阴影。在当代，当网络霸权威慑国家主权存亡，国家主权就到了最危险的时刻。目前，中国通过《中华人民共和国国家安全法》率先在世界上宣誓了"维护网络空间主权"。

　　网络认知是本研究面临的第一个难题。它必须跨越计算机、电信、物理、数学等学科的门槛，因为不同学科对网络有不同的认知。笔者只好在

---

　　① 劳伦斯·莱斯格，1961 年 6 月 3 日生，他曾是 2016 年美国民主党中仅次于希拉里·克林顿（Hillary Clinton）、伯尼·桑德斯（Bernie Sanders）的排名第三的总统候选人。

内心假设自已回到 18 岁，进入了计算机学院、电信学院、物理学院、数学学院等重新开始学习，阅读了全球流行的多部理工类著作，又研究了全球网络治理机构与各学科的种种术语、技术标准、机构缩写等此前并不熟悉的知识，以求补上短板。

主权演进是本书研究面临的第二个难题。世界本无主权。五百年来，"主权在君""主权在民""主权在国"，这些源自西方的传统主权思想，建构了近现代的国家理论，这与中国五千年形成的"天下观"并不完全兼容。法律是秩序的"刻度"，笔者梳理了截至 2017 年底的 249 部中国国内法与近 500 部国际法，试图廓清网络主权的法治边界。

理论提炼是本书研究面临的第三个难题。好的理论，是能服务实践的"钥匙"。这把"钥匙"是否好用，要看它是否能统筹好各种可能性，还要看它是否能为政策实践提供依据。本书提出了"网络统筹"的理论和"网络熵公式"，其作为网络主权的"抓手"和工具，有待检验这把"钥匙"是否好用。

初生的婴儿总是不美的，革新中的事物也是如此。研究社会革新，存在着多种理论进路。但是，"这是一个需要理论而且一定能够产生理论的时代"①。笔者不揣冒昧，恳请各位先进给予指正。

赵宏瑞于哈工大校园
初稿 2016 年 5 月 30 日
修订 2017 年 12 月 31 日

---

① 习近平：《在哲学社会科学工作座谈会上的讲话》（2016 年 5 月 17 日），新华网，[N/OL]，http://www.xinhuanet.com//politics/2016-05/18/c_1118891128_2.htm。

目　录

第一编　本体论

导言 推究网络主权，谋划良法善治

> 信通技术属于两用技术，可以为善，也可以为恶。任何信通技术装置都可以是滥用的来源和目标。信通技术的恶意使用很容易隐藏，要追查到某一特定的犯罪人可能有困难……全球信通技术网络的连通性，加剧了这一问题。
>
> ——"威胁、风险、脆弱性"[①]

2016年2月22日，美国《时代》周刊刊登了《互联网正在削弱美国力量》[②]一文，文章提出美国的网络力量正在被削弱，且或将被逆转。文章阐述了三个原因：一是中国正在开发对抗性新技术；二是中、俄、伊朗等国开始主张网络主权；三是美国自身因创造并监管着互联网，反而掉以轻心，产生了政治忽视与政策短视。

国际媒体立即关注到了这一观点。有评价认为，这是在给不久前美国的斯诺登"棱镜门"事件刻意地"洗白"。斯诺登曝光美国代号为"棱镜"的秘密监控项目，使各国信息安全部门感到了空前的恐慌，因为这一事件正式地宣告了美国"网络威慑时代"的来临，尽管这一宣告并非来自美国的白宫或国务院。

互联网（The Internet）的发明，起源于美苏"冷战"时期的军备竞赛。斯诺登事件暴露出了在互联网之外存在的那些"暗网"（Hidden Web）[③]，这些"暗网"悄无声息地威慑着各国的安全。

美国掌握着全球网络的"总开关"。美国国家电信和信息管理局（NTIA）负责管理全球域名、"根区文件"、IP地址、DNS域名解析等全

[①] 第 68 界联合国大会文件，A/68/98，第五条，联合国官网，[N/OL]，https://documents-dds-ny.un.org/doc/UNDOC/GEN/N13/371/67/PDF/N1337167.pdf?OpenElement，2016-4-27。

[②] 作者是亚当·赛格尔，美国外交关系协会的中国问题专家、网络政策专家，著有《黑客世界秩序》。

[③] 指不能够被搜索引擎所发现的隐蔽网络。

球网络的"电话号码簿",它有能力把一个国家的根区域名从网络空间上彻底"抹去"。国际社会应当如何共治"根区文件和系统管理",已被联合国互联网治理工作组列为 14 个公共政策议题之首。这已表明,网络作为非传统威胁,正在改变着既存的世界秩序。

一、网络威胁

网络博弈决定着人类的前途命运。正如 2015 年 12 月 16 日习近平在乌镇讲话中总结的那样:"尊重网络主权。《联合国宪章》确立的主权平等原则是当代国际关系的基本准则,覆盖国与国交往各个领域,其原则和精神也应该适用于网络空间。我们应该尊重各国自主选择网络发展道路、网络管理模式、互联网公共政策和平等参与国际网络空间治理的权利,不搞网络霸权,不干涉他国内政,不从事、纵容或支持危害他国国家安全的网络活动。"① 2015 年,《中国人民共和国国家安全法》颁布实施,中国首次在国际社会立法倡导"维护国家网络空间主权"。

认知网络本体、确立网络主权决定着世界的未来。2016 年 4 月 19 日,习近平在网络安全和信息化工作座谈会上指出:"从社会发展史看,人类经历了农业革命、工业革命,正在经历信息革命。""网信事业代表着新的生产力、新的发展方向。""互联网核心技术是我们最大的'命门',核心技术受制于人是我们最大的隐患。""增强网络安全防御能力和威慑能力。网络安全的本质在对抗,对抗的本质在攻防两端能力较量。"②

在传统的跨国连接的电波、电报、电话、电网等网络世界中,传统的国际秩序已有国际法来规制。但自从互联网的发明、普及与跨国使用以来,它冲击了传统电信网络的主权边界。目前来看,互联网的发展存在着先发性的技术垄断,世界各国对这些先发技术垄断自然而然地形成了路径依赖,国际社会因观点分歧也无法达成公正合理的国际网络公约。

本书研究的网络(cyber),是指一切的电子信息通信网络,这些网络构成电磁网络空间。当前,一切的电子信息通信网络,包含着通讯、存储、导航、授时、定位等功能。网络概念在世界范围内的科学定义尚无共识,各国教科书描述的网络都是局部性的技术定义。故此,有必要对网络进行整体的逻辑概括与总体认知,否则就难以成为法治的客体与对象。

---

① 习近平:《在第二届世界互联网大会开幕式上的讲话》(2015 年 12 月 16 日),新华网,[N/OL], http://www.xinhuanet.com//politics/2015-12/16/c_1117481089.htm。

② 习近平:《在网络安全和信息化工作座谈会上的讲话》(2016 年 4 月 19 日),人民网,[N/OL], http://www.cac.gov.cn/2016-04/25/c_1118731366.htm。

本书的写作目的，是为了大视野地认知网络、网络世界、网络主权，并采用极简的总量数学公式表达其安全程度，以科学提供网络主权的法治依据。其中：大视野地认知网络，是要总括网络要素，摆脱技术定义；大视野地认知网络世界，是要穷尽网络要素，形成本体认知；大视野地认知网络主权，是要前承传统主权理论，后继网络技术颠覆所叠加的现实博弈；采用极简公式表达网络主权疆域中的总量安全变化趋势，是为了奠定基础理论、服务网络治理。

二、反制霸权

目前，美国控制着全球网络核心技术和软硬件的生产。美国的中央处理器（CPU）产量占世界的 92%，系统软件占 86%，大型数据库占 70%。哈佛大学法学院劳伦斯·莱斯格教授在 21 世纪初就提出了"网络超主权论""全球人民主权""网络民主前提论"的网络主权观，论证主权国家对网络没有主权管辖权。他的理论实质，是凭借网络霸权反对网络主权；他的学术思想，奠基了美国当今的网络政策走向。

互联网的普及，对传统国家主权提出了新的挑战。2014 年 7 月 16 日，习近平在巴西国会发表演讲时就谈道："虽然互联网具有高度全球化的特征，但每一个国家在信息领域的主权权益都不应受到侵犯，互联网技术再发展也不能侵犯他国的信息主权。在信息领域没有双重标准，各国都有权维护自己的信息安全，不能一个国家安全而其他国家不安全，一部分国家安全而另一部分国家不安全，更不能牺牲别国安全谋求自身所谓绝对安全。"[①]

反制网络霸权，有赖于网络基础理论的升华和网络学科体系的创新，以增强面向实践的价值判断。如果说网络是虚拟技术，那么，100 多年前的广播、雷达、电报等技术早就是虚拟技术。网络，首先是信息物质载体的物理存在——网络信息载体的物质性，决定了网络主权的客观性。

反制网络霸权，必须厘清"网络有主权，主权辖网络"的法理。网络主权区别于传统主权，是当代技术突变的结果。网络技术的突破可能带来美好的未来，也可能带来违背法治良知的后果。只有依据《联合国宪章》精神，推动网络主权平等共治，才是反制网络霸权的正确做法和正义道路。

反制网络霸权，还需要以国际法、国际政治、主权理论、计算机科学、电信科学等多学科支撑网络主权研究，把网络主权治理的范畴涵盖到整个

---

① 习近平:《弘扬传统友好 共谱合作新篇——在巴西国会的演讲》(2014 年 7 月 16 日)，新华网，[N/OL]，http://www.xinhuanet.com/world/2014-07/17/c_1111665403.htm。

网络空间中的电子信息系统、电磁设备、信息数据、互联网、电信网、广电网、物联网、工控网等全部网络活动之中,以全面防范网络技术滥用所引发的安全风险。近150年来,全球信息通信技术的发展是基于信息论、控制论、系统论。本书在此"三论"之上,延伸构建出全新的统筹论,原创提出"统筹熵"的概念公式,谋求达到动态、量化呈现网络全部要素的整体图景,从而科学论证网络主权的物质属性与物理疆界。

三、攸关共治

网络空间是人造空间,它源于人类的普遍联系。人群之间的普遍联系,构成了网状连接。人们普遍联系的方法,依赖通信;通信联系的平台,依赖网络;人类普遍联系的活动,都依赖着信息。

人类的普遍联系和网状通信的历史演进,构成了人类社会与文明的演进。人类社会中,各国基于各自的领土、人民、政权,构成了《联合国宪章》下的平等主权。各国在主权范围内建设了传统网络,实现了跨国连接,达成了和平的传统世界秩序。

当代的网络源于电信,互联网源于电信网。美国的电信立法,起源于1910年的《无线电法》,已有100多年的历史,美国早已开始对自身网络主权进行法治布局。美国反对他国网络主权的法治与实践,是出于其技术霸权、政治霸权、军事霸权的考虑,这背后有着深厚而周密的思想基础、理论支撑、实力后盾和战略安排。

随着互联网的深入发展,各个主权国家均不愿意本国权利受到域外国家的限制。美国面对各国在互联网领域的共治呼声,也开始调整其网络政策——从倡导公开、自由,正在转变为寻求全球"多利益攸关方"(Multi-Stakeholder)政府、企业、公民社会"攸关共治"的合作模式。

美国国家电信和信息管理局借助互联网名称与数字地址分配机构(ICANN)的改革,开始了美国的网络政策转向——以"多方利益相关者流程"来重塑这一转向的开放性做法,以全球非政府民间社群的协商一致方式来达成合意,以建立世界互联网"攸关共治"的新秩序。但是,这种所谓利益"攸关共治"模式的网络政策,仍是更有利于强者。

各国大型网络社群和大型商业机构能普遍支持参加这一"攸关共治"模式,而美国以外的广大普通民众及其国家主权代表者(政府),则无法或极少有机会参与其中。

尽管全球网络"攸关共治"模式被许多国家政府所怀疑,但它毕竟是迈向了互联网全球共治的一步。尽管ICANN决定奉行"自下而上"的改革宗旨，以优化管辖全球 40 多亿网民使用的网站的域名，但这种特殊的非官方国际组织新模式，已经一定程度上具有网络主权之间的相互依存、协商共治的新特征。

网络主权之间的合作与博弈，决定世界的未来走向。尽管世界多数国家的网络立法尚不够健全，但这依然改变不了"网络天然属主权，主权天然辖网络"的正义共识。"认事""用法"，是法治的逻辑。"认知安危，安内攘外"，是主权的职责。主权国家间的网络共存与共治，必然要回归到人类文明之中的理性共识。

中国发展网络科技，从跟跑、并跑到领跑，首先需要把方向搞清楚。顶层设计，不应是"在别人的墙基上砌房子"，而应是在历史的图纸上科学地筹划未来。颠覆性的网络技术超越，有赖于成熟的顶层设计与理论奠基。本书基于科学辩证的理论升华与学说构建，得出"网络正义 = 技术进步 + 主权平等 + 攸关共治"的政策前瞻。

展望未来，只要粗略计算一下世界主要经济体的发展速度，就会发现国际经济格局将会发生剧变。基于 2014 年底中、美、日 3 国和欧盟 28 国过去 17 年的 GDP 数据，可以推算出中国的 GDP 可能在 2022 年超过美国。

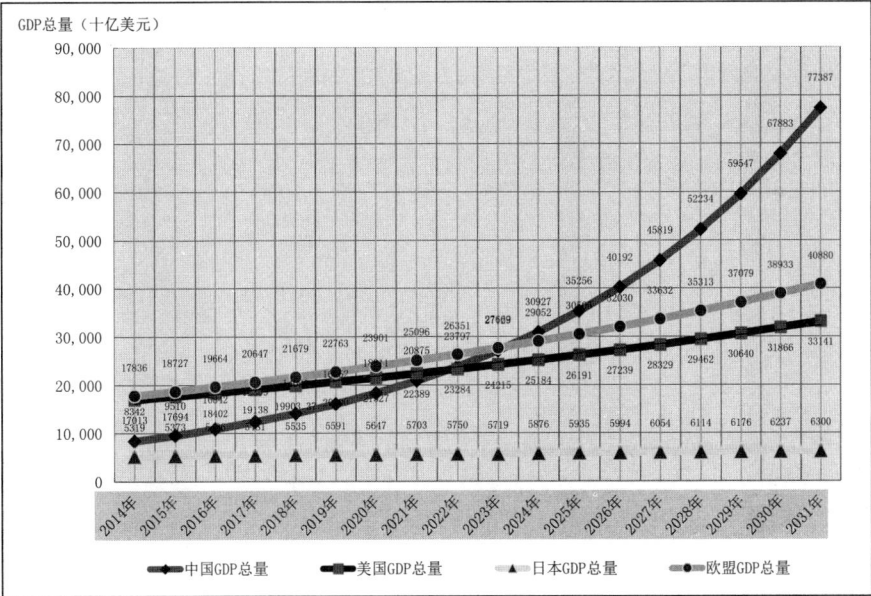

图 0-1："17 年曲线"——2014—2031 年 GDP 预测

图 0-1 所示"17 年曲线"，是基于平均经济增速，不考虑中国经济"新常态"、美国商务部调增其本国 GDP 核算方法、有些地缘冲突可能改

变全球的经济增长、当前的技术突变与货币超发等变量因素，它只是一种单纯的估算——而这其中，网络、货币、军力等变量，最具有打断世界经济发展惯性进程的可能性，最具有威胁世界和平与稳定的可能性。这些变量值得人们高度警惕。经由网络主权研究来防范网络威胁、对治网络霸权，是本书研究网络主权的学术出发点。

第一编 本体论

　　本体论，是对万物本源的追问。网络本体论，是对网络本源与实体存在的总括和描述——通过描述网络的整体要素，全面地认知网络的实体面貌，在通用概念意义上回答"网络是什么""网络空间存在什么样的秩序""网络整体与传统主权是什么关系"以及"若网络主权存在且成立，那它是由哪些要素构成的"等问题。

第一章　网络的本体

研究好网络的本体性疑问，是在网络秩序中能动地构建良法善治的科学前提。网络主权本不是一个不证自明的共识，其原因在于"网络是什么"这一问题在不同学科存在着不同的认知——大多数人认为网络就是互联网，但是，计算机科学、电信科学、管理科学、社会学学科分别定义了网络是计算机系统、电信系统、大数据体系、公众舆情空间。

第一节　网络信息空间

在科技史上，科学家们先探索了电子信息，后创造了网络空间（Net，Web，Network，The Internet，Cyberspace）。在更早的时候，人们是先看到了蜘蛛网，然后才建造出了人工模拟的各类圈层结构。科学家认知了圈层结构，创造了网络空间，极大拓宽了人类自身能动性的活动范畴。

一、网络空间

人类传递信息的网络，最初是一种采用天然物体的自然存在，之后才是采用了电子载体的人工存在。自然信息网络和人工电子网络，都同样地承载着信息的输入、识别、发送和交互的作用。

先是从结绳记事、发明文字，人们开始存储信息；之后是利用烽火报信、建立驿道来传递军事信息——人类通过网络传递信息，可以溯源到远古的自然网络时代。目前发展起来的电磁网络空间，拥有着与古代通信网络同样的信息传输作用。在当今复杂的网络系统中，信息、人员、货物、能源乃至货币，都是通过网状传递、交互流通着的。

自古至今，人们通过如下网络空间传递着物质与信息：

烽火网。作为最初的网络建构，烽火网可以追溯到中国两千多年前的先秦时代。长城即是在历史上可考证的第一个军事安全情报网络。人们在长城网络体系中设置有大量烽燧（烽火台）作为信息的传递节点，台台相连，传递情报。

道路网。因交通运输的需要，道路系统本身也形成了信息通信的网络。道路在古代中国、欧洲都发挥着促进文明融合、统一、发展的重大作用。在没有电磁传输的古代，用于客运和货运的道路是最重要的信息通道。在当代，随着道路电话系统、超速监控系统、不停车电子收费系统（ETC）、无人驾驶网络汽车的运行，被智能化了的道路系统本身，已经可以作为含有电子信息交互网络的基础设施。

海运网。世界海运网络从零星的贸易路线到遍布全球的贸易网络的形成，经历了长达五千多年的时间，其发展历程可分为四个阶段：初现期（公元前3000—公元前2000年）、均衡发展期（公元前2000—公元1763年）、剧变期（1763年—20世纪末）及平稳发展期（20世纪末至今）。世界海运网络的演变，不仅是与相关地区的资源禀赋及其市场供需状况有关，还与其地理位置、地缘政治、经济发展息息相关。[①]

贸易网。自古以来，探险、扩张、争夺、朝贡、贸易，一直是世界列强角逐的游戏。只有在地缘政治稳定的和平条件下，公平合理的贸易秩序与网络才能确立和展开。在公元元年前后，"贸易商们开拓的路线飞速延伸"[②]，表明跨国贸易和区域贸易在两千年前就形成了网络。目前，在世界贸易组织（WTO）主导下，世界各国形成了33万亿美元的世界贸易量（2016年底）。塞拉诺等学者研究发现，当今全球化下的国际贸易网络具有"无标度"和"小世界"等复杂的网络特征；另一些学者研究认为，当今国际贸易网络的"无标度"属性还是与经济"长周期"的关系密切。[③]

邮政网。早在电力、电信、能源等网络形成之前，古代邮驿已经形成网状的雏形，近代邮政更是跨越国界，将全球190多个国家和地区连接起来，率先形成了覆盖范围最广的实物传递网络。自20世纪90年代开始，基于互联网属性的邮政网络组织结构研究开始盛行；自21世纪起，从企业层面研究探索邮政网络对经济活动的作用和影响为物流产业的进一步发展明确了方向。[④]

---

① 李振福等：《世界海运网络演变及未来发展趋势研究》，《太平洋学报》2014年第5期，第104页。

② 〔英〕彼得·弗兰科潘（Peter Frankopan）：《丝绸之路：一部全新的世界史》，邵旭东、孙芳译，浙江大学出版社，2016，第14页。

③ Li X, Jin YY, Chen G.R., "Complexity and synchronization of the world trade web", *Physica A* 328(2003): 287-296.

④ 陆培敏：《浅析邮政网络的特性和经济效应》，《邮政研究》2011年第2期，第9页。

电报网。1753 年，英国人曾尝试过用代表 26 个英文字母的 26 根电线进行信息传输；1804 年，西班牙人也尝试运用浸在盐水中的电线发出的小气泡代表不同字母和符号来传输电报。用电进行通信，有很长的实验历史。19 世纪 30 年代，由于铁路的迅速发展，迫切需要一种不受天气影响、没有时间限制、又比火车跑得快的通信工具。1836 年，美国人塞缪尔·莫尔斯（Samuel Morse）发明了"通电—断电"组成的字母编码，终于发明了电磁电报（magnetic telegraph），随后形成"点对点"传递文字的电报网。

电话网。1860 年，电话的发明人是意大利裔美国人安东尼奥·梅乌奇（Antonio Meucci），他在发明电话时称其为"会说话的电报机"。最早的电话通信是两部电话机之间用导线连接的通话，目前已经发展成为众多用户可以两两通话甚至多方通话的网络。电话网由众多的程控电话交换机构成连接中心，连接着传输电路和用户终端。当前的电话网分为业务网和支撑网，支撑网包括时钟信号频速同步网、多级交换信道信令网、传输监控网和网络管理网等。电话网经历了由模拟电话网向综合数字电话网的演变，目前已兼容众多的非电话业务。1865 年成立的国际电信联盟（ITU）负责国际电报、电话、电信秩序的建立，作为联合国的一个专门机构，ITU 主管着国际电信标准、无线电通信和全球电信发展。

电力网。1875 年，巴黎建成世界上第一座火电厂；19 世纪 80 年代，英国和美国建成世界上第一批水电站；20 世纪初出现大规模的电力系统，将自然界的一次能源通过机械能装置转化成二次能源的电力，以电能作为动力的能源，由发电、输电、变电、配电、用电等环节组成电力网络，掀起了人类自机械革命之后的电力革命。随着电网（grid）与电厂（power plants）、用户（users）之间达成了电力互联，20 世纪末开始出现智能电网，电力网中的调度中心实现了电能"发、输、配、送、用"双向信息的智能化运行。

航空网。1890 年，法国人克雷芒·阿德尔（Clément Ader）发明了历史上第一架不可操纵的蒸汽发动机飞机；1903 年，美国莱特兄弟（Wright Brothers）制造了有机翼控制的活塞发动机飞机。自此，人类进入了航空时代。航空（aviation），是指飞行器在地球的空气空间内[①]飞行；自 1944 年国际民用航空组织（International Civil Aviation Organization）成立以来，它通过规划国际航线网络、制定航空运输的通信导航空中交通管制等规

---

① 国际航空联合会定义的大气层和太空的界线，是距离海平面以上 100 千米。

则，规制了全球的航空网络体系。如果把机场看作节点，连接机场的航线看作边，机场的吞吐量看作点权，航线上的运量（或航程）看作边权，这样，就可以把航空网络抽象地看作是一个复杂的"加权网络"。①

广播网。1895 年，意大利的马可尼、俄国的波波夫同时发明了无线电波；1906 年，美国马萨诸塞实验电台首次实现了广播。②广播网（Radio Network）是通过无线电波或导线传送声音的通信网络。通过无线电波传送的，称为无线广播；通过导线传送的，称有线广播。广播把声音通过话筒转换成音频电信号，通过高频电流形成无线电波、向外发射，收音机天线在接收到无线电波后还原声音，完成了声电转换。广播的受众对象广泛，即时迅速；劣势是被动收听，一瞬即逝。

电视网。1925 年，在有了"电文转换"的电报（telegraph）、"电声转换"的电话（telephone）的基础上，众多发明者纷纷探索"电图转换"的电视（television）。其中，英国科学家约翰·洛吉·贝尔德（J. L. Baird）制造出了第一台能传输图像的机械式电视机；1928 年，他又开发出第一台彩色电视机；1930 年，他开始了有声电视节目的试播。早在 1883 年，德国人发明了"尼普科夫圆盘"，使用机械扫描方法首次发射了每幅画面有 24 行线的图像；1908 年英国的肯培尔·斯文顿、俄国的罗申克夫提出了电子扫描原理；1931 年，美国人费罗·法恩斯沃斯发明了有光电管和阴极射线管的摄像机和电视机，确立了电子电视系统的传播垄断地位，真正意义上的现代电视诞生了。目前，有线电视网（CATV）已经发展成高效廉价的综合可视性网络，它具有频带宽、容量大、功能多、成本低、抗干扰、支持多种业务、连接千家万户、可实现点播互动等优势，代表了"信息高速公路"的发展方向。

石油管线网。第一次世界大战后，英国获得伊拉克委任统治权，插手波斯（伊朗）、埃及、阿富汗政局，于 1925 年建成了世界最初的石油管线，把石油从波斯湾输送到地中海，成为"大英帝国的颈动脉"。③目前，全球在役的油气管道大约 3800 条，总里程大约 200 万千米，其中天然气管道约 127 万千米，占 65%；原油管道约 36 万千米，成品油管道约 25 万千米，液化石油气管道约 8 万千米。全球管道的分布占比是：北美 43%，俄

---

① 俞桂杰：《复杂网络理论及其在航空网络中的应用》，《复杂系统与复杂性科学》2006 年第 1 期，第 81 页。

② 李明祥：《广播的直播与录播》，《新闻大学》1996 年第 2 期，第 60 页。

③〔英〕彼得·弗兰科潘（Peter Frankopan）：《丝绸之路：一部全新的世界史》，邵旭东、孙芳译，浙江大学出版社，2016，第 3-296 页。

罗斯 15%，中亚 14%，欧洲及亚太地区 14%，中东非洲 10%，拉丁美洲 4%；中国油气管道总里程在 13 万千米左右。[①]

卫星导航网。1958 年，美国军方联合计划局开始建设"子午仪"卫星导航系统（Transit Navigation Satellite System）。20 世纪 70 年代，美国陆海空三军联合研制了新一代卫星定位系统（Global Positioning System，GPS）。人类利用太阳、月球等自然天体进行导航，已有数千年的历史。利用人造天体进行卫星导航，是由导航卫星（空间端）、地面台站（地面端）、用户设备（用户端）三个部分组成的天地信息网络系统，具有定位（positioning）、导航（navigation）、授时（timing）三大主要功能。[②] 目前，中国北斗卫星导航系统（CNSS）是继美国 GPS、俄罗斯全球卫星导航系统（GLONASS）之后的第三个成熟的卫星导航系统；欧盟的伽利略卫星导航系统（GSNS）也已经发射了 18 颗卫星，具备了早期操作能力。

国际金融网。随着国际金融一体化进程的不断推进，金融活动的集聚导致了金融资产的频繁流动。重要的国际金融中心掌握了大多数的金融资源，使得国际金融网络表现出较明显的群体结构特征和网络同配性，它属于典型的"无标度"网络。如果将全球的主要国际金融中心（主要指股票市场和债券市场）看作是网络节点，节点之间的跨市场金融活动则存在着"连接关系"，全球由此构建出的复杂网络就可以称为国际金融网络。[③]

国际互联网。互联网在学术上一般被看作是一组相互连接的计算机网络。[④] 根据计算机教科书的定义，它是网络与网络之间串连成的庞大网络，这些网络以一组标准的网络 TCP/IP 协议族相连，链接着全世界数十亿个设备，形成逻辑兼容、规模巨大的国际网络。计算机网络，是计算机与传统通信技术的结合，它造就了计算机系统的全新组织形式。它通过一种依靠大量相互独立但彼此连接的计算机来共同完成计算任务。计算机网络是一组通过单一的逻辑技术相互连接以交互信息的自主计算机的集合。[⑤]

当代物流网。它是以交通基础设施与信息通信基础设施复合而成的现代货运体系。从现代物流行业的覆盖范围上来看，物流网络可以分为全球物流网络、区域物流网络、城市物流网络、场区物流网络等。物流网囊括

① 祝悫智、吴超、李秋扬等：《全球油气管道发展现状及未来趋势》，《油气储运》2017 年第 4 期。
② 赵宏瑞：《导航卫星立法的中国策略》，《中国航天》2017 年第 10 期，第 10-13 页。
③ 巴曙松：《国际金融网络及其结构特征》，《海南金融》2015 年第 9 期，第 4 页。
④ 赵杨：《网络规则的生成和演进》，博士学位论文，华东政法大学，2015，第 43 页。
⑤ 〔美〕特南鲍姆、〔美〕韦瑟罗尔：《计算机网络》（第 5 版），严伟、潘爱民译，清华大学出版社，2012。

了全面的"货源""运力""用户"等信息，采用电子标签、全球定位等管理手段，实现了全部物流活动在线路和节点上的交互进行。

上述网络，包含着天然物体或是电子设备，它们都处于真实存在的物理空间。

二、信息活动

从烽火台到互联网，网络空间都是在现实空间中的真实存在。它们既不是凭空捏造出的虚拟世界，也不是仿真虚构出的非物质世界。包括互联网在内的网络空间，都是连接（linkage）于真实世界的物理空间，都是物理空间中的一种人造的组成部分。

1. 信息活动原理——波粒二象性通信原理

信息依赖物质作为载体，信息在网络中是通过"波粒二象性"（wave-particle duality）原理进行信号传递的。波、粒、波和粒，三者真实存在，在量子力学上已被证明是具有承载信息的物质。

波粒二象性，是指有的物质仅仅具备波的性质，如电磁波；有的物质仅仅具备粒子的性质，如电流；有的物质同时具备波与粒子的性质，例如光。基本粒子以"波粒二象性"的方式承载、传递信息，构成了电子信号（signal）。波、粒、波和粒，这三种物质构成了电磁信息的物质载体。

2. 信息虚拟技术

在互联网时代，电脑操作系统中有所谓"虚拟"技术，实际上是把一个物理实体变为若干逻辑对应物的"镜像"（mirroring）过程。

中文中的"虚拟"含义，不完全等同于英文。英文单词"virtual"有三种含义，分别是"实质上的"；"虚拟的、镜像的"；"(粒子)实际存在的，例如光子（photon）的，是其他粒子在粒子场相互作用中产生的"。三种基本含义中的一种含义是"粒子存在"，它映射为中文的"虚拟"概念。国外工程师之所以采用"virtual"来命名计算机的虚拟技术，既是基于波粒二象性通信原理的科学基础，又是出于虚拟镜像技术的形象化描述。但是，这种形象化的描述不应被理解为虚无、虚空、虚构，更不应把互联网描述为神话般的非物质世界或非真实世界。

虚拟技术并非"虚无"。[①]虚拟技术是为了制造一种信息存储的"冗余"，它用于创建信息的副本和缓存。由于它给用户的感觉是实体物质，前者是实际存在的，而后者"镜像"则是虚拟的备份、缓存、副本、冗余，

———————
① 虞红芳、孙罡、狄浩、廖丹：《虚拟网络映射技术》，科学出版社，2014。

工程师索性将之称为"虚拟技术",并在电脑操作系统之中分别用来实现虚拟处理、虚拟内存、虚拟外部设备和虚拟信道等。实际上,虚拟技术仍然是真实技术、真实设备、真实信息,存在于真实空间。

虚拟技术旨在"安全"。互联网的发展历史显示,有五类网络虚拟技术推动了网络活动的深化:网络功能虚拟化技术(Network Function Virtualization, NFV)、覆盖网络技术(Overlay Network)、虚拟局域网技术(Virtual Local Area Network, VLAN)、虚拟专用网技术(Virtual Private Network, VPN)、主动可编程网络技术(Active Programmable Network, APN),这些技术在"多网共存"条件下实现了任务迁移、安全隔离、内容分发、分布存储,它们奠基并指引着下一代网络技术的发展方向。

虚拟技术更加"灵活"。它共享了物理网络资源,创建了多个虚拟网络(Virtual Network, VN),每个虚拟网络可以独立部署、独立管理、独立定制[1],以解决现有网络体系的僵化问题,摆脱硬件资源容量限制和网络配置的烦琐过程,为构建下一代互联网提供了技术基础。[2] 网络虚拟化技术基于基本的虚拟网络"映射"算法,研究多域网络环境下跨域资源的分配机制、节能机制、动态机制,满足网络个性化需求,提供网络个性化服务。

虚拟技术面临"升级"。所谓"软件定义网络"(Software Defined Network, SDN),在进一步升级的网络技术中,是与"网络虚拟化"技术平行,衍生出的另外一套技术体系。SDN技术的特点,是从底层数据中"分离"出一个逻辑控制;而"网络虚拟化"技术,则是对底层网络进行逻辑"抽象"。另外,无线网络虚拟化技术、光网络虚拟化技术、大数据和云计算技术也都共同地构成了网络技术代际升级的突破性前沿。

虚拟技术并非"尽头"。虚拟技术解耦了逻辑资源与物理资源,旨在提供更高的资源利用效率和更好的目标实现灵活性。网络虚拟技术推动了第二代互联网的到来,人们的网络活动从接入阅览升级到了社群互动。在此基础上又涌现出了移动互联、大数据与云计算、"软件定义网络"(SDN)等技术,它们目前被认为是下一代(第三代)互联网技术的发展趋势之一,被认为是当前信息通信技术(Information Communications Technology, ICT)领域的热点研究方向。

---

① Zugenmaier K.A., Jurca D., et al., "Network Virtualization: a Hypervisor for the Internet?", *Communications Magazine,* 50(2012):136-143.

② Chowdhury N. M., Boutaba R., "A Survey of Network Virtualization", *Computer Networks*54(2010):862-876.

3. 世界信息秩序

全球信息网络，真实地构成了一个客观存在的世界。在这个空间里存在着传统的国家主权空间和国际公域。与太空、极地、公海这些国际公域不同，全球信息网络，依然主要是处于以网络主体和网络平台所在的传统主权空间之内，同时横跨了领土空间、太空空间、海底空间等国际公域而连接存在。与传统的全球长途电话网络一样，其物理存在的国际空间都是一样的；与传统的全球长途电话网络不一样之处，在于电话号码由各国自行定义、颁发，而定义"网络号码"（网址）的权力和制造高端网络芯片的垄断"权力"目前则主要属于美国。

1865 年，20 个欧洲国家签订巴黎《国际电报公约》并成立了"国际电报联盟"（International Telegraph Union，ITU）。1906 年，27 个国家签订柏林《国际无线电报公约》。1932 年，国际社会在马德里将《国际电报公约》与《国际无线电报公约》合并为《国际电信公约》，并决定自 1934 年 1 月 1 日起正式将"国际电报联盟"改名为"国际电信联盟"（International Telecommunication Union，ITU）。

1947 年，联合国决定吸纳国际电信联盟作为联合国 15 个专门机构之一，总部设在日内瓦，每年要向联合国报告工作。ITU 的功能是负责全球的电信标准化（ITU-T）、无线电通信（ITU-R）和电信发展（ITU-D），组织召开理事会、全权代表大会、世界电信标准大会、世界电信发展大会、世界无线电通信大会等。

ITU 在其电信标准化部门（ITU-T）中增设了四个小组研究信息网络〔SG13：包括移动和下一代网络（NGN）在内的未来网络；SG15：光传输网络及接入网基础设施；SG16：多媒体编码、系统和应用；SG17：安全〕，其电信发展部门（ITU-D）全部两个小组中都在研究制定信息网络政策（SG1：电信发展政策和策略研究；SG2：电信业务、网络和 ICT 应用的发展和管理）。ITU 的整体功能、部门、会议情况，如图 1-1 所示：

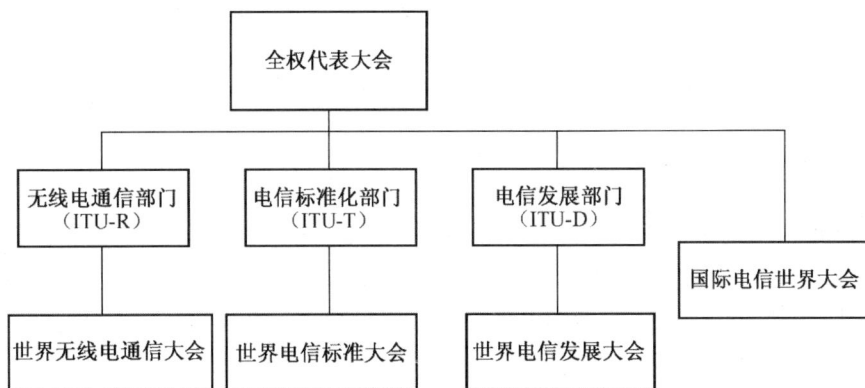

图 1-1：当前国际电信联盟（ITU）的整体功能、部门、会议情况

信息网络空间，被联合国国际电信联盟定义为"由以下所有或部分要素创建或组成的物理或非物理的领域，这些要素包括计算机、计算机系统、网络及其软件支持、计算机数据、内容数据、流量数据以及用户。"[1]

然而，ITU 的网络定义只是一种客观描述，它尚无法解决各国有权自行定义"网络号码"（网址）的问题，也无法打破制造高端网络芯片的全球性行业垄断。目前，由于全球性的网络活动已有 40 亿左右上网人口参与，信息在网络中传播，信息安全有赖于网络的安全，而网络安全有赖于网络主权的确立。所以，追溯"信息"的本质、认知网络的本体，对于研究网络主权、网络安全而言具有基础性的学术意义。

第二节　网络本体要素

要素（essential factor/elements），是某一体系中具有共性特征的一组或一类基本因素。体系内的各要素，共同决定了该体系的基本属性和运动规律。[2]

网络要素（cyber elements），是指在人造信息网络体系之中具有共性特征或属性的各类真实因素，它们在网络体系中彼此独立、相互联结、互不重合，构成了网络体系的宏观结构。网络要素在体系中既可以形成分层结构，进而形成权力差异；又在体系中可以形成网状结构，进而构成节点

---

[1]　"ITU Toolkit for Cybercrime Legislation", p.12, [EB/OL], http://www?itu?int/cybersecurity,2016-4-30.

[2]　赵宏瑞：《中国货币总量论》，中国经济出版社，2013，第 243 页。

联系。网络要素的分层性与节点性存在，造就了网络本体中的权力分配与权力控制。

网络本体要素，是一项不断归纳和进化的认识过程。它首先是互动个体的综合体，其次是诸多个体关系形式的总和。在这里，所谓个体，是指网络的主体；所谓互动，是指网络主体通过客体所进行的信息通信；所谓总和，囊括了网络体系中的全部要素。如果从网络安全的角度看，网络安全必须涵盖"逻辑、物理、用户、信息四大要素"[①]。20 世纪 60 年代出现的图论和网络理论，曾帮助了社会学建构出社会关系模型。[②] 更早时期出现在人类知识库中的数论、欧氏几何、信息论、控制论、系统论乃至博弈论等数学工具，都可运用到网络要素互动的研究中去。但在信息网络空间里，既要认识网络要素之间的真实连接，又要厘清网络要素的虚拟表现。人们在认知过程中，容易发生混淆，产生歧见。

网络是在计算机科学之中发明的，但却是承载在电信科学上面的"虚拟"技术。网络本体到底有哪些要素？其认知容易混淆之处，在于了解计算机电子信息系统与相应电信学科物理空间的关系。网络本体要素的认知，可以从不同学科乃至不同历史演进的视角进行辨析和概括。因而，有必要从网络本体的系统要素与空间要素两个方面来探究网络要素构成。

一、网络本体

互联网的发明，是先有操作系统，后有互联协议。网络的连接体系、结构体系、协议体系、要素体系，既有技术发展的连续性，又有认知上的递进性。

1. 网络连接系统

在网络中，网际协议（Internet Protocol，IP）首先定义了网络层，它负责在互联网中定义地址和寻找地址，它给每一台联网的设备都规定了一个地址，这样一来，一切电子设备就可以有秩序地接入互联网。传输控制协议（Transmission Control Protocol，TCP）定义了传输层，它负责网络中的信号传输，一旦发现互联网中的通信需求，它就发出电子信号。1974年，美国国防部与三个科学家小组验收确定了 TCP/IP 协议（Transmission Control Protocol / Internet Protocol），TCP/IP 协议最终采用了四层结构——应用层、传输层、网络层、接口层，把以前不能互联的设备和数据，通过

---

① 赵宏瑞：《世界文明总量论：中国的文明崛起与国安法治原理》，中国法制出版社，2015，第 218 页。

② 刘军：《网络结构与权力分配：要素论的解释》，《社会学研究》2011 年第 2 期，第 134 页。

全新的网络协议（而非电信信号协议）连接起来并设立了标准。

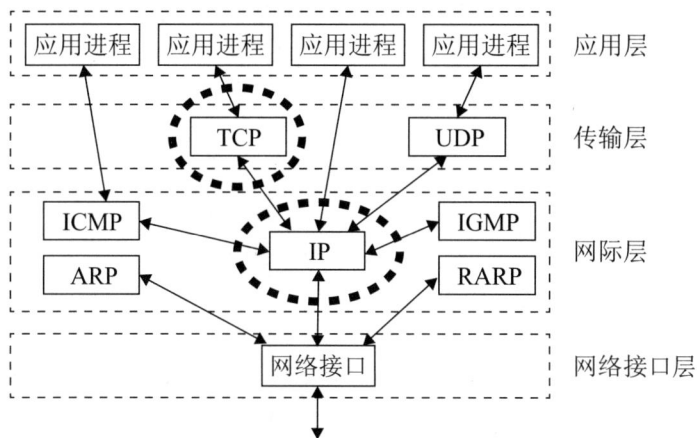

TCP/IP协议族中各协议之间的关系

图 1-2：网络空间的连接体系

2. 网络结构系统

1981 年，国际标准化组织（ISO）制定了"开放系统互连参考模型"（Open System Interconnection Reference Model，OSI/RM）。这个模型实现了分层对接、对等通信、双向互通的优化系统网络，把网络通信分为由低到高的七层结构——物理层（Physical Layer）、数据链路层（Data Link Layer）、网络层(Network Layer)、传输层（Transport Layer）、会话层（Session Layer）、表示层（Presentation Layer）、应用层（Application Layer）。每层都为其上层服务，同时又都互相支持，从而优化了既可以自上而下（在发送端）又可以自下而上（在接收端）的双向通信的网络结构。[①] 其中，第一、二、三层构筑了网络世界基础性大门。

① 百度百科，[EB/OL]，http://baike.so.com/doc/5242527-5475561.html，2016-4-27。

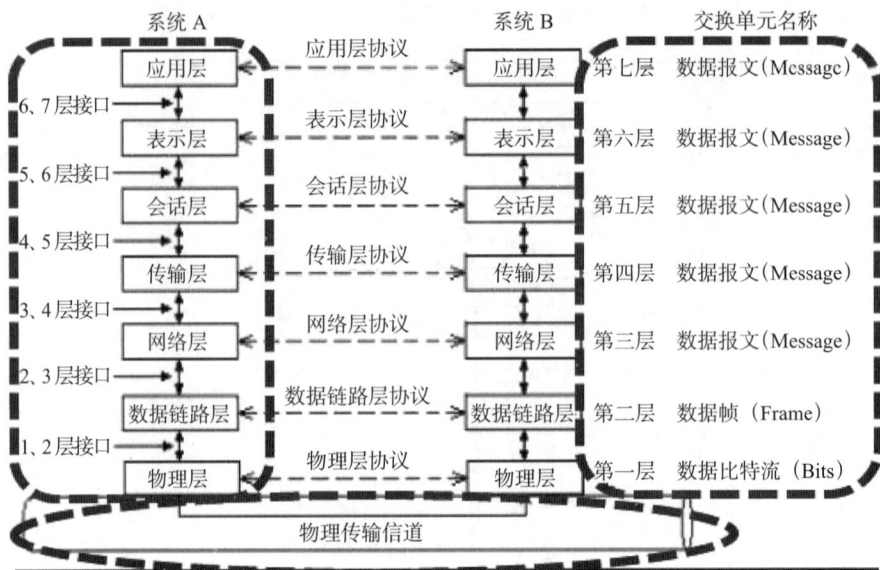

图 1-3：网络空间的结构体系

3. 网络协议系统

网络数据与传统语音通信的电信网的深度融合，使得整个电信行业和计算机行业的发展彼此互动且发生了巨大变化。目前，全球百亿数量级的电脑和互联网设备终端上每天"生产"百亿 GB 数量级的数据，这些网络主体的活动都是基于网络中的各种创新了的协议（protocols）和传统语音范畴中创新了的通信协议（例如 LAN/WAN 协议、TCP/IP 协议、SS7协议、窄带与宽带 ISDN 信令协议、移动通信网协议、光纤骨干网协议、ATM 协议等）等的不断同步发展，网络之中已有数千个最为基础性的协议构成框架分层功能性等逻辑连接，互联网就是这些网络和通信协议的总和所构成的综合电子信息系统。

4. 网络要素系统

要素系统不仅包含了网络的连接系统、结构系统、协议系统，更为重要的是，必须包含发明与使用网络的主体、客体、活动。网络要素不应仅看到技术平台，而忽略了网络主体、客体、活动。网络的连接技术、分层结构、逻辑协议所带来的技术变革，虽然改变了传统网络的应用与面貌，但作为一种人造的网络空间，其不可或缺的构成要素依然应当包含具有能动性的人类。虽然任何网络内部的相互连接、系统组成、逻辑方法都是技术问题，但恰是技术进步带来的革命性变革，使之成为服务于人类主体的劳动工具。反之，如果忽略了用户的体验和主体的便利，网络发展也就失去了方向和动能。只有全面概括网络空间的全体要素，才能把握好网络空间的全要素认知，进而去揭示网络空间的全要素规律，以求完善网络空间的全要素秩序。

二、要素特征

当今世界，是信息网络所普遍连接的整体。全球可以看成是一个大型局域网，是海底和陆上的电缆/光缆将它连接在一起。1850年，英、法两国铺设了穿越英吉利海峡的世界第一条海底电缆；1863年，从印度连接阿拉伯半岛的海底电缆建成；1866年，英、美建成了跨大西洋海底电缆（The Atlantic Cable）；1876年，由于贝尔发明电话机，海底电缆从只能发电报到具备了打电话的新功能；1886年，中国清朝铺设了连通大陆与台湾岛的第一条海底电缆；1902年，环球海底通信电缆建成；1988年，美国与英国、法国之间铺设了越洋的海底光缆；1989年，跨越太平洋的海底光缆也建设成功。从此，海底光缆取代了同轴电缆。20世纪90年代后，海底光缆已和卫星通信相互连通。1997年，中国参与建设的全球海底光缆系统（FLAG）建成并投入运营，全长约27000千米，成为分别在中国、英国、埃及、印度、泰国、日本等12个国家和地区登陆的洲际光缆系统；2000年，亚欧海底光缆系统的上海登陆站开通，连接了亚欧33个国家和地区。目前，海底光缆采用了合作建设、系统集成、远程供电、数字中继、分块维护的管理模式。以海底光缆为连接骨干网的全球电信传统网络，加上以互联网为代表的全球网络，再加上由各套卫星通信导航定位系统组成的网络，共同地构筑了立体化的全球信息网络。

1. 网络空间的真实性

全球电子信息的流动，显然包含着网络主体、信息客体、网信平台、网络活动，而且越来越成为人类工作和生活不可或缺的先进工具。从微观上看，网络中广为应用的虚拟技术方法，也是用于优化服务物理空间的真实技术手段。例如"在线离线技术"（Online to Offline，O2O），表面上是一种服务模式或生产模式，它同样是为了提高现实物理世界的活动效率，这也从另一个侧面反映出了网络空间服务工作与生活的真实特性。人类当前的数字化技术和行为，已将物理空间的真实性映射到了网络空间中。网络空间中的任何行为，均是由物理空间中的行为主体发出、操作、部署、获益，满足了人们的相应需求，达到了人们的相应目标，这就体现出网络真实性的现实功能。

在科学上，网络空间的真实性（reality）体现为信息的物质性、技术的虚拟性，它往往通过"虚拟"技术去探索和引领通信的简化与系统的优化。这些"虚拟"技术，在本质上都是通过"分离""抽象""映射"等技术路线去实现系统优化和功能简化的。绝不能将互联网镜像技术的虚拟名称与虚拟性（virtuality）混同起来，更不能以作为互联网技术冰山一角的这种所谓虚拟技术，来否认互联网整体要素的真实性、物质性（materiality）。

在现实中，网络空间的真实性铸就了互联网的应用性与物理世界的互动性，体现了网络是真实可用的，证明了网络所产生的数据是真实的。当然，这也带来了对用户隐私的冲击。网络数据的真实性所带来的隐私泄露的风险，也推动了新一轮的技术创新、科学发明等活动。为此，需要对虚拟的网络技术加以保护、引导、监督，而这种保护将会以网络信息保护为目标，以法律为准绳，具有强制性色彩。需要强调的是，只有主权强制力才能行使强制性的管辖权力，而非主权性的普通契约行为是不能做到建立普遍秩序的。

网络空间的真实性，它客观存在于全球各国的国家主权与国际公共空间的管辖框架下，构成了网络法治的现实基础与责任归属。只有认清并认同了网络真实性，才能在网络世界中发挥惩恶扬善的法治进步作用；只有阐明并掌握了网络真实性，才是全球国家特别是广大发展中国家实现网络安全、凝聚共治共识、弘扬网络正义、分享网络文明的必要前提。

2. 网络空间的主体性

网络认知是一个本体论的问题，既存学科定义的分歧导致了网络认知的片面。

从法律上看，网络是什么？《中华人民共和国网络安全法》第七十六条第一项规定："网络，是指由计算机或者其他信息终端及相关设备组成的按照一定的规则和程序对信息进行收集、存储、传输、交换、处理的系统。"法律定义需要科学认知给予解释和补充。在这里，法律定义"网络"的逻辑是"计算机系统（或者其他信息终端及相关设备）—处理（含收集、存储、传输、交换）—信息（按照一定的规则和程序）"——这是说"网络"的本体是"计算机系统＋处理＋信息"吗？

网络本体离不开主体，问题是，在这部法律之中界定的"网络"没有"人"。那么，这部《中华人民共和国网络安全法》不规制人与人的网络秩序吗？认知"网络"之本体，首要地，就需要认知网络中的"人"，这是研究网络主权理论的逻辑起点。

自从联合国成立以来，主权自治已成国际法治共识。到了互联网联通了世界的网络时代，网络主权的边界在哪里？——这已成为一个需要廓清的问题。要回答这一问题，就需要审视"网络"究竟给人类带来了什么新的东西，需要思考"网络"是如何给人类带来了普遍联系。

美国有学者认为，网络（cyber）的本质是代码规则（code-law），代表人类合作（human cooperation），带来了社会共生（social paragenesis）。但这没有回答清楚网络空间的主体性问题，更回避了"网络是否有主权"的问题。网络世界若是存在主权的话，网络主权是否属于平等的独立国家？还是属于超国家、超主权的全球网络接入者？

自从互联网（The Internet）被发明继而实现了全球普及，这些问题的答案，在互联网发明国与其他国家之中，既不明晰，更无共识。所以，要研究清楚作为物质存在的网络本体，就有必要研究网络信息的本质属性。

第三节　网络信息本质

网络（cyber）源于通信的需求，是人类基于信息通信技术重新命名用户节点，创新代码与通信规则协议，赋予微观粒子以全新数据属性，方便彼此即时通信联系，进而创造出全新的通信主体群、全新的信息客体群、全新的技术平台终端群、全新的即时通信活动群。网络的存在，是一种人造结构与相对空间。

网络空间（cyberspace），是指承载数字化信息的物理空间，不是指用于承载宏观物体的物理空间（例如交通运输网络空间）。空间容纳网络，网络承载信息。在网络空间中，人类是彼此沟通的主体（subjects）；信息是人类通信的客体（objects）；空间是主体之间进行通信活动所依赖的通信技术基础设施等物质平台（platform），它包含了电脑、手机、网线、路由器等一切接入设备，即平台包含了一切的电信网络终端设备（terminals）。

信息、网络、空间，构成了由小到大逻辑相对的包含关系。

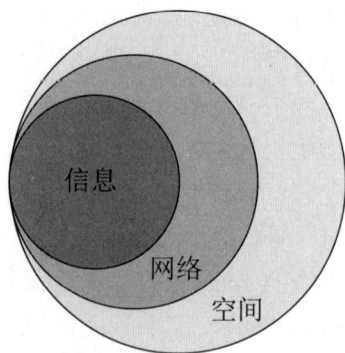

图 1-4：信息、网络、空间的三者关系

通信（communication/correspondence），是人类社会运用信息相互连接、合作交流的技术平台和系统。在技术领域，人们凭借着通信性 (communicativeness) 缔造了社会性（sociality）。

信息（information/intelligence/digital data）在本质上，是人类特有的思维和语言，是人类社会（Human Society）相互交流、联系、互动和发展的内容和工具。信息本身属于精神世界而非物质世界，但信息的存在必须要由物质来承载，例如电子数据。信息本身无能量，但信息的传播必须要由能量来驱动，例如电子信号。

数据（digital data），是网络技术发展出来的数字化（digitization）新概念。在网络世界中，数据是"原料"，信息是"成品"，从"原料"到"成品"的过程，是"按照一定的规则和程序对信息进行处理"的微观粒子被编程和运动的结果。

微观粒子承载着网络信息，网络信息是以微观粒子物质承载的方式而客观存在的。数字化的电子信息在进行存储与传输时，其所依赖的物质载体即是微观粒子。在网络中被重新定义的微观粒子，不同于传统通讯中的信号（signal），它被称为数据（digital data）。在科技发展史上关于微观粒子的科学发现，无一不证实了承载电子信息的微观粒子的客观存在属性与信息承载功能，证实了它们构成了信息网络世界。

一、网信学说

人类，通过意识（consciousness）发挥智慧（wisdom），创造知识（knowledge），生产信息（intelligence）。非人类生物虽能缔造网络（例如蜘蛛网、生态系统），但却不能创造出包含意识、智慧、知识的信息。

人类发出、传递、交流、存储的信息，存在并承载于真实的物理时空中。电子信息载体在全部物理时空之中只占据很小的部分，例如无线电波、海底光缆。

意识，是人类进步的唯一工具。在农业时代、工业时代、电气时代，人类的意识系统、社会系统各不相同；进入网络时代后，网络的出现，使得人类面临的物理现实、生物现实、数据现实之间的障碍正在消除。生命的基础，正在从碳水化合物开始融合"硅物质信息"。①

信息，只存在于人造的信息网络空间。在一般物理空间中，存在着人造的信息网络空间和非人造的生物网络空间。"人类学之父"爱德华·伯内特·泰勒（Edward Burnett Tylor）在其代表作《原始文化》一书中提出"万物有灵"（animism）是最早的宗教形态，但是，有且只有智人，才具备团结的愿望（意识）、才能发挥团结的作用（网络），这是人类得以缔造网络空间的动力和根源。

电磁，是承载信息的物质载体。人类在进入了电气时代后，除广泛运用电力动力系统与功能外，还发展出了伟大的电磁通信技术。电磁技术的出现是人类进入"数据"时代的前提。数据是信息的载体，信息是数据的内容——信息是经过加工的数据。恰是电磁信息的物理存在，使得信息具有物质性与确定性，即信息论奠基人克劳德·艾尔伍德·香农（Claude Elwood Shannon）所指出的电磁信息的新特征："信息是用来消除随机不确定性的东西"。这个"东西"的物理基础，就是信息背后的"数据"与微观粒子。

网络世界，是真实的物理空间，是人类运用了电磁微观粒子创造出电子信息，表达交流人类意识、知识、智慧，内嵌存在于自然界中的人造物理空间。从生物人到社会人，人们通过发明信息、搭建网络，塑造出了信息网络空间。人们先后发明使用了电报网络、电台网络、电话网络、电视网络，近五十年来，人类发明的互联网成为人造网络空间的最新成员。人们通常看不到微观粒子，看到的是网络世界之中日常使用的网信平台与电子终端。

人类对于信息的认识最初是不自觉的，人们开始界定信息只有不到130年的历史——人类先开始自发地通信，后来才科学地定义"信息"。回溯一百多年来关于"信息"的认知演进，可以发现科学家们有各种阶段性的认知和相应的"信息"学说。

---

① 〔以〕尤瓦尔·赫拉利：《人类简史：从动物到上帝》，林俊宏译，中信出版社，2014。

1. 电磁传播说

1873年，英国物理学家詹姆斯·克拉克·麦克斯韦（James Clerk Maxwell）最早论证了电磁存在，提出电磁传播的理论（《论电和磁》），指出电磁波与光具有同样的传播速度。

图1-5：詹姆斯·克拉克·麦克斯韦

2. 电磁频谱说

1887年，德国物理学家海因里希·鲁道夫·赫兹（Heinrich Rudolf Hertz）通过实验证实"电磁波的频率乘以波长等于传播速度（$f\lambda = v$）"。他发现了更多形式但本质相同的电磁波，只是波长和频率有差别。他发现可以用偏微分方程来表达电磁

图1-6：海因里希·鲁道夫·赫兹

场，称为"波动方程"。他还发现了"光照电出"（由于光的照射使物体中的电子脱出）的现象，即"光电效应"（Photoelectric effect）。

3. 物理信息说

1889年，美国物理学家J.W.吉布斯（Josiah Willard Gibbs）把热力学与电磁学连接起来，创立了统计力学，提出了"熵"的定义。他定义"熵"是一个关于物理系统信息不足的量度，还创立了向量分析学说（《统计力学的基本原理》）。此后，物理学家开始认为，"信息是电子线路中传输的信号"[①]。

图1-7：J.W.吉布斯

4. 无线电应用

1893年，美籍塞尔维亚裔科学家尼古拉·特斯拉（Nikola Tesla）首次公开展示了无线电通信；1894年，意大利的伽利尔摩·马可尼（Guglielmo Marconi）开始了无线电

图1-8：尼古拉·特斯拉

---

① 严怡民：《情报学概论》，武汉大学出版社，1994。

技术的实验并随后取得了专利；1895 年，俄国发明家波波夫（Popov）发明了无线电接收机。无线电经历了从电子管、晶体管到集成电路，从短波、超短波再到微波，从模拟方式到数字方式，从固定使用到移动使用的发展，现已成为现代信息社会的重要支柱。

5. 震荡传输说

1928 年，美国通信学家拉尔夫·哈特利（Ralph Hartley）提出了现代的信息理论，即电子震荡与电子传输学说。

图 1-9：拉尔夫·哈特利

6. 信息熵学说

1948 年，美国数学家克劳德·艾尔伍德·香农（Claude Elwood Shannon）在《通讯的数学原理》一文中提出"信息是用来消除随机不确定性的东西"[1]，建立了信息论；参照"热力熵"提出"信息熵"，用来推算一般消息中所含的信息量和所需的信道带宽。

图 1-10：克劳德·艾尔伍德·香农

7. 信息控制论

1948 年，美国应用数学家诺伯特·维纳（Norbert Wiener）认为，信息既不是物质也不是能量——"信息是人们在适应外部世界，并使这种适应反作用于外部世界的过程中，同外部世界进行互相交换的内容和名称"，据此，他建立了控制论。[2]

图 1-11：诺伯特·维纳

8. 数据处理说

1985 年，美国管理学者霍顿（F. W. Horton）给信息下的定义为："信息是为了满足用户决策的需要而经过加工处理的数据。"简单地说，信息是经过加工的数据，或者说，信息是数据处理的结果。[3]

---

[1] 〔美〕克劳德·艾尔伍德·香农：《通信的数学原理》，《贝尔系统技术杂志》1948 年第 27 卷。

[2] 〔美〕诺伯特·维纳：《控制论（或关于在动物和机器中控制和通信的科学）》（第二版），郝季仁译，科学出版社，2009 年。

[3] 张凯等：《信息资源管理》，清华大学出版社，1985 年。

9. 传输应用说

我国教科书常常定义的信息，是指音讯、消息、通信系统传输和处理的对象，泛指人类社会传播的一切内容。在哲学领域，信息被定义是一种普遍联系的形式，人类通过信息区别不同事物，认知和改造世界。

10. 微粒承载说

2015 年，瑞士洛桑联邦理工学院（EPFL）的科学家法布里奥·卡彭领导的研究小组，成功拍摄出同时表现波粒二象性（wave-particle duality）的光的照片，真实地再现出"波""粒""波和粒"三者同时存在的画面，证实了用于电信传输的微观粒子具有承载信息的基本属性。

早在 1905 年，爱因斯坦提出光波同时具有波和粒子的双重性，即"波粒二象性"。当时关于"波"与"粒子"的认知难题正如爱因斯坦所说：好像有时我们必须用一套理论（来描述"波"），有时候又必须用另一套理论（来描述"粒子"），有时候又必须两者都用。我们遇到了一类新的困难，迫使我们要借助两种互相矛盾的观点来描述现实，这两种观点单独无法完全解释光的现象，但是合在一起便可以。[1]

1924 年，法国物理学家路易 - 维克多·德布罗意（Louis-Victor Duc de Broglie）提出"物质波"假说，认为一切的物质都具有波粒二象性。但"波""粒""波和粒"三者均可承载信息的科学依据，直到 2015 年瑞士的科学家拍摄出波粒二象性照片后才得以证实。这一突破性成果被发表在《自然·通讯》杂志上，被评价为"为量子计算机开辟了新途径。"[2] 至此，"波"、"粒"、"波和粒"三者作为承载电子信息的微观粒子，其物质属性被科学地、清晰地呈现了出来，并迅速得到了广泛认可。

---

[1] 量子物理网络文献，[EB/OL]，https://faraday.physics.utoronto.ca/GeneralInterest/Harrison/Complementarity/CompCopen.html，2017-10-23。

[2] 《科技日报》，2015 年 3 月 5 日，第一版。

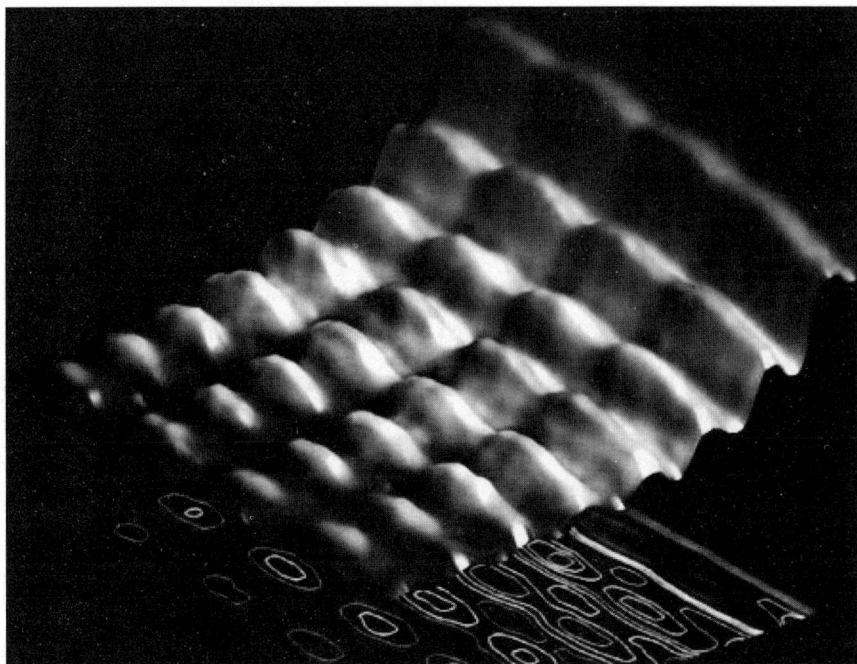

图 1-12：同时表现光的"波粒二象性"的照片

二、信息本质

信息载体的变化，体现了科技的进步。信息载体的进步，标志着人类文明水平的提高。历史地看，从结绳记事到恺撒密码、活字印刷、刻度计算、打孔统计[①]、电磁传输、量子通信等，信息载体的科技进步，都阶段性地代表了人类信息运用水平的相应提高。

1. 信息具有科学属性

在"波粒二象性"已成为共识的当今电子信息时代，信息具有以下八种属性：

（1）意识交互性

信息的价值，是通过"信源"和"信宿"之间的交换而产生的。从广义角度看，即使"信宿"暂时没有将接收到的内容明确表达、反馈出来，而是在意识当中存在，那么，它也是一种被存储着的存量信息。如果没有人类主客观世界的认知与互动，信息的存在就失去了对于人类的意义。

（2）物质承载性

---

① 〔美〕Travis Russell：《电信协议》，王喆等译，清华大学出版社，2003，第 1-3 页。

信息的存在，都依赖于物质载体的承载。依据波粒二象性原理，信息的存储、加工、传递、反馈等一切环节均需借助物质载体。信息离开了这些介质就不能独立产生、存在、变化。延伸来看，这就决定了对于网络信息的保护不能只局限于对于信息本身的保护，其全面的保护，必然牵涉到对电子信息生成、传播、承载、存储、呈现的保护和维护。

（3）客观度量性

信息的度量，进入了总量存储、总量交互传播的时代。信息时代的二进制数字化电子数据是以"比特"为单位，但也还有其他的度量方法。在理论上存在着总量信息，方便人们查找、查重。电子信息因其总量存在，因而具有精确的可度量性、可复制性。

（4）贮存处理性

信息通过人脑储存、纸面贮存发展到了"硅物质"的数据存储，电子化物质承载与贮存了的信息便于通过不同的方法进行人工处理。这种特性使得信息既可以长期存在又可以随时被处置，它既可以因人们的贮存行为而突破时间上的限制，也可以因人们的处理行为而发生信息的安全性变动。

（5）共享扩散性

信息不同于一般的有形商品，其共享活动可以反复进行。在无限次的传递和交换过程中，信息的价值也会不断衍生，从而会产生一种扩散性的价值增长趋势。因此，信息这种区别于物质和能量的特性，常常构成了信息共享活动所特有的价值驱动力。

（6）认知相对性

电子信息既是一种对客观世界的反映，也掺杂了信息主体所产生的主观认识。鉴于主体认识水平的不同、事物本身发展阶段的变化、信息传递过程中的质量衰减甚至人为篡改，信息始终处于"绝对的不准确"和"相对的准确""绝对的不安全"和"相对的安全"状态之中。

（7）虚实映射性

无论在纸笔时代还是在电磁世界中，存在于物质载体上的信息都是对真实世界的映射(mapping)、复制、再现、反映。运用物质载体进行信息活动，再以信息活动反映现实世界，是人类能动性的本质特征之一。当信息在人类的经济活动中承载着财富信用时，现代信用经济的高速流转，使得信息流转常常替代实体财富的交换。信息的虚实替代功能，就极大地提高了人类的生产效率与生活效用。

（8）学科融合性

信息的界定，呼唤哲学的新生。在传统学科界定上，信息不宜单一地归类于认识、知识、科学、技术乃至知识产权等各自的学科范畴之中。即使在法律语境中，信息与数据、资料、情报、专利、商标等概念也不可简单地混同。在科学史上，既有学科已无法独自定义信息，而必须借助学科融合的办法，从人类认知活动总体上框定信息的哲学新含义。

2. 信息具有人文功能

信息现象，具有人文存在性。德国存在主义哲学家马丁·海德格尔（Martin Heidegger）认为：现象，是显示自身存在的一种方式；但现象，也可能以不可见的方式分层存在。时间性，可以证明现象性和存在性。如果"不充分澄清存在的意义"，任何存在论都将失去根基。[1] 同理，信息是现象，这是毫无疑问的；信息是存在，这也是毫无疑问的。信息现象的存在（即信息的确定性和存储性），并非转瞬即逝的，而是可以储存的，因此，信息具有真实存在性。信息现象的存在，横跨了人类全部劳动过程中的种种认知活动。信息载体作为物质结构，会随着科学技术的发展而不断变化。但信息本体的范畴，则相对固定于自身的现象存在。

信息存在，具有社会网络性。信息既有空间的存在，也有时间的存在。信息并非孤立的现象，信息的意识交互性属性决定了它必然存在于网络之中。信息存在的时空，构成了信息网络空间。在法国存在主义哲学家让-保罗·萨特（Jean-Paul Sartre）看来，存在的反面，是虚无；而虚无，来自否定。[2] 萨特与海德格尔都强调了人类感知各种现象的认知出发点。信息网络的物质存在性，体现了人类的唯物史观、虚实辨知、认知理性，体现出人类逻辑意识的认知路径。

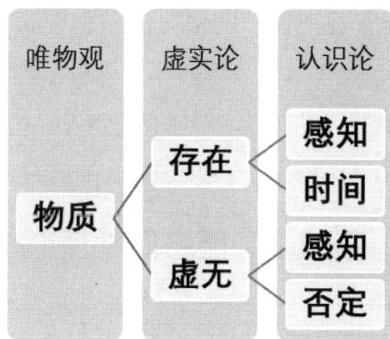

图 1-13：人类逻辑意识的认知路径

---

[1] 〔德〕马丁·海德格尔：《存在与时间》，陈嘉映等译，生活·读书·新知三联书店，2014，第13、36页。

[2] 〔法〕萨特：《存在与虚无》，陈宣良等译，生活·读书·新知三联书店，2014，第32-44、296页。

信息功能，不仅得到了现象学的认定，还得到了哲学的肯定，更得到了科学和技术的实证与运用。人类的信息交流技术进步，代表着人类文明的成熟与发展。从本质上看，信息是在人类智力劳动中创造和体现出来的，是人类劳动过程中对各种客观存在的主观映射和反映（reflection），它是人类智力劳动的工具和成果，它在人类劳动中本质地体现出了"认知性"（映射性）、"确定性"（存储性）、"交互性"（网络性）和"决策性"（依据性）的作用。

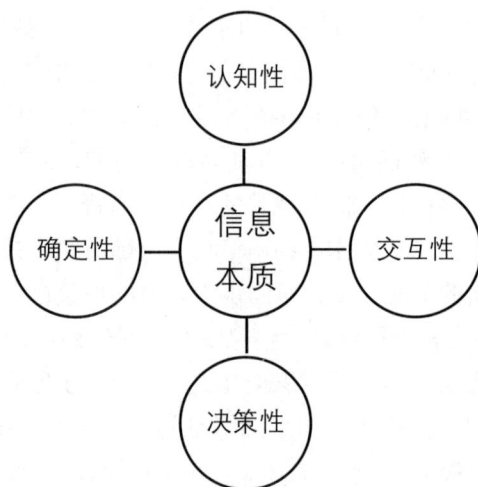

图 1-14：信息的本质：认知、确定、交互、决策的作用

从准确辨析信息的物质属性与人文功能入手，有利于廓清"网络"的真实性含义，有利于宏观把握"网络"的整体要素，有利于拓宽和深化"网络"的研究视野，也有利于持续深化、凝练网络安全学科方向，全面维护国家的网络空间主权。

第四节　网络要素理论

网络要素（elements）是组成网络整体的最基本单元，是网络本体得以产生、存在、发展、变化的全部动因，它包括网络的主体、客体、平台、活动。

一、网络四要素：主体、客体、平台、活动

穷尽地界定以电子通信为核心的网络空间，其全部要素是网络主体、

网络客体、网络平台、网络活动。这四个基本要素，构成了网络空间中的全部事务。

1. 网络主体

网络主体是指现实世界中实际使用网络的自然人和机构团体 (real subjects) 以及其设置的镜像主体（mirroring subjects）。从网络信息通信的角度讲，网络主体是主动参加信息通信的发起者、接受者、需求者、消费者、运营者、使用者等的活动主体，他们创造并利用着各自特定的信息，促进了信息价值的实现与运用。网络即是为了人类主体之间能借助物理平台和逻辑连接，从而进行通信活动的物理空间，网络主体是网络构成的第一要素。

2. 网络客体

网络客体 (cyber objects) 是指人们在网络空间创造和运用物理载体所承载的信息数据，是人类之间进行相互联系、交流、沟通、记忆的知识本体。人类通过互动，缔造了人类社会（Human Society），人类通过网络客体这种知识存在，创造并传承人类文明。人类社会的文明发展，是通过信息的记载、存储、统筹、创造而传播和深化。目前，互联网的客体（Objects of The Internet）是各类基础协议所定义的电子信息和数据（electric information and data）。网络客体是网络构成的第二要素，脱离客体的网络不能存在，也没有存在的意义。

3. 网络平台

网络平台（Platform）是指人类发明、创造、生产、使用的各种网络硬件、软件、终端、连接设备、信息化基础设施的总和，属于网络空间之中可见的物理部分，它包括了网络主体接入网络所使用的电脑主机、智能手机、通信设备、路由设备、传感设备、存储设备、网线光缆等一切软、硬件设施。作为网络空间真实存在的物理载体，它使人们能够看见、感知及运用网络。网络平台范畴中各种设备同样是以"逻辑联系"相互连接的。创造这些"逻辑联系"的科技发明，是构成人类创建网络空间的首要前提，也是驾驭网络资源分配的根本权力。正是这些"逻辑联系"，确立了网络的连接系统、结构系统、协议系统、域名体系、地址参数、活动规则。

4. 网络活动

网络活动是指人类运用信息通信技术（ICT）结成人造的网络空间（cyber），建立彼此联系的过程中所进行的各种行为的总和，即网络主体借助网络平台针对网络客体所从事的所有活动。总体而言，当前的网络活动，汇聚和凝结了人类越来越多的劳动。人类劳动的网络化，不仅提升了劳动效能，而且在未来有可能便于更加精确地区分人类劳动的价值。

从整体上看，网络是"要素决定一切"。中国古代的太极图，在实相上包含着一、二、三、四这四个数字，即阴、阳、S形曲隔、整体圆圈。[①]在网络要素关系中，可以借用中国古代的太极图来说明派生万物的信息网络现象——网络的四大要素则可以标示为：阴、阳的部分，代表着网络的主体、客体；S形曲隔代表着网络的界面与平台；圆圈内的部分都是网络活动。

图 1-15：网络四要素的太极示意图

二、四要素边界：网络要素耦合于主权疆域

逻辑联系把全球网络的主体、客体、平台、活动四要素进行了连接，但是，每个网络主体、客体、平台、活动四要素的客观坐落，却明确而真实地分属于各个主权国家的管辖疆域。然而，常常构成人们在网络秩序上认知混淆的，是网络的全球连接与网络的主权管辖之间的划界问题。网络主权的边界问题，指的是主权国家对于网络四要素"怎么看、怎么连、怎么管、怎么用"的问题。

迄今为止，国际社会还没有就网络空间置于主权管辖达成国际公约性的共识。网络的复杂结构和丰富内涵，决定了各类国家在维护网络主权时面临着各种难题——例如，如何确保不被"断网"并主动维护网络安全，如何自主保障网络主体、客体、平台、活动的安全，如何构建真正反映主权平等同时又符合信息技术发展内生需求的网络空间新秩序？

对于网络要素或网络空间的主权管辖，真正的问题不仅是网络空间是否存在、网络空间是否适用主权原则，而是需要探索出以何种具体方式践

---

① 仲昭川：《互联网哲学》，电子工业出版社，2015，第 III、14-19 页。

行网络空间主权管辖的立法技术和信息秩序。

首先，难题之一是网络主权国际共识的达成。一些国家宣称拥有网络主权，但在技术上难以管辖、在认识上难以归纳，因而呈现出的多是一种政治宣示，并未能从法律上对网络主权进行明确定义。

其次，难题之二是网络主权技术范围的确定。一个国家如果没有足够的网络技术自主能力，就很难确定其网络主权的管辖边界。国家对传统领土主权的声索，可以通过陆上边界、领海宽度、领空高度等来确定清晰的管辖范围，但是网络空间的管辖必须依赖技术上可行、权益上清晰、节点上自主、法律上明确的划界标准。

再次，难题之三是侵犯网络主权行为的辨识。一方面，网络侵害行为常具有跨国性、隐蔽性。由于网络匿名和信息开放，网络身份识别和网络行为溯源难以在跨国场景内获得确认。另一方面，网络侵害结果具有系统性、致命性。一些重大损害可能很长时间都不会被发现，主权国家维护其网络关键基础设施的分级、预警、防范、恢复能力需要普遍加强。

最后，网络空间开放性的技术架构、虚拟化的技术呈现、多元化的行为主体，构成了网络主权管辖治理的复杂对象和多维内涵。主权国家一般多是运用政治、经济、外交、军事等多种资源来维护本国传统的国家主权，除此之外还可以诉诸国际法、国际组织等国际机制，以公正合理地解决国际争议。而网络主权是非传统的主权，一国只有在很大程度上自主掌握网络技术，才能有效地治理其主权范围内的网络主体、客体、平台、活动。

全球的网络要素，除了处于国际公域的，都是分处于各主权国家的疆域范围内。各国主权范围内的网络要素，天然构成各国的网络主权。虽然网络要素的范畴与传统主权的范畴是相互重叠的，但是各国掌握网络"逻辑联系"的技术自主能力千差万别。当网络主权受到攻击，诸如网络基础设施受到攻击、网络应用系统被入侵、网络数据信息被窃取时，网络技术能力低的主权国家可选择的技术资源和应对手段非常有限。因此，通过网络要素认知网络整体，通过提高网络技术来维护网络主权，成为技术欠发达国家的当务之急。

总之，网络的本体是主体、客体、平台、活动这四要素。网络的本体，包含网络整体内的全部要素，它是在以互联网为代表的各类电磁空间中的全部主体（个人）、客体（信息）、平台（设备）、活动（劳动）之和。网络的本体，存在于传统的主权疆域。在网络的本体中，既有网络，又有主权。主权辖制着网络要素，网络要素要接受各国主权的管辖。由于网络活动的普及是源于科技革命而非源于主权的动员，也由于传统主权理论未曾遇到过网络的革命性技术挑战——这使得传统主权如何统辖网络的研究缺位，需要从社会科学研究聚焦网络科技史的视角来探索思想的革新。

第二章　网络的演进

"信息，是人们在适应外部世界，并使这种适应反作用于外部世界的过程中，同外部世界进行互相交换的内容和名称。"

——控制论创始人　诺伯特·维纳（1948）[1]

第一节　互联网的发明

"网络"（cyber）一词，与"控制论"（cybernetics）一词，都源于希腊文，其原意为"掌舵人"（steersman）。网络，通过信息物质运动，天然地具有"控制"的逻辑。网络的逻辑，需要从网络的由来、网络的连接、网络的运用、网络的安全四个维度来解析其样态。

出于学术目的，教科书往往从技术认知的角度而不是从秩序治理的角度来界定网络，特别是互联网。这样的定义虽可一定程度上描述出互联网的技术路线，但是它往往忽略了"互联网在社会中是什么"这些最基本、最本质的整体哲学认知。[2]它所忽略的是对互联网要素体系的整体把握，这会造成在互联网治理中出现"头痛医头、脚痛医脚"，甚至"头痛医脚"的错误。

1946年，美国宣告世界第一台通用计算机"艾尼亚克"（ENIAC）诞生。苏联于1957年发射了人类第一颗人造卫星，美国军方开始担心如果遭到苏联的太空打击，美国军事通信联络是否会中断。1958年，美国国防部下设的高级研究计划局（Advanced Research Projects Agency，ARPA）提出的对策是：第一，强化太空开发；第二，研究通信改进。在通信改进

---

[1]　诺伯特·维纳（Norbert Wiener），美国应用数学家，建立了"控制论"。前东德哲学家格·克劳斯称赞其理论："就其革命影响而言，控制论可以同哥白尼、达尔文与马克思的发现相媲美。"

[2]　何昭川：《互联网哲学》，电子工业出版社，2015，第Ⅴ页。

方面，该机构组织研发了网络，取得了巨大成就，极大地推动了网络技术在美国的率先发展。

一、军网初创

20 世纪 60 年代，世界正处于全球冷战对峙的尖锐时期。为赢得冷战中的军备竞赛，使自己的传统电信网络在受到袭击时，即使部分网络被摧毁，其余部分仍能保持通信联系，美国国防部高级研究计划局（ARPA）组织建设了一个试验性的军用网——"阿帕网"（Advanced Research Projects Agency Network，ARPANET）。[①] 到了 20 世纪 80 年代，"阿帕网"分解为美国的军网（MILNET）与民网，该民网即新诞生的"互联网"（The Internet）。

1. 阿帕网的起步

美国国防部高级研究计划局（ARPA）于 1958 年布置的研究计划，在 1969 年结出硕果，阿帕网正式组建起来。当时的阿帕网仅仅实验性地连接了加利福尼亚大学洛杉矶分校、斯坦福大学研究所、加利福尼亚大学圣巴巴拉分校、犹他州大学计算机科学系的 4 台主机（4 个节点）。当时的阿帕网仅用电话线连接，供科学家们进行计算机联网的试验，彼此传递信息并建立数据库。[②]

1970 年，阿帕网的技术方向尝试着向非军方开放，当时很多美国的大学和企业接入其中，也有很多大学和机构自己组网，美国出现了几十个计算机网络，但每个网络只能在其网络内部的计算机之间互联通信，而不能在不同的计算机网络之间互联通信。早期分割、独立的局域网的出现，客观地产生了在使用不同"语言"的计算机网络之间实现互联互通的技术需求。

1974 年，为了解决局域网络互联通信的问题，美国国防部高级研究计划局（ARPA）的罗伯特·卡恩（Robert Kahn）与斯坦福大学的文登·瑟夫（Vinton Cerf）合作，发明了传输控制协议 / 互联网协议（Transmission Control Protocol / Internet Protocol，TCP/IP），这是一种将不同的计算机局域网连接起来的全新方法。此后，美国国防部高级研究计划局又设立了新的跟进研究项目，支持学术界和工业界进行网络互联的研究，这使得阿帕网迅速地扩大、膨胀开来。

---

① 王德全：《试论 Internet 案件的司法管辖权》，《中外法学》1998 年第 2 期，第 25 页。
② 吕晶华：《美国网络空间战思想研究》，军事科学出版社，2014，第 8 页。

2. 互联网的分立

1983 年，阿帕网被分解为军用网和民用网两部分，军用网简称
"MILNET"，民网仍然叫"阿帕网"（ARPANET）。美国国防部随后决定
把"TCP/IP"作为民用网（ARPANET）的核心架构，而军用网 MILNET
的核心架构并未公布。

同年，美国国防部决定把"ARPANET"改名为"The Internet"，"互
联网"（也叫因特网）从此诞生了。互联网这个名词，就一直沿用到现
在。①

1986 年，在美国国家科学基金会的资助下，基于"TCP/IP"核心架
构建成了主干网"国家科学基金会网"（NSFNET），并于 1990 年彻底取
代原来阿帕网（ARPANET）核心架构，成为因特网的主干网。它首先连
接了美国的若干超级计算机和主要大学等研究机构，之后迅速扩展，连接
到全世界的大学和科研机构，成为全球性教育科研网。

1983 年，互联网连接的计算机只有 562 台，到了 1989 年，其连接的
计算机就突破了 10 万台。1986—1991 年间，全球范围内的局域网并入互
联网的数量由 100 个增加到了超过 3000 个。②20 世纪 90 年代，因特网已
经变成了全球互联网。

二、民网总机 ICANN

1. 互联网的地址

美国国防部高级研究计划局（ARPA）研发的网络互联新方法，就是
编订各个网络多层、统一的网络地址，并借由 13 台区域分布式的"根域
服务器"来形成整体的"网络地址号码本"，这样，每台计算机在彼此通
信时均需向最近的根域服务器"寻址"，之后再确认和发送这些信息。

目前，管理这些"根域服务器"和"网络地址号码本"的机构，已
演变为"互联网名称与数字地址分配机构"（The Internet Corporation for
Assigned Names and Numbers，ICANN）。ICANN 通过管理顶级域名，例如
日本的".jp"、德国的".de"、中国的".cn"、英国的".uk"、全球商业机构
的".com"、全球教育机构的".edu"、全球政府机构的".org"等，为全球
不同区域、不同类别的机构设定了地域确定、类别分明的网络地址。③

ICANN 的前身，是"互联网号码分配机构"（Internet Assigned

---

① 中国互联网协会，[EB/OL]，www.isc.org.cn/ihf/info.php?cid=215，2016-4-12.

② 戚建国等：《网络战——信息作战的生命线》，军事谊文出版社，2000，第 20 页。

③ 石岩：《ICANN 的背景资料与最新动态》，《新闻大学》2002 年第 4 期，第 64 页。

Numbers Authority，IANA）。IANA 多年来一直都是美国国防部的附属机构，直接受美国政府资助。随着互联网的发展，为改变 IANA 被国际社会诟病为"被美国一国所控制"的局面，1998 年 ICANN 成立，通过与美国商务部下设的国家电信和信息管理局（NTIA）签订合同、采取所谓"自下而上、共识驱动、多利益攸关方模式"（bottom-up, consensus-driven, multi-stakeholder mode），接管了 IANA。同时，NTIA 在前 20 年构建的全球互联网域名分配架构，被 ICANN 所一并继承和管理（不含军网、暗网及大量各类不接入互联网的局域网）。

2. 互联网的总机

ICANN 的职责，是在全球范围内对互联网的网址（唯一标识符）系统及其安全稳定的运营进行分配、管理、协调，包括互联网协议（IP）地址的空间分配、协议标识符的指派、通用顶级域名（gTLD）和国家地区顶级域名（ccTLD）管理以及根服务器系统的管理。全球互联网用户的网址被划分为五大片区：北美地区、欧洲地区、亚太地区、拉美地区、非洲地区，然后再由这些片区的地区性组织（Regional Internet Registries, RIRs）将互联网地址分配给各个国家和地区的会员和用户。但全球的域名管理仍由 ICANN 负责。

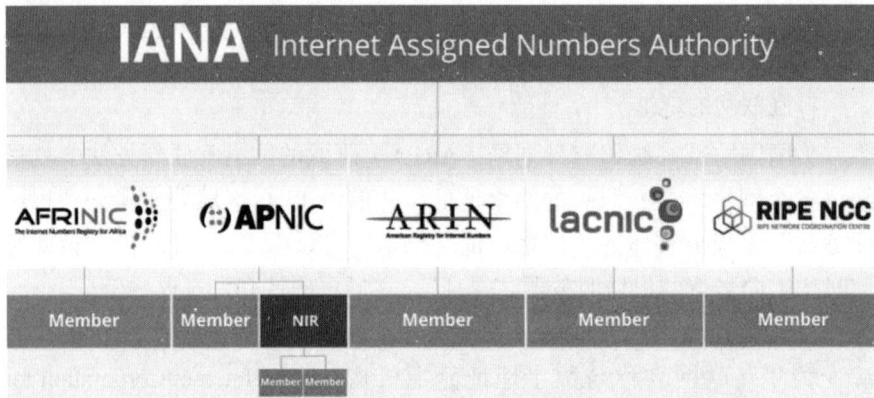

图 2-1：全球"五大片区"的互联网网址分配体系

全球"五大片区"的互联网网址分配体系具体包括：

欧洲互联网网址注册中心（RIPE NCC）——成立于 1992 年，服务欧洲（含俄罗斯亚洲部分等）75 个国家和地区的 15000 个"地区注册中心"（LIRs）；

亚太互联网络信息中心（APNIC）——成立于 1993 年，服务亚洲和大洋洲的 56 个国家和地区，下设南亚、东南亚、东亚和大洋洲（South，

South East，East and Oceania）四个区域，其中有 7 个亚太经济体成立了"国家注册中心"（National Internet Registries，NIRs）；

北美互联网网址注册中心（ARIN）——成立于 1997 年，负责北美、南美、加勒比、北大西洋群岛的 IP 地址分配；

拉美互联网网址注册中心（LACNIC）——成立于 2002 年，服务拉美和加勒比地区的 33 个国家和地区的约 7000 家网络运营商；

非洲互联网网址注册中心（AFRINIC）——成立于 2005 年，服务非洲地区，下设北非、西非、中非、东非、印度洋、南非（Northern，Western，Central，Eastern，Indian Ocean and Southern）六个"区域注册中心"。

ICANN 通过上述全球"五大片区"管辖各自片区的国家或地区，继而形成了全球互联网"五大片区"网址分配秩序。

ICANN 的定位，是独立于美国政府的非营利组织和非政府机构。表面上看，ICANN 目前虽然摆脱了美国国防部的直接控制，但它与美国商务部及其联邦电信与传播管理委员会之间长期存在着"协议上的隶属关系"。即使脱离了美国商务部的管理，因其位于美国，ICANN 仍需受到美国法律的管辖。

3. 互联网的扩张

目前，全世界的网民数量已经达到了全球总人口的一半以上[1]；全球接入互联网的终端设备（terminals）包括了电子计算机、智能手机、网线、电缆、光缆、路由器、内嵌通信芯片的其他各种电子设备等，已经达到了数百亿台。

第二节　中国网的接入

自美国发明互联网以来，各国入网都需要美国的同意。这意味着美国也可以随时不同意或中断各国的互联网接入。这就是美国发明互联网的先发优势，也为日后美国形成国际互联网的技术霸权奠定了历史基础。中国的互联网接入，最初是绕道欧洲间接地接入国际互联网的。[2]

---

[1]　玛丽·米克，《年度互联网报告》，[N/OL]，http://news.xinhuanet.com/newmedia/2015-06/04/c_134297239.htm，2016-4-27。

[2]　李南君，〔德〕维纳·措恩：《中国接入互联网的早期工作回顾》，《中国网络传播研究》2007 年第 00 期，第 239 页。

一、艰难接入

1. 中国第一封"走向世界"的电邮

1987 年 9 月 14 日，中、德两国学者在北京联手起草了中国第一封"越过长城，走向世界"的电子邮件，并于当月 20 日成功发送到德国。这封发往国外的第一封电子邮件，成为中国走进国际互联网时代的一个标志。[①]

中国最初连接的网络，实际上并非 The Internet 骨干网。发送"跨越长城，走向世界"的邮件是通过 CSNET 和 BITNET 两张网络。当时，这两张网络虽然是同时隶属于 The Internet 的有关组织，但两者却是独立运行的。中国当时要发送给世界各地的邮件，都首先要发向德国，再通过德国的服务器进行转发，接收邮件的过程也一样麻烦。且当时租用信道的费用非常高，每 1kb 流量的费用超过 6 元钱。而那些接入 The Internet 骨干网的国家，每 1kb 流量只用花几厘钱。[②]

2. 美国对于中国接入互联网的犹豫

当时，互联网的管理，已经从美国军方转到了美国国家科学基金会。中国要接入国际互联网，就需要获得美国国家科学基金会（NSF）的同意。美国国家科学基金会原本曾对中国入网之事提供过很大的帮助——1987 年 11 月 8 日，该基金会的主任斯特芬·沃尔夫（Stephen Wolff）发出了一封批准中国接入的信件，曾打开了中国全面接入互联网的一扇大门。

当中国真的想要入网的时候，该基金会又开始犹豫了，原因是 The Internet 骨干网最早是由美国国防部的网络与美国国家科学基金会的网络合并而来，The Internet 当时尚未完全摆脱美国军方的背景，该骨干网上面有很多的美国政府部门，也包括一些军方组织。由于美国方面的顾虑很多，美国当时的互联网政策不允许中国接入进去。[③]

3. 中国局域网的初建与接入

1988 年，中国科学院高能物理研究所（The Institute for High Energy Physics，IHEP）的网络初步建成，这是中国国内建成的拥有现代化高性能计算机的第一个局域网络。该网在建成后就实现了与欧洲核子研究中心的国际计算机网的连接。

1990 年 5 月，该网开始向其他单位提供非营业性的网络服务。1991

[①] 创新科技杂志编辑部：《1994 中国首次接入互联网》，《创新科技》2009 年第 10 期，第 54 页。

[②] 唐铮：《从羊肠小道走出来的中国互联网》，《国际人才交流》2014 年第 10 期，第 24 页。

[③] 唐铮：《从羊肠小道走出来的中国互联网》，《国际人才交流》2014 年第 10 期，第 25 页。

年 3 月，该网又与美国斯坦福大学直线加速器实验室（SLAC）计算机网络建立了连接。该网在技术设备上不断改进提高，随后采用了高速通信信道。1993 年 3 月，该网与美国能源科学网实现了连接。[1]

4. 国产路由器与中关村三角网建成

1990 年 4 月，中国国家科学技术委员会（Chinese State Science and Technology Commission）利用世界银行贷款及国内配套资金在北京中关村开始建立国内规模最大的全光缆计算机网络，并将它命名为"中关村地区教育与科研示范网络"。这是中国首个大范围的局域网，由中国科学院、清华大学、北京大学参与建设。[2]

该网是采用光缆连接的一个内部运行局域网，建网使用的路由器是我国自行研发的，支持 10 兆以太网的 RIP 协议。1992 年，这个由 30 多台路由器支持的局域网建成。1993 年，该网的主干网开通，并在中国科学院、北京大学、清华大学三个院校之间实现了互联，因此被称为"中关村三角网"，它为中国下一步接入国际互联网奠定了基础。

二、域名分配

1. 中国国家顶级域名 ".CN" 的国际注册

1990 年 11 月 28 日，在国家科学技术委员会的支持下，中国在国际互联网信息中心为自己的 CANET 网络注册了国际顶级域名 ".CN"。从此，世界开通了使用中国顶级域名 ".CN" 的国际电子邮件服务。

国际互联网信息中心关于当时 CANET 情况的记载是："CANET 是中国国家研究和发展网络，始建于 1988 年，目前覆盖大约 35 个机构。网关通过 XLINK 设立在德国的卡尔斯鲁大学。在中国主要城市里 CANET 依赖拨号节点和 X.25 协议，目前正常速率为 1200bps。CANET 计划使用完全的 X.25 和包交换机（PAD）连接，并希望安装 'Telebit Trailblazer' 调制解调器用于拨号线路。"[3]

1990 年，与 ".CN" 域名一同被批准申请的顶级域名的国家和组织有 4 个：".CN" 中国，".EG" 埃及，".HU" 匈牙利科学院，".ZA" UNINET

---

① 中国互联网 "开天辟地"，[N/OL] http://media.people.com.cn/GB/n/2014/0415/c40606-24898154.html，2016-5-4。

② 唐铮：《从羊肠小道走出来的中国互联网》，《国际人才交流》2014 年第 10 期，第 24 页。

③ 李南君，〔德〕维纳·措恩：《中国接入互联网的早期工作回顾》，《中国网络传播研究》2007 年第 00 期，第 244 页。

项目组。^①

自 1991 年 1 月起，德国的卡尔斯鲁大学就运行着 ".CN" 域名的初级服务器。直到 1995 年 5 月，在中国和美国建立了直接的互联网连接后，中国的 ".CN" 域名服务器才正式落户中国。^②

2. 中美同意中国全面地接入国际互联网

早在 1992 年 7 月，中国就实现了全国电子信箱系统的联网，定名为 "中国公用电子信箱系统"。1994 年 4 月初，时任国家科学技术委员会主任的宋健去美国参加中美双边科技的联合会议。在开会间隙，他找到了美国国家科学基金会主席莱恩与斯蒂芬·沃夫，双方正式决定了中国互联网接入的事宜。

1994 年 4 月 20 日，中国通过美国 Sprint 电信公司接入的 64K 国际专线开通，实现了与 The Internet 的全功能连接，成为真正拥有全功能接入 The Internet 的全球第 77 个国家。至此，中国正式加入了互联网的国际大家庭。^③

3. 中国 "国内公用数据网" 的国际互联

1994 年 5 月，中科院高能物理所（IHEP）的网络在国内开设了第一个 web 服务器，推出中国第一套网页，开始提供包括新闻、经济、文化、商贸等更为广泛的图文并茂的信息服务，并命名为 "中国之窗"。同月，国家智能计算机研究开发中心开通了 "曙光 BBS" 网站，这是中国大陆地区的第一个网络论坛。

1994 年 8 月，中国邮电部与美国的 Sprint 电信公司签署了协议，由 Sprint 协助中国建立 "中国公用计算机互联网"（ChinaNet），并在北京和上海建立了 "国际节点"，完成了国际互联网与中国国内公用数据网（China DDN）的互联。

1997 年 6 月，中国互联网络信息中心（China Internet Network Information Center，CNNIC）组建。CNNIC 现为中央网络安全和信息化领导小组办公室、国家互联网信息办公室的直属事业单位，行使国别互联网络信息中心的职责。CNNIC 负责中国主权范围内的域名注册和域名解析管理、域名根服务器运行，是中国的 "网络总机"。

---

① 李南君，〔德〕维纳·措恩：《中国接入互联网的早期工作回顾》，《中国网络传播研究》2007 年第 00 期，第 245 页。
② 李南君，〔德〕维纳·措恩：《中国接入互联网的早期工作回顾》，《中国网络传播研究》2007 年第 00 期，第 245 页。
③ 中国互联网协会，《中国互联网接入史》，[N/OL]，www.isc.org.cn/ihf/info.php?cid=217，2016-4-12。

CNNIC 的"逻辑上级"是亚太互联网络信息中心（APNIC），且是其国别成员（NIR），负责为中国的网络运营商（ISP）和网络用户，提供 IP 地址和 AS 号码的多层次分配管理服务；同时，负责保障中国的网络基础资源体系的可信、安全、稳定运行，以及全国互联网的发展统计、对外合作等事务。

第三节　互联网全球化

当前，几乎世界上所有的国家和地区都已接入互联网，甚至在国际公域上的航班、游轮也能提供互联网接入的服务。全球网民数量的激增，迅速扩大了"互联网+"的生产、销售、服务，与互联网相关的电子设备、电信设备、智能设备等的研发和生产形成热潮，推动了产业经济、技术经济的全球化。

网络的普及，体现在网络不仅进入了人们的生活，而且迅速嵌入了人们的生产。网络经济带动了人类的生产、生活，其经济社会形态被称为传媒经济、数字经济、分享经济、信息经济。从技术层面到经济领域的网络运用，在最广泛意义上代表着网络普及，标示着人类网络时代的全面开启。

一、网络的市场化

网络运营者首先是以"大众传媒"的定位开创了新市场。当前，全球传统媒体严重衰退，网络传媒经济却发展迅猛。

在中国，主流媒介中的电视广告和报纸广告收入市场份额从 2009 年开始出现了明显的下滑态势。2011 年，中国的网络广告收入超越了报纸的广告收入。2013 年，中国网络广告的收入又超越了电视广告收入。网络媒体已经成为第一大的广告收入媒体。2014 年，网络广告的收入份额依旧持续增长，而报纸广告、电视广告的收入份额仍在继续下降。

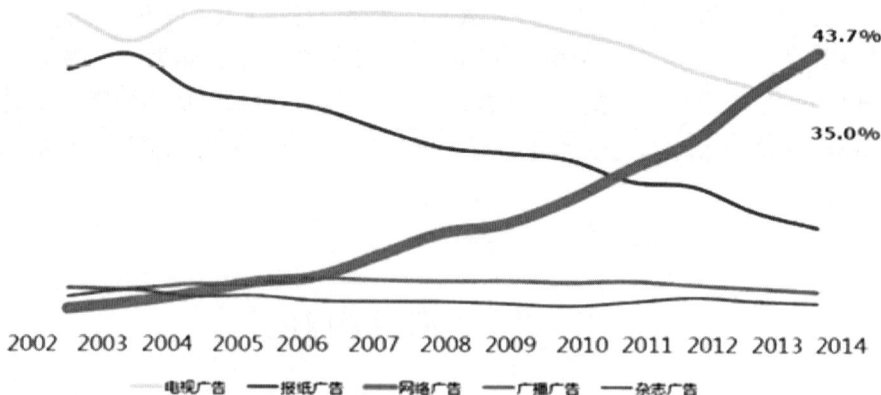

43.7%

35.0%

2002 2003 2004 2005 2006 2007 2008 2009 2010 2011 2012 2013 2014

——电视广告 ——报纸广告 ——网络广告 ——广播广告 ——杂志广告

图 2-2：2002—2014 年中国各媒介广告收入份额

在美国，互联网广告市场的份额同样呈现上升趋势，而传统的纸媒、
广播、电视的广告市场份额都在下降。2013 年，美国网络广告虽然还没
有超越电视广告，但差距在逐渐缩小，尤其是互联网媒介的消费时长已经
显著超越了电视媒介的消费时长，这促进了美国互联网广告市场的进一步
繁荣。而同期美国市场的纸媒和广播无论是媒介消费时长还是广告市场份
额，都在严重萎缩。

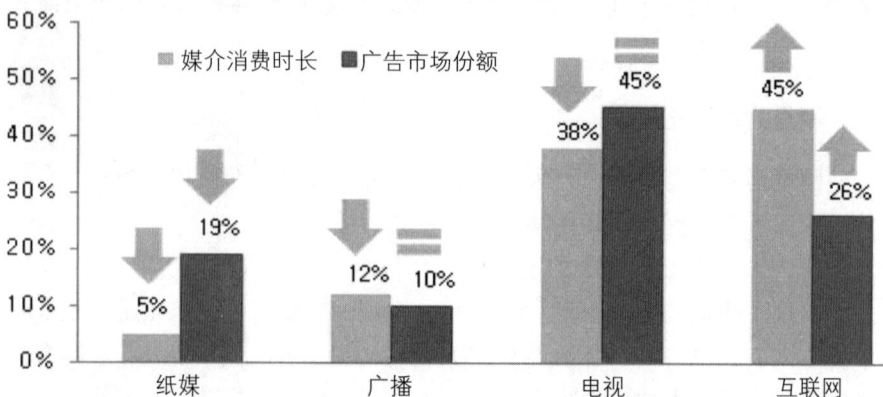

图 2-3：2013 年美国各媒介消费时长和广告市场份额对比

网络精准营销突破了传统的广告收费方式，例如：按展现收费（Cost
Per Mille，CPM），即按照每一千人次浏览量为单位来收费，计算广告的
每千人成本；按点击收费（Cost Per Click，CPC），即每带来一个点击收
多少钱；按时间收费（Cost Per Time，CPT），即按照放置时长收费；按销
售效果收费（Cost Per Action/Cost Per Sales，CPA/CPS），即按照成功交易

量收费。

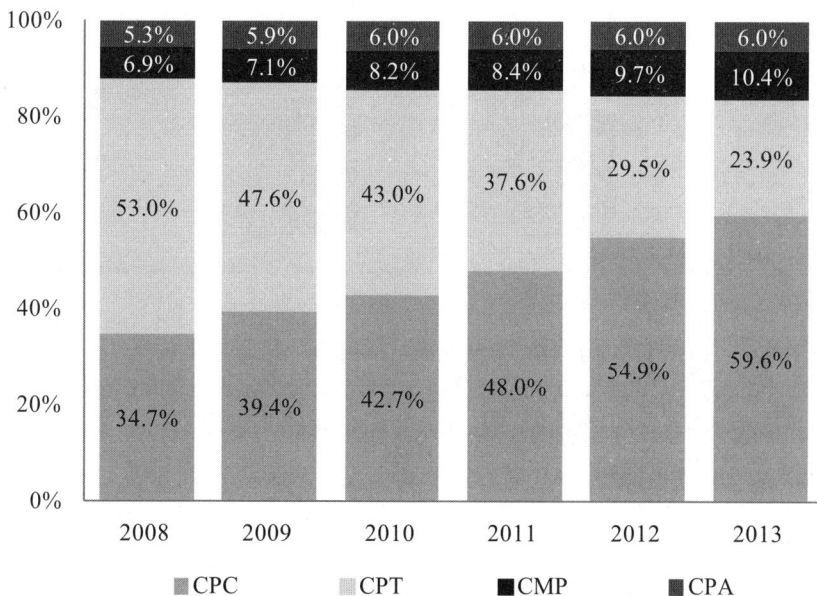

图 2-4：中国网络广告市场不同计费方式份额

精准广告技术，即通过网络平台精确地选择特定目标用户和区域，以文字、图片或视频的综合形式精准地将广告投放给用户的技术，将成为网络广告市场的最重要驱动力。360 公司的"点睛系统"、腾讯的"广点通"等这些以大数据为基础的精准广告势力快速崛起，其市场地位已经可以跟传统的门户网站相当。网络游戏和网络电商则是这些精准广告的主要客户群。随着这些客户群的进一步扩大以及精准广告在大数据方面的进一步优化，以大数据驱动的精准广告势力已成为网络广告市场最为重要的变革方向。

二、网络的消费化

线上线下融合发展的电子商务新业态迅速地扩大了市场消费。截至 2017 年 6 月，我国网络购物用户规模达到 5.14 亿人，相较 2016 年底增长 10.2%，其中，手机网络购物用户规模达到 4.8 亿人，半年增长率为 9%，使用比例由 63.4% 增至 66.4%。[①]

---

① CNNIC，《中国互联网络发展状况统计报告》，[N/OL]，http://cnnic.cn/hlwfzyj/hlwxzbg/ hlwtjbg/201708/ P020170807351923262153.pdf，2017-10-28。

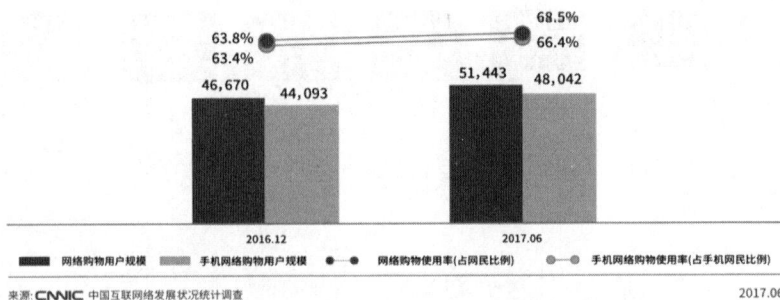

图 2-5：2016.12—2017.06 网络购物 / 手机网络购物用户规模及使用率

年轻群体成为网络消费的主力，电商企业的"渠道下沉"和海外扩张共同激发了网购消费潜力和消费升级。

三、网络的金融化

伴随网络安全程度的提高，网络支付、结算、信贷、理财等金融活动愈发普及。互联网消费金融，是指互联网为消费者网络购物提供消费贷款的现代金融服务方式，包括住房贷款、汽车贷款、旅游贷款、助学贷款等。2013 年，中国互联网消费金融市场交易规模达到 60 亿元，其中以 P2P 消费信贷为主。2014 年，电商巨头首次进入该领域——京东于当年初率先推出"白条服务"；随后，天猫于同年推出"分期服务"。

目前，中国互联网消费金融市场正处于从发展的起步阶段到爆发期的转变，其中"网上理财"逐渐占到市场的主流。截至 2017 年 6 月底，中国网民购买互联网理财产品的规模达到 1.26 亿人，相较 2016 年底增加了用户 2724 万人，互联网理财使用率从 13.5% 升上至 16.8%。

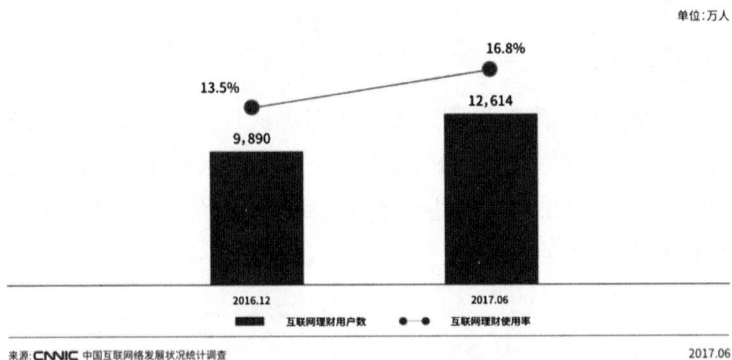

图 2-6：2016.12—2017.06 互联网理财用户规模及使用率

2016 年，国务院《互联网金融风险专项整治工作实施方案》正式出台，部分网络平台的高收益、高风险劣质理财产品逐渐退出市场，互联网理财的行业收益率回归到合理水平。2017 年 6 月，整治工作延期一年，网贷理财行业转型和规范发展继续深化。

另一方面，截至 2017 年 6 月，中国使用"网上支付"的用户规模达到了 5.11 亿人，较 2016 年 12 月底增加了 3654 万人；中国的网民使用"网上支付"的比例从 64.9% 提升至 68.0%，其中，手机支付用户规模达到 5.02 亿人，网民的"手机网上支付"使用比例由 67.5% 提升至 69.4%。

单位：万人

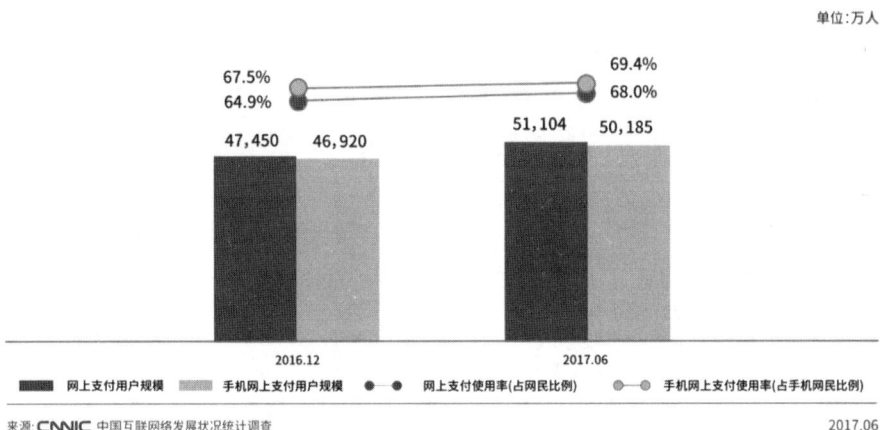

图 2-7：2016.12—2017.06 网上支付 / 手机网上支付用户规模及使用率

在消费信贷方面，电商巨头的强势切入，使得市场格局出现显著变化。伴随着京东与天猫进入市场，2014 年消费信贷交易规模突破 160 亿元，增速超过 170%。更多的平台型互联网企业加入该市场，使得消费金融交易规模迅速成长。

第四节　网络安全演进

网络在带来大量透明信息的同时，也隐藏着网络黑暗。伴随着网络的演进，人们在自由地享受互联网带来便捷的同时，也面临着网络所带来的安全问题及安全威胁。

一、网络安全认知

2016 年颁布的《中华人民共和国网络安全法》第七十六条第二款规

定："网络安全，是指通过采取必要措施，防范对网络的攻击、侵入、干扰、破坏和非法使用以及意外事故，使网络处于稳定可靠运行的状态，以及保障网络数据的完整性、保密性、可用性的能力。"这是世界首次对"网络安全"进行的法律定义。

研究网络安全一方面要从实践入手，另一方面也必须结合网络理论、信息理论、主权理论。在当代，网络安全是国家安全的前提和保障，因此，研究"网络四要素"的安全规范、全面提高其安全能力，特别是通过规制网络信息的生成、获取、加工、处理、传播、存储，以科学评估网络安全"状态"与"能力"的程度，才能全方位地维护国家安全。

1.认知网络安全的新特征

从国家安全的角度认知网络安全，首先要认知以下全新的技术特征：

（1）即时性。区别于传统的信息交换模式，网络信息的发出者和接收者在时间上基本是按照光速同步交流，基本没有传统信息在时间上的滞后性。这就决定了在维护网络安全的过程中，既要使用传统信息传递过程与传媒发行的审查模式，更要进行顶层的安全设计，全面围绕网络四要素来维护网络信息的国家"边防"。

（2）边界性。网络信息不仅处于时间上的瞬时状态，还处于空间上的离散、随机分布、多终端互联等所谓的"虚拟"状态。由于互联网的全球互联，使得一国维护其网络安全难于刻画出明晰的主权边界。只有全面把握网络四要素，并具有相应技术能力，从网络逻辑连接的自主、网络芯片技术的自主、网络系统开发的自主、网络用户管辖的自主四个方面来建立网络法治，网络才有望达成全面安全的"状态"与"能力"。一旦不能具足上述四大能力，网络安全的边界将无法厘清与守护。

2.防范网络安全的新威胁

从国家安全的角度认知网络威胁，必须要了解网络安全的现实风险：

（1）技术差异。网络的物理部分存在被破坏的风险是显而易见的。世界各国为了占领信息时代的制高点，都纷纷发布不同级别的国家网络安全计划、规程或者战略，以积极推进本国网络主权项下的基础设施建设。但在不发达的国家和地区中，仍有占世界 2/3 左右的人口由于物理部分的缺失而远离信息社会。由于不能掌握逻辑连接部分的权限，一些国家试图通过对物理部分和信息软件的实质性控制来维护自身的网络主权，同时提出国际网络共治，以迫使国际社会重新分享或分配网络逻辑连接部分的管理权限。

（2）垄断博弈。通过不同地理坐标中可运行的计算机进行数据交换而建立规则、标准，以使得网络中的不同系统和主体之间彼此互通，才能最终达到数据信息共享的目的。而这些协议、标准和 IP 地址的管理分属于不同的机构，且这些机构又受到不同国际组织甚至是主权国家的控制。美国通过 ICANN 实际控制着国际互联网的基础性逻辑连接系统。而国际电信联盟、联合国互联网工程任务组、万维网联盟、国际互联网协会等国际组织在国际互联网的治理中相互博弈，不断地提出垄断意义上的全球网络共治主张。

（3）无序监控。网络信息处在高度公开的状态。在这种状态下的信息极易被抄录、传播、篡改和监控。如果信息遭受到破坏，就会丧失其价值。网络信息处在网络虚拟平台上。区别于以其他方式储存的信息，由于潜在的侵权人人数众多且信息损害容易急速扩大，就难以找出信息的权利主体、侵权责任人，因此也更难进行法律保护和责任追究。

（4）匿名自由。作为用户的机构和自然人连同其设置的镜像装置、代理性质的软硬件，因属地原则而归属于不同国家的国别法管辖。因此，这种由于信息资源共享和传播而导致的国别法律冲突难以避免。如何有效规制用户匿名上网，推动网络安全的全球治理，确立各个国家在网络信息保护问题上的管辖权以解决冲突法上的各种问题，就显得尤为重要。现实中，网络用户、运营商、主权者之间往往突破了各自的国别界限，因而需要明确其在不同情况下的网络权利以及相应的违法救济权限。[①]

3. 行使网络主权的新实践

一般认为，当代主权国家的五大安全威胁来自海、陆、空、天、网，而传统的维护主权安全所对应的国际法，仅仅停留在核武、化武、常武、人道、国际维和这五个传统安全方面。非传统安全对传统主权威胁的前沿领域是外空、网络、反恐、金融、新能源这五个新领域。所以，网络主权是一个新兴的非传统安全范畴下衍生的"新主权"。在当前尚没有形成国际网络公约的情形下，各国也已经基于网络主权进行了相应的立法和政策宣示活动。

（1）在多边非政府国际组织与联合国层面。国际网络安全保护联盟（ICSPA）是 2011 年 7 月成立的全球性非营利组织，它是网络安全跨国合作的一个良好尝试。2002 年联合国大会在讨论中也提及了"缔造网络安

---

① 赵宏瑞、杨一泽、张杉杉：《中国〈网络安全法〉的基础理论构建》，《知与行》2016 年第 1 期，第 43 页。

全的意识和文化"。2006 年 5 月，联合国秘书长安南在讲话中重申了"建立全球网络安全文化"的重要性。2007 年，国际电信联盟启动了"全球网络安全议程"。2012 年，联合国政府专家小组提交《从国际安全的角度看信息和电信领域发展》报告，强调了信息安全是 21 世纪最严峻的挑战之一。①

（2）在区域法治的层面。2016 年 4 月 27 日，欧洲议会发布了《在个人数据处理过程中对当事人及此类数据自由流通的保护》（On the Protection of Natural Persons with Regard to the Processing of Personal Data and on the Free Movement of Such Data），即《一般数据保护条例》（General Data Protection Regulation，GDPR）。28 个欧盟成员国在随后的两年时间内将 GDPR 条款转置成为本国法律，在数据信息的存储、识别、分类、发送方面建立统一规则，该条例已于 2018 年在欧盟生效实施。

（3）在国别法治的层面。除了美国在加强网络国内立法以外，欧盟中的英国在 2000 年 2 月颁布的《反恐怖主义法案》，也曾明确提出了打击"网络恐怖主义"理念，把影响到政府或社会利益的黑客行动视为网络恐怖主义；德国于 2005 年制定了《国家信息设施保护计划》；瑞典于 2006 年公布了《瑞典改善互联网安全战略》；欧盟刑警组织于 2011 年 5 月发布《有组织犯罪威胁评估》报告，其中规范了涉及信用卡欺诈、音视频盗版、非法药物合成与流转、濒危物种走私、人口贩卖、洗钱等与网络犯罪有关的问题。

一国的技术能力决定着网络主权能力。法律是各方利益博弈下的平衡，在较长一段时间内规制着既有秩序。而信息技术的突飞猛进，尤其在明确的需求引导下，仿佛是脱缰的野马，法律的缰绳往往显得滞后而笨拙。

二、网络威胁认知

国际网络冲突，必须靠政府的力量，才能共建出公正合理的世界网络秩序。例如，计算机应急响应组织（CERT）是负责处置计算机网络安全事件的国际组织，成立了计算机应急响应组织论坛（FISRT），以促进各国的 CERT 组织加强合作，共同处置跨国网络的攻击事件。由于各国的这些 CERT 组织都是非政府组织，在美国的 ICANN 看来是属于"利益攸关方"，但它们仅仅能够扮演协助受害企业进行应急处置的角色，在技术上和公信力上无法进行域名溯源、证据查证等工作，这使得跨国网络犯罪因

---

① 赵宏瑞：《浅析"四维总体网络法治观"》，《中国信息安全》2015 年第 7 期，第 43 页。

为法律与监管的盲区而成为常态。

区域军事同盟，撕裂了全球网络互信。美国将"爱因斯坦系统"转让给北约国家，目的是在北约国家建设网络防御系统。表面上，这是一种简单的网络技术输出，事实上，这种输出的背后是防御体系和安全利益的信息共享，甚至达到防御体系在网络层面"互操作"的程度，相当于构建了一个网络军事同盟。由于网络军事同盟的网络必然接通着非同盟国家，例如，中国的信息要发送到巴西就必须要通过美国的根域服务器来"寻址"，这就意味着网络军事同盟在战时可以攻击其他国家的网络，甚至使其他国家被迫形成"网络孤岛"。

网络军民两用性，使得正常的民事行为与社会生活都会面临突发的军事威胁。美国在互联网上设置"棱镜"系统、"上游"系统，用于监控互联网的数据。这些监控系统显然都是设置在电信运营商、网络运营商所建设的网络中。没有美国的主权强制力的推动，相关的运营商是不可能配合的。同样，在"棱镜"计划中，美国的九大互联网企业根据美国《爱国者法案》的要求，也都配合向美国国家安全局提供互联网信息，这说明网络霸权在本国也是依赖其主权强制力发挥作用的。

全球网络，作为一个新的利益共享空间，需要国际共治。21世纪以前，互联网用户群体的数量还普遍不多，其中多数用户是以民间身份接入到互联网中的。互联网最初是一个实验性质的虚拟通信网络空间，各国政府原本对之都缺少清晰的认识。但随着网络信息技术的不断发展，各国相应的利益都被吸引并关联到了这个空间，国家的政治、经济、文化、社会、国防等事务渐渐都承载到了网络空间之中，因此，各国开始警觉并对网络空间行使主权管辖权。由于网络空间天然具有互联的属性，客观上要求主权国家相互交涉与协商，由此，必然最终会形成国际共治的全球网络体系。

强化国家在网络时代的国际法地位，确立国家的网络主权，是形成国际共治网络体系的理论认同与法治前提。而美国强调"利益攸关方"，推动 ICANN 按照全球"利益攸关方"的方案进行改革，表面上是主张由非国家行为体主导管理网络，但实际上依旧是"信息强国主导"的霸权模式，因为世界上具有较大话语权的"利益攸关方"行为体绝大多数都在信息强国之中。美国作为信息强国中的霸权领袖，其政策导向极有可能导致强者愈强、弱者愈弱。信息弱国渐渐就会完全丧失自主维护网络主权与网络安全的机会。所以，只有正视国家主权安危，平等尊重网络主权，让各个国家在信息技术上不分强弱，都有发言权，都可以享受网络时代的技术红利，这样才能够在全球范围内最大限度地建立起公正合理的世界网络秩序。

全面认知网络安全威胁，努力构建公正合理的世界网络秩序，必须在传统的信息网络技术之上准确地了解网络空间的连接体系、结构体系、协议体系、要素体系。换言之，把握网络四要素，是维护网络主权总体安全的必由之路。

首先，互联网在主体要素上通过网络域名系统（DNS）的重新分配，改变了人们接入网络的传统身份。在网络主体的逻辑连接安全方面，各国需要构建既"互联"又"自主"的网络主权，需要重新反思顶层架构域名兼容的逻辑连接安全，全力参与 TCP/IP 等各层连接协议的创新，合作新建传统地缘上的网络互联设施，推进"IPv6+"，甚至"IPv9"域名扩展所带来的科技机遇。

其次，互联网在平台要素上通过不断更新各类互联协议（protocols），扩充了各类平台设备最大兼容度地接入互联网。在网络平台的物理终端安全方面，特别是芯片（chips）设计方面，各国都在积极自主研发高级芯片、路由终端等先进设备，力图创新引领外接设备的新标准，甚至开始研发天基路由的新功能、谋求量子计算的新突破。

再次，互联网在活动要素上通过寻址溯源、身份识别、芯片"后门"等种种非对称技术，扩大了人们驾驭信息能力的差距。能力"强"的网络活动可以轻易盗取他人的网络信息、侵犯个人隐私权。在网络活动的用户行为安全方面，各国政府应当推动接入身份动态登记与识别技术、按需推广实名制技术，力图完善网络活动秩序的法治建设。

最后，互联网在客体要素上曾因信息编码、存贮技术的先发后发差别造成了全球数据储存的分布失衡。在网络客体的数据安全管理方面，世界各国越来越强调境内数据的自主存储、自主认证、加密解密、可信运算等能力建设，提高信息数据的备份、恢复、取证能力，追求总量化的数据监管，探索信息存储安全的永续性。

总之，概括网络四要素，是为了全局性、穷尽性地掌控网络主权的整体安全。目前，世界各国为了应对互联网带来的信息安全威胁，都在努力提升对网络的总体认知，推进各自的网络安全立法，各有侧重地立法维护网络四要素的逻辑连接安全、物理终端安全、用户行为安全、数据管理安全。换言之，维护网络安全，就需要从网络四要素四个方面统筹治理，否则难以实现网络主权的总体安全。

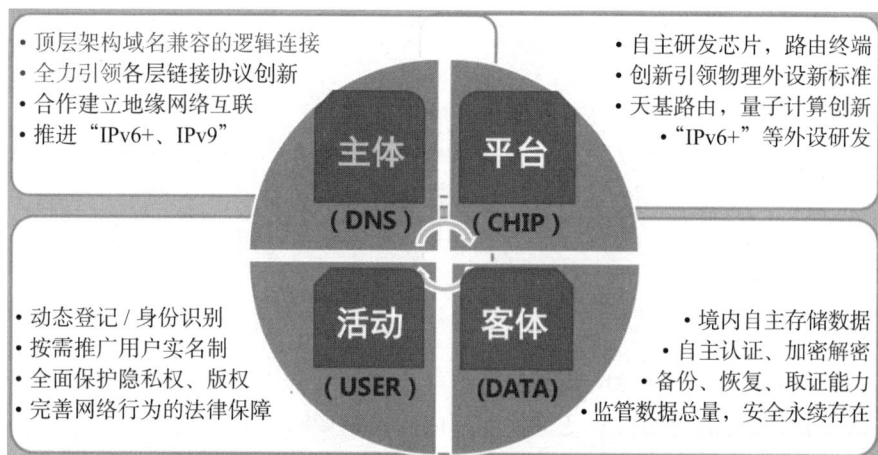

图 2-8：网络四要素中的监测网络安全威胁拓扑图

主体（DNS）
- 顶层架构域名兼容的逻辑连接
- 全力引领各层链接协议创新
- 合作建立地缘网络互联
- 推进"IPv6+、IPv9"

平台（CHIP）
- 自主研发芯片，路由终端
- 创新引领物理外设新标准
- 天基路由，量子计算创新
- "IPv6+"等外设研发

活动（USER）
- 动态登记/身份识别
- 按需推广用户实名制
- 全面保护隐私权、版权
- 完善网络行为的法律保障

客体（DATA）
- 境内自主存储数据
- 自主认证、加密解密
- 备份、恢复、取证能力
- 监管数据总量，安全永续存在

第三章 网络的安全

各国对于网络安全的认知与诉求各不相同。为了认知、表达、交流各自对网络风险的看法，防范世界范围内的网络威胁，联合国的相关组织与各个成员国总结了其网络安全利益与政策立场。

第一节 联合国的看法

联合国自 1996 年南非"信息社会与发展会议"和巴黎"恐怖主义问题部长级会议"以来，在议题设定上开始关注跨国网络事件对国家安全的影响，开始把国家安全与信息社会发展联系起来。

一、世界和平利益

网络安全威胁无论是来自国内还是国外，其结果都作用于国际秩序的稳定，都会危及世界和平。第五十三届联合国大会于 1999 年达成了《从国际安全的角度看信息和电信领域的发展》的大会文件（A/RES/53/70），从联合国角度首倡如下立场：

1. 事关国际利益

联合国开始注意到"信息技术和手段的传播和利用事关整个国际社会的利益"。

2. 维护国际安全

联合国开始表示关切"信息技术和手段可能会被用于不符合维护国际稳定与安全的宗旨，对各国的安全产生不利影响"。

3. 通报各国立场

联合国开始吁请所有会员国向秘书长通报其"对有关信息安全的各种基本概念的定义""对信息安全问题的总体看法""应否订立国际原则，加强全球信息和电信系统的安全"，并向联合国大会提交报告。

4. 常设大会议程

联合国开始决定将"从国际安全的角度看信息和电信领域的发展"的议题列入联合国大会议程。

二、网络空间主权

2003 年 12 月 12 日，联合国信息社会世界峰会《日内瓦原则宣言》明确："与互联网有关的公共政策问题的决策权是各国的主权。对于与互联网有关的国际公共政策问题，各国拥有权力并负有责任。"并强调："避免将信息通信技术用于与维护国际稳定和安全的宗旨相悖的目的。"

经过了 20 年的思考、表达、斡旋、博弈，第七十届联合国大会在 2015 年 7 月 22 日形成了《关于从国际安全的角度看信息和电信领域的发展政府专家组的报告》（Report of the Group of Governmental Experts on Developments in the Field of Information and Telecommunications in the Context of International Security）（下称《专家组报告》）大会文件（A/70/174）。《专家组报告》强调了《联合国宪章》和主权原则适用于网络空间的重要性。

1. 主权原则

在《专家组报告》中，联合国大会肯定了国家主权和国际法对信息通信技术活动（以下简称为"信通技术"）和信通技术基础设施的基础性适用原则：《联合国宪章》和主权原则是加强各国使用信通技术安全性的基础。

2. 安全原则

《专家组报告》在提炼总体网络空间观方面，以联合国大会名义提出了"国际信通技术环境五项原则"：一个开放、安全、稳定、无障碍、和平的信通技术环境对于所有人都非常重要，需要各国切实合作，减少国际和平与安全所面临的风险。

3. 网信共识

《专家组报告》具体到网络空间的定义方面，以联合国大会的名义达成了部分网络定义的共识——"信通技术活动"（ICT-related activities）共识和"领土内的信通技术基础设施"（ICT infrastructure within their territory）共识（简称为：活动共识、平台共识），并将两个共识连通了国家主权与国际法。

4. 主权管辖

《专家组报告》落实到网络主权的适用与管辖方面，以联合国大会的名义达成了部分网络主权管辖共识："27. 国家主权和源自主权的国际规范和原则适用于国家进行的信通技术活动，以及国家在其领土内对信通技术基础设施的管辖权。"（27. State sovereignty and international norms and principles that flow from sovereignty apply to the conduct by States of ICT-related activities and to their jurisdiction over ICT infrastructure within their territory.）

5. 维护安全

《专家组报告》还指出，主权国家之间的合作是维护全球网络安全的关键：

"17. 各国应考虑采取更多的建立信任措施，在双边、次区域、区域和多边的基础上加强合作。这可包括自愿达成的协议，以便：

a. 加强相关机构之间处理通信技术安全实践的合作机制，建立更多的技术、法律和外交机制，以处理与信通技术设施有关的请求，包括酌情考虑进行应对事故和执法领域人员的交流，并鼓励研究机构和学术机构之间进行交流。

b. 加强合作，包括建立协调中心交流关于恶意使用信通技术的信息，并为调查提供协助。

c. 建立国际计算机应急小组和（或）网络安全应急小组或官方指定履行这一职能的组织。国家不应考虑在其关键基础设施定义内设立这类机构，各国应支持和协助这些国家应急小组和其他获授权机构的运作与相互间合作。

d. 酌情扩大和支持计算机应急小组和网络安全应急小组的做法，如交流关于脆弱性、袭击规律和减少攻击的最佳做法，包括协调反应、组织演习、协助处理信息技术相关事件和加强区域及部门合作等方面的信息。

e. 针对其他国家的请求，以符合国内和国际法的方式合作调查涉及信通技术的犯罪或将信通技术用于恐怖主义的目的，或减轻从本国领土发起的恶意信通技术活动的影响。"

联合国的这份文件表明，必须由主权国家的政府出面，而不仅仅是由其企业出面，才能够联手应对跨国网络风险，才能够形成网信安全方面的共治体系。然而，《专家组报告》仅仅是当时的呼吁和共识，并没有得到网络发明国美国政府的支持，这一报告无法切实地发生国际法效力。

联合国的一些下设组织也一直在研讨网络安全问题。2016 年 4 月
21—22 日，联合国国际贸易法委员会（UNCITRAL）在奥地利维也纳的
国际会议中心举办了首届"身份管理与可信服务的法律问题研讨会"，该
会议旨在为建立今后全球贸易所带来的跨国身份管理的统一法律与规则，
寻求共识和可行的方案，其重要性可与建立全球电子护照互认的规则相提
并论。

总的来看，从联合国的活动共识、平台共识出发，联合国未来将以此
共识开启谋求达成网络空间国际共治的征程。这两个共识虽然仍是保守地
局限于"活动""平台"这样的部分网络要素——这表明在联合国层面并
未完全达成关于网络空间的总体共识，但是，网络空间"活动""平台"
共识的达成，是根植于各国领土主权的——尽管各国对于领土之上的网络
"主体""客体"的讨论仍存分歧。

第二节　各国提交的立场

第五十三届联合国大会于 1999 年达成了《从国际安全的角度看信息
和电信领域的发展》的大会文件（A/RES/53/70），第七十届联合国大会在
2015 年形成了《关于从国际安全的角度看信息和电信领域的发展政府专
家组的报告》大会文件（A/70/174），这之间的 16 年，联合国收到了各成
员国提交的关于信息安全与网络主权的报告，其中，西方国家与非西方国
家的官方立场观点迥异。

一、西方国家的立场 [①]

1. 加拿大

网络空间加强了社会互动，转变了产业和政府，继续成为经济增长、
创新与社会发展的引擎。但网络空间也为我们的社会带来了新的威胁和
挑战。

国际法也适用于网络空间，是各国的行为规范和原则基石。处理信息
与通信技术安全问题，必须与尊重人权和基本自由同步进行。

加拿大执行网络安全战略和行动计划，确保空间系统安全和网络安
全；建立了网络事件管理框架，以全国统一的方式管理和协调处理潜在或

---

① 本书此处的"西方国家"，指美国及与美国具有国家安全军事同盟关系的国家，例如"北
约"国家、"美日韩"同盟国家等。

既有的网络威胁和事件的工作；颁布反垃圾邮件立法；支持开展网络安全能力建设项目；设立计算机安全事件反应小组；加入了网络专门知识全球论坛。

加拿大支持北大西洋公约组织和各盟国为加强网络安全联盟所做的努力，与东南亚国家联盟（东盟）区域论坛合作开展能力建设，与美国合作开展网络安全行动计划，参与七国集团、联合国毒品和犯罪问题办公室、美洲国家组织和东盟的打击网络犯罪举措。加拿大是打击儿童网络性虐待全球联盟的成员；建议各国参阅欧洲网络犯罪公约。（2015年6月4日）

2. 德国

开放、自由、安全、可靠的因特网，为经济增长、社会发展、科学进步、促进民主、善政和法治提供了大好机遇。与此同时，人们越来越关注网络空间造成的国际安全风险。近期恶意软件活动不断增加，对核心基础设施的攻击可能造成严重后果。全方位的"网络战争"似乎并不可能，在较大规模的战争活动中有限地使用网络能力已经成为现实，网络空间中的事件可能会升级为现实世界中的冲突。

德国主张采用三管齐下的办法：联合国是建立网络空间中国家负责任行为规则的核心平台；国际法特别是《联合国宪章》、"武装冲突法"，可适用于网络空间；德国极为重视区域组织的作用。2013年，欧洲安全与合作组织就一套初步的网络建立信任措施达成了共识，德国即将担任欧洲安全与合作组织的主席，计划将网络安全作为优先工作，筹备信息技术安全法，加强网络抗御能力，界定核心基础设施信息技术安全的最低要求，规定报告重大事件的义务，完善整体安全系统，更好地保护公众。（2015年5月27日）

3. 荷兰

普遍接受并遵守一套负责任的国家行为的规范有助于促进安全。但是，还需要使各国更深入地理解国家行为规则方面的既有国际法和规范如何适用于网络空间，确定自我约束和互助方面的规范和额外措施，尤其是建立特别标准保护措施，提供基本民用服务的核心基础设施、民间事件应急架构以及全球因特网的某些关键组成部分。由于因特网已成为我们所有人的战略资产，需要就有关问题进行广泛的国际讨论。（2015年5月29日）

4. 葡萄牙

虽然信息和电信领域的发展意味着有更多的机会实现文明进步和国家间合作，增强人类的创造潜力，加强全球社会中的信息流通，但另一方面，葡萄牙发现这些技术和手段可能会被用于不利于国际稳定与安全的目的，可能会对国家完整造成不利影响。葡萄牙认为，网络信息的安全十分重要，这种安全性一直在提高。葡萄牙已加大力度执行网络安全和完整性方面的立法，为此采用了风险评估方法，这需要在技术和组织层面采取适当的安全合作措施。

在概念层面，必须深刻认识到监管条例应当主要源自国际规则。必须加强国际信息共享，建立信任措施和信息共享。考虑到全球化的大背景，促进所有"利益攸关方"（包括公共和私营部门）之间的信息共享至关重要。

在国家一级，葡萄牙集中努力开展公共和私营实体都参与的联合活动，促进技术标准化。然而，在培训和维持有关活动的人力资源方面面临困难，有必要在安全等若干领域促进所有主要"利益攸关方"获取知识，促进集体培训活动。（2015 年 4 月 24 日）

5. 大韩民国

网络空间开辟了新领域，带来了无尽的可能性，提供了前所未有的经济和社会效益。然而，因其开放、匿名、不分国界的性质，网络威胁正在对国际安全造成严重挑战。

大韩民国经历了一系列网络攻击，包括在 2014 年对核电站运营商的攻击。为了更有效地应对网络威胁，大韩民国在 2015 年 3 月颁布了"综合计划"来加强网络安全态势，设立了网络安全事务总统秘书职位。大韩民国坚信，必须商定一套适用于网络空间的国际准则，实施建立信任和建设网络能力的措施。（联合国）关于从国际安全的角度看待信息和电信领域发展的专家组的 2013 年报告结论，确认了对国家在网络空间中行为适用国际法的可能性，大韩民国期待进一步讨论商定该原则将如何适用于网络空间中的国家行为。2014 年，大韩民国与联合国裁军研究所共同主办了"亚洲—太平洋地区的国际法与网络空间国家行为区域研讨会"。大韩民国政府还致力于加强与主要国家的双边和三边合作，并积极参加网络问题区域和国际论坛，如东南亚国家联盟和联合国政府专家组区域论坛。作为 2013 年首尔网络空间会议的东道国，大韩民国与荷兰密切合作，筹备 2015 年在海牙举行的全球网络空间会议，并将继续促进"伦敦进程"会议。（2015 年 6 月 11 日）

6. 西班牙

信息和通信技术为全世界所有社会提供了重要支持，但此类技术的全球化带来严重风险和威胁，如网络间谍活动、网络恐怖主义、黑客行为和网络战争。在设立国家网络安全理事会之后，西班牙继续取得进展，制定了基于国家网络安全战略的计划，以加强预防、保护、探测、分析、应对、恢复和协调能力，更好地应对网络威胁。西班牙继续在欧洲联盟和欧洲安全与合作组织、北大西洋公约组织、欧洲委员会等主要的国际组织积极参与促进国际合作，密切监测所有影响到网络安全的战略举措。西班牙继续认为联合国可以为就网络安全问题达成国际共识发挥重要作用，并支持举行包括其他国际论坛在内的制度化对话，以此促进区域合作，建立全球标准、最佳做法、国家行为守则，建立信任措施，最终确保和平、安全地利用信息技术。

各国应当在四个领域达成共识。首先，应制定合作性质的建立信任措施，其最终目标是促进各国在网络安全领域的透明度，加强各国能力，消除任何来自第三国的可能袭击。第二，各国应当继续思考国际法原则和规范如何解释和适用于网络空间，特别是涉及使用武力或以武力相威胁、人道主义法、保护个人基本权利和自由的原则和规范。第三，应加强国际合作，为此改善沟通渠道，建立计算机应急小组的协调机制，开展联合演习和其他类似行动，促进司法和警察合作机制。最后，应继续鼓励和协助受援国开展必要的能力建设，协助其制定确定网络安全标准的国家法律。（2015 年 5 月 26 日）

7. 大不列颠及北爱尔兰联合王国

鉴于对"信息安全"一语有不同的解释，联合王国在文中均采用其偏好的术语"网络安全"及相关概念，以避免混淆。联合王国承认，网络安全是国家和国际关键基础设施的基本要素，是在线经济活动和社会活动的重要基础。网络空间活动构成的实际威胁和潜在威胁值得严重关切。

联合王国在 2011 年 11 月公布了网络安全战略：继续在国际网络安全辩论中发挥领头作用。联合王国为所有四个从国际安全的角度看信息和电信领域发展的政府专家组提供了专家，专家组的前一个协商一致报告显示，在就网络空间国家行为规范达成共同谅解以及在确认国际法在网络空间的可适用性方面已取得了很有价值的进展。联合王国还对欧洲安全与合作组织在 2013 年谈判成果的基础上关于网络空间今后可能的建立信任措施的讨论表示欢迎，并对其他区域组织的类似工作表示欢迎。联合王国希望进一步参与加强网络安全能力的国际合作。（2015 年 5 月 29 日）

二、非西方国家立场

1. 古巴

信息技术和手段可能会被用于不符合维护国际稳定与安全宗旨的目的，可能对各国基础设施的完整性产生不利影响，损害其民用和军事领域的安全。要防止以犯罪或恐怖主义为目的利用信息资源或技术。

古巴十分关注个人、组织和国家秘密或非法使用其他国家的计算机系统来攻击第三国的情况，所有国家开展合作是防止和应对这些新威胁、避免网络空间变成军事行动场所的唯一途径。利用电信手段公开或秘密破坏各国的法律和政治秩序的做法违反了这方面的国际公认准则，可导致紧张局势和情况，不利于国际和平与安全。应根据《联合国宪章》和国际法，和平利用信息和通信技术。绝不应使用这些技术颠覆社会或造成可能导致国家间冲突的情况。然而，美国政府不断攻击古巴的无线电和电视广播，使上述努力受到威胁，这违反了《联合国宪章》的宗旨和原则，违反了国际电信联盟的各种规章，侵犯了古巴的主权。

古巴重申，使用信息作为政治宣传工具，颠覆其他国家，或造成其内部秩序不稳定；插手和干涉他国内部事务，是非法行为，必须得到制止。强烈反对以违背国际法的方式使用信息和通信技术，反对所有此类性质的行动。必须确保这些技术的使用完全符合《联合国宪章》和国际法的宗旨和原则，特别是主权、不干涉内政以及国际公认的国家间和平共处标准。国际合作对消除滥用信息和通信技术造成的危险至关重要。古巴还强调国际电信联盟在有关网络安全问题的政府间辩论中的重要作用。

古巴设立了计算机和网络安全理事会，受国家最高机关——政府和古巴共产党指导。（2015 年 5 月 26 日）

2. 萨尔瓦多

萨尔瓦多武装部队为加强信息和电信安全，对公共网络独立音频、视频和数据通信实行统一管理，组建并设置了周边信息安全工作队。此外，还通过加密系统处理官方资料，以保护所有信息，防止任何外部人员企图渗透系统进行侵袭，防止网络攻击。（2015 年 4 月 21 日）

3. 格鲁吉亚

应对网络威胁是国家安全政策中必不可少的一部分。格鲁吉亚政府将信息和网络安全放在政治议程中的重要位置，为了加强信息安全，采取了若干战略、法律、组织和体制措施。

网络安全是国家安全政策的主要优先事项，保护网络安全对于国家安全来说，与保护土地、水域和领空同样重要。为进一步实现信息安全的制度化，格鲁吉亚司法部于 2010 年成立了数据交换局，作为负责制定和执行信息与网络安全政策及标准的中央政府机构，使其在公共部门和核心基础设施领域采用并执行新信息安全政策和标准，并成立国家计算机应急反应小组。

格鲁吉亚信息安全法律和监管框架，包括在 2011 年和 2012 年间颁布的信息安全法及补充该法的次级规范法。数据交换局与欧洲联盟军事参谋团（来自奥地利、爱沙尼亚、波兰等国）和邻国（阿塞拜疆、亚美尼亚、土耳其等国）签订了双边合作协议和谅解备忘录。

为了应对信息安全挑战，区域和国际合作机制愈加重要。为此，应努力增加专门处理此类重要问题的国际活动的数量，增进与主要"利益攸关方"之间的信任，继续与国际社会合作确定战略原则和法律概念。（2015年 5 月 26 日）

4. 巴拿马

信息和通信技术正在迅速发展，日常生活与技术和通信的接触与日俱增。生活与通信方式和信息处理方式的发展息息相关，这已成为一个事实。巴拿马政府已按照这一趋势采取了行动，使其适应安全机构的具体需要。为此，政府一直在进行技术改进，实现更高效、更安全的连通。

巴拿马政府逐步制定通信实施计划，其中包括网络、安全和电话技术方面的内容。为保护其因特网、数据和电话信息的安全，建立了基于内部防火墙平台的基础设施，并与国家多方位服务网络相连。利用基于安全防火墙的数据会话，确保信息的保密性和保护。

随着用于适应安全机构安保需求的通信解决方案日益先进，这些机构必须能够获得有助于促进信息领域和谐发展的工具，采取积极和预防性措施。安全机构应利用这一技术态势，因为巴拿马有义务保护本国和国际社会的安全。（2015 年 6 月 3 日）

5. 秘鲁

秘鲁国家警察通过各级组织和职能结构的各种不同系统安全政策来管制其企业数据网络。在信息安全方面，企业数据网络已经通过托管安全服务外包，由一个安全运营中心运行。角色和身份的管理工作已经在计划中，这将允许用户拥有独特的访问路径，确保可追溯性并提供审计工具。

在国家层面采取加强信息安全的预防措施，包括：指定网络管理员、对工作人员进行信息技术方面的培训、授权国家警察数据中心服务器的软件、实施"私有云"、资料备份、备份不间断电源的电力系统、升级配电板和电气连接、在系统遭受外部攻击或拒绝服务的情况下外包周边安全服务。

更新国家警察技术平台和警察信息系统，以整合信息手段，有效改善国家公共安全，通过提供服务来确保国家之间的互操作性，从而促进国际安全。

国际社会为加强全球信息安全可采取的措施有：传播媒介的标准化，包括设备和通信协议的类型；可保证高可用性的技术平台的标准化，以实现国际安全方面各国的互用适用性；信息安全机制的标准化；在"信息领域"的概念中，每个参与国际安全的国家都面临风险因素，并有可能通过建立自动化信息机制，确定打击和（或）遏制问题的共同目标。例如，在秘鲁，将考虑的问题包括毒品贩运、恐怖主义、有组织犯罪、走私、洗钱和贩运等。（2015 年 6 月 30 日）

6. 卡塔尔

卡塔尔国制定了战略，监测信息安全领域中现有和潜在的威胁，同时又符合保持信息自由流动的需要。信息安全对国家和全球安全至关重要，为维护信息安全，卡塔尔国采取了一系列措施，以升级相关技术，完善立法、监管和执法。卡塔尔国还在其国内法律允许的情况下，在区域和国际层面就有关问题协调和合作。卡塔尔国认为，国际社会应继续努力制定一份具有约束力、保障信息安全的国际文书，从而促进信息安全。此类文书应规定开发防黑客程序，保持信息系统的连贯性。（2015 年 6 月 24 日）

第三节　美国隐瞒的立场

作为互联网发明国的美国，20 年来在联合国一直回避表达自身对于整体网络空间定义的官方立场。这可能是出于其国家安全战略的目的，或者也许是出于其案例法的"英美法系"传统。美国从国内法律到政府政策都缺乏对互联网的法定定义，但是通过梳理美国相关的辞典、政策、国家战略文件，仍可发现美国在每个零碎的定义中强调了互联网的某些内涵特征。

一、学术定义

美国《新世界大百科全书》的定义：网络空间是一种信息环境下的全球领域，它由信息技术基础设施（ITI）所支撑的相互依存的网络组成，它包括互联网、电信网、计算机系统和嵌入式处理器和控制器。网络空间一词源于科幻小说，它也包括各种虚拟现实（即替代现实中的"存在"经验或模拟"存在"）。强调了网络的"全球领域"。

美国信息技术法维基网站（IT Law Wiki）强调，网络的虚拟性是来源于科幻小说。该网站在"网络空间"词源条目下指出：网络（也被称为网络空间）一词，是由科幻作家威廉·吉普森（William Gibson）在短篇小说《铬黄》（Chrome）中创造出来的，后来也用于他的小说《神经漫游者》（Neuromancer）。它指的是"在计算机及其所连接的网络中所创造出的虚拟世界"（也称为"电脑创造的现实"），它包括计算机内部的内存、布线以及计算机连接的网络。威廉·吉普森称网络空间为"相互同意的幻觉"（consensual hallucination）。

二、官方观念

美国第 54 号国家安全总统令和第 23 号国土安全总统令 [The National Security Presidential Directive 54/Homeland Security Presidential Directive 23 (NSPD-54/HSPD-23)] 定义了网络空间（cyberspace），它强调网络包含互联网、电信网、任何计算机系统及关键行业，即：网络是指信息技术基础设施（ITI）所架构的相互依赖的网络，它包括互联网、电信网、计算机系统、关键行业的嵌入式处理器和控制器。这个词通常的用法也指信息与人际交互的虚拟环境。[①]

美国白宫《维护网络空间的国家战略》（2003）定义网络空间时强调了国家控制性，即：网络空间是国家控制的"神经"系统。它由成百上千的互联的计算机、服务器、路由器、交换机和光纤电缆组成，以使得国家的关键基础设施运转工作。

---

① The National Security Presidential Directive 54 / Homeland Security Presidential Directive 23 (NSPD-54/HSPD-23), [N/OL]，http://itlaw.wikia.com/wiki/Cyber_Space; http://www.newworldencyclopedia.org/entry/Cyberspace, 2016-4-23.

第四节　上海合作组织^①的主张

2015 年 1 月 9 日，中国、哈萨克斯坦、吉尔吉斯斯坦、俄罗斯、塔吉克斯坦和乌兹别克斯坦等上海合作组织六国常驻联合国代表致信给联合国秘书长，提交了新版的《信息安全国际行为准则》(2015)。这是 2011年中国、俄罗斯、塔吉克斯坦和乌兹别克斯坦四国联合向第六十六届联合国大会提交《信息安全国际行为准则》(2011)的升级版。后来，吉尔吉斯斯坦和哈萨克斯坦加入成为共同提交新提案的六国之二。国际社会对 2011 版《准则》予以了高度重视，反响热烈。

上合组织提交联合国的《信息安全国际行为准则》(2015)是对 2011版《准则》做出的进一步修订，以充分顾及所有方面的意见和建议。该准则强调"鼓励民用信息技术""国家主权决策网络政策""推动信息技术全球化以弥合数字鸿沟"等国际行为规范，以求构建一个和平、安全、开放、合作的信息空间，确保信息和网络能够促进人类发展及人民福祉，并维护国际和平与安全。该准则具体提出八个方面的主张：

鼓励民用的信息科学和技术。2015 版上合组织《信息安全国际行为准则》认为，科学和技术的发展可以有民用和军事两种用途，需要维持和鼓励民用科学和技术进展；应避免将信息通信技术用于与维护国际稳定和安全的宗旨相悖的目的，从而给各国国内基础设施的完整性带来不利影响，危害各国的安全。因此有必要加强各国的协调和合作，打击非法滥用信息技术，并在这方面强调联合国和其他国际及区域组织可以发挥的作用。

适用主权与国际法的原则。2015 版《准则》重申了"与互联网有关的公共政策问题的决策权是各国的主权"，认为"对于与互联网有关的国际公共政策问题，各国拥有权利并负有责任"，有必要继续研究关于国家使用信息通信技术的现有国际法所衍生的规范如何适用国家行为，和各国使用信息通信技术的理解。遵守《联合国宪章》和公认的国际关系基本原

---

① 上海合作组织是由哈萨克斯坦共和国、中华人民共和国、吉尔吉斯共和国、俄罗斯联邦、塔吉克斯坦共和国、乌兹别克斯坦共和国于 2001 年宣布成立的、基于《上海合作组织宪章》的永久性政府间国际组织，常设机构有设在北京的上合组织秘书处，和设在塔什干的上合组织地区反恐怖机构执行委员会。截至 2019 年，上合组织国家包括八个成员国：印度共和国、哈萨克斯坦共和国、中华人民共和国、吉尔吉斯共和国、巴基斯坦伊斯兰共和国、俄罗斯联邦、塔吉克斯坦共和国、乌兹别克斯坦共和国；四个观察员国：阿富汗伊斯兰共和国、白俄罗斯共和国、伊朗伊斯兰共和国、蒙古国；六个对话伙伴：阿塞拜疆共和国、亚美尼亚共和国、柬埔寨王国、尼泊尔联邦民主共和国、土耳其共和国和斯里兰卡民主社会主义共和国。

则与准则，包括尊重各国主权，领土完整和政治独立，尊重人权和基本自由，尊重各国历史、文化、社会制度的多样性等。

转让信息技术、弥合数字鸿沟。2015版《准则》认识到，可以放心安全地使用信息和通信技术是信息社会的一大支柱，必须鼓励、推动、发展和大力落实全球网络安全文化，"注意到信息通信技术的特性，可随着时间的推移，拟订更多规范"，并指出必须加强努力，通过在网络安全最佳做法和培训方面，向发展中国家转让信息技术和能力建设，弥合数字鸿沟。

不威胁和平、不干涉内政、合作反恐的原则。不利用信息通信技术和信息通信网络实施有悖于维护国际和平与安全的活动。不利用信息通信技术和信息通信网络干涉他国内政，破坏他国政治、经济和社会稳定。合作打击利用信息通信技术和信息通信网络从事犯罪或恐怖活动，或传播宣扬恐怖主义、分裂主义、极端主义，以及煽动民族、种族和宗教敌意的行为。努力确保信息技术产品和服务供应链的安全，防止他国利用自身资源、关键设施、核心技术、信息通信技术产品，和服务、信息通信网络及其他优势，削弱他国的自主控制权，或威胁其政治、经济和社会安全。

在线离线同权、保障民权与道德的原则。认识到人们在线时也必须享有离线时享有的相同权利和义务。充分尊重信息空间的权利和自由，包括寻找、获得、传播信息的权利和自由，同时铭记，根据《政治与公民权利国际公约》的义务和责任，尊重他人的权利和名誉，保障国家安全、公共秩序、公共卫生和道德。

公平分配资源、平等发挥作用的原则。在国际互联网治理和确保互联网的安全性、连贯性和稳定性以及未来互联网的发展方面，各国政府应平等发挥作用并履行职责，以推动建立多边、透明和民主的互联网国际管理机制，确保资源的公平分配，方便所有人的接入，并确保互联网的稳定安全运行。

政府与"利益攸关方"充分合作的原则。各国政府应与各"利益攸关方"充分合作，并引导社会各方面理解他们在信息安全方面的作用和责任，包括私营部门和民间社会，促进创建信息安全文化及保护关键信息基础设施。各国应制定务实的建立信任措施，以帮助提高可预测性和减少误解，从而减少发生冲突的风险。自愿交流维护本国信息安全的国家战略和组织结构相关信息，在可行、适当的情况下分享可能和适合的最佳做法等。

和平解决争端、推动联合国制定信息安全国际法。加强双边、区域和国际合作，推动联合国在促进制定信息安全国际法律规范、和平解决相关争端、促进各国合作等方面发挥重要作用。加强相关国际组织之间的协调。在涉及上述行为准则的活动时产生的任何争端，都以和平方式解决，不得使用武力或以武力相威胁。

第四章　网络的主权

　　网络科技的新进步，重塑了人类活动的新方式，产生了社会秩序的新形态。但是，网络普及，带来了国家安全问题；网络安全问题，推动了传统主权理论发展。自此，网络普及、网络安全、网络主权，三个事物密切相连，形成一波推动一波的主权理论再探索。

　　网络主权，是因科技推动而在传统主权思想中生长出来的"新品种"。网络的设备终端（平台），在法律上可归为传统物权秩序的范畴；网络的数据信息（客体）一定程度上可以归类到传统的知识产权范畴；网络的行为人或其代理（主体）就是传统法学中的自然人、法人、机构、其他实体以及其设定的软件和硬件代理；网络的应用及其全部行为（活动），甚至可以归结于用益物权（usufruct）、公民自由、商业行为、政府政策等。但是，网络是军民两用技术。一旦站到国家安全的高度上看，就需要研究网络主权的正当性。

　　在当代，没有网络安全，就没有国家安全。在网络普及的初期，网络的主体、客体、平台、活动，本来应当是也可以是在传统的"民商事"法律范畴中找到足够对应的规则来规范。但是，网络一旦发展出了危害公共安全的事件，就涉及刑事犯罪和刑法范畴。当它进一步演化到了能够危害国家安全（例如网络战）、威胁主权安危的程度，传统部门法研究就不足以覆盖维护国家主权了。研究网络主权应上升到类似于格劳秀斯研究《战争与和平法》时所提出的国际法治、主权法治的历史新层面，这就变成了传统国家政治哲学乃至传统国际法中的一个全新的理论课题。

　　网络主权作为一种"新主权"，之所以能够成立，其理论基础有两条探讨路径：第一条路径是着眼于网络的科学性，需要论证其主体、客体、平台、活动存在于任何一个国家的传统主权疆界内，因而得出"网络有主权"的结论；第二条路径是着眼于网络的社会性，需要脉接的是传统国家主权理论，研究该"新主权"在传统社会下是如何萌生、衔接、重叠、管辖、运行的，以求廓清该"新主权"是如何能够成为传统主权理论的"新发展",以确立"主权辖网络"的正义性。

本编的前三章,是从第一条路径入手,研究网络的科学性;本章的研究,是从第二条路径入手,探寻网络的社会性。"网络有主权""主权辖网络",这两条路径相互印证,殊途同归。网络主权已经成为当代绝大多数国家不得不应对非传统的安全威胁、不得不研究并发展传统的主权理论、不得不解决网络安全新挑战的最急迫问题之一。因由网络世界里现实发生了国家安全威胁,鉴于传统主权理论不足以解决这一全新问题,进而就需要研究网络主权。要研究网络主权,应当而且只能从传统的国家主权理论出发,因为它是包含在传统的国家主权之下、衍生于网络发展所催生出的一类"新主权"。

第一节　网络主权的由来

网络主权并非传统主权。但是,西方提出传统主权的历史,距今不超过 500 年。传统国家主权思想的法律实践,其历史距今也不超过 400 年。也就是说,传统主权在人类文明长河之中也是"新鲜事物",网络主权是这一"新生事物"的最新发展。

一、传统主权的发源

2500 年来,西方经历了父权、神权、君权、民权、主权的演进。传统主权理念的逐渐形成,经由格劳秀斯 1625 年所著《战争与和平法》思想影响下的欧战实践,通过第二次世界大战后 1945 年《联合国宪章》最终确立。传统主权理念现已成为当代国际法学的基本理论。在东方,传统国家主权理念,可以看作是中国"安内攘外"历史思想的现代契合,它是中国 5000 年追求"天下大同"理想过程中的一种现实理性选择。

1. 西方主权学说

关于主权概念的起源,西方学者往往从亚里士多德《政治学》和古典罗马法算起。[①] 这种看法,在理论上把主权赋予了对内具有"最高治权"的含义,但却不能说明国家主权对外具有抑或"平等"、抑或"称霸"的特性。

16 世纪前后,发现新大陆、文艺复兴、宗教改革这三大事件构成了

---

① 〔美〕梅里亚姆:《卢梭以来的主权学说史》,毕洪海译,法律出版社,2006,第 1 页。

哲学史上黑格尔所划分出的欧洲"近代"分水岭。虽然这三大事件被看作是欧洲区别于中世纪的时代标志，但它们并不完全是欧洲塑造出国家主权概念的历史性事件。

最早提出国家主权学说的是 16 世纪法国思想家、法学家、政治学家让·博丹。[①]1576 年，让·博丹发表了《主权论》[②]，首次提出了"至高无上"的"君主主权论"主权概念和国家主义。但这仅仅是一种学说，国家主权在当时还尚未得到世界各国的广泛认可，也未曾经过国际实践。

近现代国家主权的法治实践，在欧洲仅有 400 年的历史。它源自欧洲1618 年开始的"三十年战争"以来的欧洲国际政治秩序博弈。当时的欧洲各国对内一般通过确立宪法、基本法等活动，达成关于国家领土、人民、政权的宪法性共识。

（1）威斯特伐利亚主权实践。1648 年欧洲的"三十年战争"结束，征战诸邦基于格劳秀斯的《战争与和平法》[③]，签订了《威斯特伐利亚和约》，欧洲国家才开始在国家政治秩序与国际关系实践中认知、承诺、践行国家主权理论。自此之后，国家主权理论才真正地成为现代国家体系运行的核心要素。

（2）联合国以前的主权理论。在现代民族国家的三波独立浪潮到来之前，[④] 早期的主权理论聚焦于国家主权的"安内"属性。在这个"国家主权1.0 的时代"里，从让·博丹的"君主主权论"，到马基雅维利的"国家主权论"[⑤]，再到卢梭的"人民主权论"[⑥]、边沁的"功利主权论"[⑦]、梅因的"历史主权论"[⑧]，传统的主权理论认知，可以归结为两点：一是主权的不可分割性；二是主权者的终极权力性。这些国家主权理论，都局限于主权的对内绝对性。

2. 世界主权浪潮

现代主权奠基于全体国家的独立。国家主权首要地是基于国家领土，但地球上本没有国境线。领土空间作为主权的第一要素，并非一开始就清

---

① 何其生：《格劳秀斯及其理论学说》，《武大国际法评论》2004 年，第 356 页。

② F. H. Hinsley, *Sovereignty* (London: Cambrige University Press, 1966) p. 121.

③ 〔荷〕胡果·格劳秀斯：《战争与和平法》，何勤华等译，上海人民出版社，2013。

④ 〔美〕塞缪尔·P. 亨廷顿：《第三波：20 世纪后期的民主化浪潮》，欧阳景根译，中国人民大学出版社，2013。

⑤ 〔意〕马基雅维利：《君主论》，潘汉典译，商务印书馆，2009，"国家理由的性质"一章。

⑥ 〔英〕洛克：《政府论》（下篇），叶启芳、瞿菊农译，商务印书馆，1964，第 2 页。

⑦ 〔英〕边沁：《道德与立法原理导论》，商务印书馆，2000，第 60 页；〔英〕边沁：《政府论》，沈叔平等译，商务印书馆，1997，第 133 页。

⑧ 〔英〕梅因：《古代法》，沈景一译，商务印书馆，1959，第 7 页。

晰地存在。一切国家的边境线都是人为划定的，是民族国家在"三波浪潮"的独立过程中所确立的。

（1）第一波，是1648年确立欧洲国际秩序的《威斯特伐利亚和约》，它划定了欧洲大陆各国的国界，承认了国家的独立和主权，表明国家主权、国家领土和国家独立等原则已确立为国际关系中应遵守的准则。各国彼此之间普遍建立了驻外使节，进行外事活动。

（2）第二波，是以18世纪美国独立战争，法国大革命，拿破仑战败后欧洲于1814—1815年建立的维也纳体系，19世纪拉丁美洲独立战争，1919年凡尔赛均势，1945年雅尔塔均势为代表，世界版图上的"主权涟漪"得到了进一步扩大和强化。①

（3）第三波，总的来讲，是20世纪欧洲殖民体系在二战、冷战之后，引发了全球性民族独立运动，亚非拉诞生了大量的新兴民族国家；直到苏联解体、南斯拉夫分裂、克里米亚入俄、叙利亚内战、伊拉克和大叙利亚伊斯兰国（ISIS，伊斯兰国IS的前称）战乱，国际社会依然酝酿着世界版图上的主权离合与演进。②

3. 中国主权实践

1912年，梁启超曾提出"人人渴望完全国家之出现，渴望新国家之组织"，"使中国进成世界的国家"。③1919年，廖仲恺曾谈道："构成近世国家最要紧的要素，就是人民、领土、主权三件物事，这是近来国家学者的通说。"④1987年，王沪宁出版了《国家主权》一书，指出主权的最高权力性——从主权（Sovereignty）的词源来看，它产生于Super和Superanus两个拉丁文词语，含义为"最高的权力"；也系统研究了主权理论、主权的内部性与外部性。⑤

现代国家主权的内涵是相互依存，不可分割，缺一不可的。在1945年联合国成立以前，国家主权学说主要源自千年征战的欧洲。自1648年欧洲诸国首次达成威斯特伐利亚主权体系以来，⑥国家主权的学说经历了提

---

① 赵宏瑞：《世界文明总量论：中国的文明崛起与国安法治原理》，中国法制出版社，2015，第29、113页。

② 〔美〕塞缪尔·P. 亨廷顿：《第三波：20世纪后期的民主化浪潮》，欧阳景根译，中国人民大学出版社，2013。

③ 梁启超：《中国立国大方针（1912年）》，《饮冰室合集·文集之二十八》，中华书局，1989，第39页。

④ 廖仲恺：《中国人民和领土在新国家建设上之关系》，《建设杂志》1919年。

⑤ 王沪宁：《国家主权》，人民出版社，1987，第2、6页。

⑥ 赵宏瑞：《世界文明总量论：中国的文明崛起与国安法治原理》，中国法制出版社，2015，第29、113页。

出、实践、反思、修改，最终达成了1945年《联合国宪章》的全球共识。

在1945年，世界各国达成了历史性的国家主权认同——《联合国宪章》。从其内容可以发现，梁启超提出现代国家主权论，廖仲恺提出领土、人民、政府（或政治制度）国家主权要素论，王沪宁提出国家主权的最高性、内部性、外部性，都构成了现代国家主权要素的基本特征，即：任何国家之内的领土、人民、政府（及其治理），共同地构成了其国家主权的三项基本内涵。

二、网络主权的提出

现代国家主权的法定含义，源自1945年《联合国宪章》，普遍载于各国宪法。最近的20年来，联合国已经开始讨论网络主权、网络空间的国际共识以及各国关于互联网管制的国别观点与国际合作。

尽管传统主权的法治实践历史不长，但当代国际法学认为国家主权具有永久性。国家主权的效力对内以各国宪法的实施为标志，对外以《联合国宪章》确认的平等国家地位为标志。一国主权源于其"历史性权利"，主权天然地具有合宪性。但是，宪法、政府、元首的更迭，并非代表主权的改变。

现代主权理念延伸到网络领域，使得国家网络主权与领土主权、人民主权、政治主权、货币主权、基因主权一样，在基本内涵上都具有领土性、人民性、政权性的共性；在基本外延上都具有适用《联合国宪章》、适用国际法准则的基本特征。就是说，网络主权在对内的方面（内涵）与对外的方面（外延），都是国家主权相同要素的自然延伸与权力衍生。

国家主权的领土性、人民性、政权性，是国家得以存在的根本前提。正如前文梁启超、廖仲恺、王沪宁等学者归纳的那样，国家主权对内包含了领土（含领海、领空等资源）、人民（包含生活在或关联于本国领土的外国居民）、政权（包含尚未取得完全独立自治能力的政治制度）三个基本要素。国家主权的基本原理，对内需要合乎本国宪法的精神，享有领土合一性、人民合一性、政权合一性，这样的"主权三特征"构成了不可分割、永续存在的完整主权。

总体来看，现代主权理念，无论在联合国层面还是在国别法层面，目前都自然而然地延伸到了有关网络治理的思考、立法、实践。虽然网络空间主权的理论和实践正在认知本质、达成共识的过程之中，特别是在美国与他国、西方与世界之间尚存差异，但它已经变成了越来越受关注的国际热点。

第二节　网络主权的内涵

网络主权的内涵，都具有领土性、人民性、政权性，即"主权三特征"。网络全球化在技术上存在着客观基础，但是，在网络建设、网络连通、网络使用、网络治理、争议管辖等层面上，网络主权依然具有"主权三特征"的天然属性。

一、网络主权的对内辖制

1. 国家"领网"主权

《联合国宪章》第七十八条规定："凡领土已成为联合国之会员国者，不适用托管制度；联合国会员国间之关系，应基于尊重主权平等之原则。"（Article 78：The trusteeship system shall not apply to territories which have become Members of the United Nations, relationship among which shall be based on respect for the principle of sovereign equality.）从学理解释上看，《奥本海默国际法》中这样阐述领土（Territory）："国家领土是一国主权支配下的地球的确定部分。"[①] 北京大学著名法学家王铁崖在《国际法》一书中指出："在国际法上，领土主要是指国家所有的土地，即在国家主权支配下的地球的确定部分。"[②]

国际法上定义的领土可以扩大解释为领土、领海、领空，但并不包括太空、极地、公海这样的人类公共区域。出于对领土主权的尊重，一国不仅不能侵占、分割或兼并别国的领土，而且未经别国允许，不得派遣军队、军舰或警察进入或通过别国领土，或派遣飞机飞越别国领土，不得在别国领土内实施行政或管辖行为，也不得在别国进行官方调查或者指使它的国民在别国领土上进行秘密活动，否则就是违反国际法的。[③] 各国如果要发起不同类型的网络战对别国主权进行侵犯，例如，以网络武器、电子脉冲武器、电子生物武器等对对方网络实施精确打击，则会在实施军事打击的同时造成民用网络或民用实体的破坏。[④] 因此，可以看到，网络主权与领土主权具有天然的合一性；网络主权中的数据主权无论作为本国资源还是

[①]　Robert Jennings, Arthur Watts, *Oppenheim's International Law* (Oxford University Press,1992) 9th edition, Volume 1, part2, p.563.

[②]　王铁崖：《国际法》，法律出版社，1993，第 229 页。

[③]　梁淑英：《论国家领土主权》，《法律适用》1997 年第 5 期，第 32 页。

[④]　宋鲡：《网络战中的国家自卫权研究》，硕士学位论文，吉林大学，2014，第 5 页。

本国资产，同样与该国的领土主权具有天然合一性。

2. 国家"网民"主权

《联合国宪章》正文序言的第一段第一句话讲道："我联合国人民（the peoples）同兹决心，欲免后世再遭今代人类（mankind）两度身历惨不堪言之战祸，重申基本人权（human rights），人格尊严与价值（the dignity and worth of the human person），以及男女与大小各国平等权利之信念，创造适当环境，俾克维持正义，尊重由条约与国际法其他渊源而起之义务，久而弗懈，促成大自由中之社会进步及较善之民生。并为达此目的力行容恕，彼此以善邻之道，和睦相处，集中力量，以维持国际和平及安全，接受原则，确立方法，以保证非为公共利益，不得使用武力，运用国际机构，以促成全球人民（all peoples）经济及社会之进展。用是发愤立志，务当同心协力，以竟厥功。"

这里定义的人民（the peoples），是英文复数形式的各国人民，不存在超主权人民，否则应使用人民的单数。人民主权的观点早在亚里士多德、让·博丹的时代均已阐明，但直到上述《联合国宪章》序言开篇，才确立了人民主权在国家安全中的核心地位。相应地，人民的一切活动都受到主权保护，人民在网络空间中的一切活动都受该国网络主权的保护。所以，网络主体与该国的人民主权具有天然合一性。

3. 国家"治网"主权

政治主权是一国的政治体制（政权，regime）和行政当局（治权，government）的总和，政府是国家主权的行使者、治理者、维护者、代表者。《联合国宪章》正文序言的第二段第一句话讲道："爰由我各本国政府（our respective Governments），经齐集金山市之代表各将所奉全权证书，互相校阅，均属妥善，议定本联合国宪章，并设立国际组织，定名联合国。"又如，《联合国宪章》第五十七条一款规定："由各国政府间协定所成立之各种专门机关，依其组织约章之规定，于经济、社会、文化、教育、卫生及其他有关部门负有广大国际责任者，应依第六十三条之规定使与联合国发生关系。"这说明在联合国看来，各国政府是各国主权的代表者。

二、"非自治领土"主权

非自治领土，是国际公认的"未充分进化主权"。《联合国宪章》第十一章"关于非自治领土之宣言"第七十三条规定：联合国各会员国对于"其人民尚未臻自治之充分程度者"（whose peoples have not yet attained a full measure of self-government）仍承认以领土居民之福利为至上之原则，并以充分增进领土居民福利之义务为神圣之信托，予以公平待遇，按各领土及其人民特殊之环境及其进化之阶段，发展自治；对各该人民之政治愿望，予以适当之注意，并助其自由政治制度之逐渐发展。上述规定表明：联合国充分尊重未自治领土的主权，促进其自治政权的现代化，而非采取歧视态度、纵容霸权行径。

网络主权现已达成了联合国初步共识，即对信息活动和信息通信平台施加主权管辖，但是，对于网络主体、客体、平台、活动这网络四要素而言，目前尚未达成全面治理共识。这是由于网络技术发展的速度超过了联合国全体成员认知达成一致的速度。在这种差速认知的情况下，网络主权共识就相当于世界各国尚待观察的"未充分进化主权"。这反映了网络主权认同的"差速性"，这种"差速性"亟须从理论上深入研究、厘清，以理服人，以促认同。

第三节　网络主权的外延

网络主权的外延与传统国家主权一样，都具有国际自卫权、国际自主权、国际平等权的共性。每个主权国家在彼此陆海相连的边界上，都有权依法主张、行使这三项主权权利。在主权国家陆海相邻的边界上，国家间的网络是以物理和物质的形式相连、接壤。网络主权在针对国外的方面上，依然具有国际自卫权、国际自主权、国际平等权的天然属性。

一、国际法治

在《联合国宪章》中，每一个平等主权国家在彼此之间都被赋予了国际自卫权、国际自主权、国际平等权。主权国家的网络主权，同其所有的领土主权、人民主权、政治主权一样，同样地具有这些对外特征。

1. 网络主权的国际自卫权

自卫权是源于国际法习惯并为之后的《联合国宪章》第五十一条所明确承认和支持的一项国际法权利。自卫权（Defense）的法律概念源自国内法，而后被引入国际法，并从一开始就适用于国家之间，成为战争正当性的理由。国际法上的自卫权是指国家使用武力抵抗外来武力攻击以保护自己的固有权利或自然权利。

《联合国宪章》第五十一条规定："联合国会员国受到武力攻击时，在安全理事会采取必要办法，以维持国际和平及安全以前，本宪章不得认为禁止行使单独或集体自卫之自然权利。会员国因行使此项权利而采取的办法，应向安全理事会报告，此项办法于任何方面不得影响该会员国按照本宪章随时采取其所认为必要行动之权责，以维持或恢复国际和平与安全。"——可见，国家主权之自卫权的行使目的，是指击退外来武力攻击或消除迫近威胁，以恢复或维持法律原状。[①]

自卫权虽是主权国家的固有权利，但其行使也要受到严格的限制。例如在网络战条件下，如何有技术能力和证据来证实"受到武力攻击"，联合国如何判断并"采取必要办法"？网络战可以细分为网络信息窃密、系统瘫痪、远程控制、战前打击、复合打击等多种方式。[②] 所以，主权国家这一固有权利能否在网络空间中予以主张并得以顺利行使，在很大程度上取决于相关国家的技术能力和网络空间中的正义判断。当然，一个国家倘若无法"安内"，没有维护完整的领土主权、人民主权、政治主权的能力，在网络空间的"攘外"方面，如其国际自卫权的行使，往往也会受到影响。

2. 网络主权的国际自主权

《联合国宪章》第二条第四款规定：各会员国在其国际关系上不得使用威胁或武力，或以与联合国宗旨不符之任何其他方法，侵害任何会员国或国家之领土完整或政治独立（the territorial integrity or political independence of any state）。对外的政治独立与对内的政治自主（自治），是国家主权的一体两面。然而，在现实世界秩序中，很多国家是名义上的政治自主，在实质上是通过军事联盟的办法"自主地"放弃了国家安全自主性。

全球的 196 个国家，按照客观的标准[③] 可划分为安全自主性、半自主性、非自主性三类国家。据此可以从安全视角重新认知"三个世界"：全世界的 196 个国家中只有 3 个是全自主国家——中、美、俄，占比 1.5%；有 14 个半自主国家，占比 5.6%；剩下的 159 个是非自主性国家，占比

---

① 余民才：《自卫权适用的法律问题》，《法学家》2003 年第 3 期，第 154 页。
② 源自 2014 年 10 月 12、13、14 日，日本国防卫省国家安全研究所桥本靖明教授来哈工大法学院的"关于 CYBER LAW 及非传统安全法治"议题的演讲。
③ "国家安全自主性"的六个标准是：一国只有完整具备了政权自主（无内乱）、军政统筹（非军政脱节）、国防自主（反侵略能力）、战略自主（拥核）、产业完备（各大产业均具备生产与研发能力）、国际承认（联合国安理会常务理事国）六大特征，才谈得上具备独立的、不依赖于他国的国家安全自主性。"国家安全半自主性"三个标准是：一国不能完全具备"自主性"的六个标准，而是部分地拥有安全自主，例如：拥核但附属于某军事集团；或拥核但与某些军事集团对立；或拥核且中立或不结盟。

92.9%.[1] 在全球国家按照这种安全自主性划分成三类主权独立性（或称"安全自主性"）的情形下，尽管有《联合国宪章》明确规定的主权平等原则的存在，但是真实的世界秩序却客观地呈现出了自主性截然不同的"三个世界"，这"三个世界"在全部 196 个联合国成员国中占比悬殊，尽管它们都是法律地位普遍平等的联合国成员国。如图 4-1 所示：

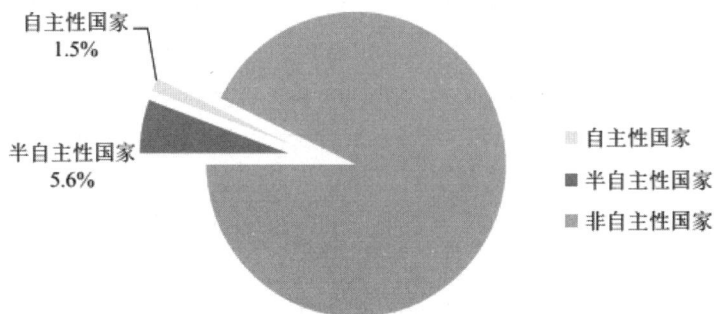

图 4-1："三个世界"——基于国家安全自主性划分的全球国家占比

　　独立国家若没有领土主权、人民主权、政治主权，在国际上与他国当然就不可能有平等的地位。在非传统安全领域，国家网络空间的本质，是既"互联"又"自主"。然而，网络安全的"自主性"权力并非按照联合国五大常任理事国的席位进行平等的划分。其中，只有美国实现了网络安全自主性。而中国国家安全的总体态势，是具有总体自主性的，但在非传统安全领域[2] 中的网络安全领域，中国却处于半自主状态。此外，中国在货币安全、太空安全、能源安全以及反恐安全方面，也相对处于半自主状态，但略优于网络自主。因此，为了实现网络安全自主性，需要创建客观上切实可行的维护国家网络主权的顶层设计。

　　3. 网络主权的国际平等权

　　平等权是国家基本的权利之一，是一国拥有主权的基本表现。据考证，该术语首先出现于 1943 年 10 月 13 日的《莫斯科宣言》。主权国家与平等是国际公法的基本宪制原理[3]，《联合国宪章》在一开始就明确规定了

---

① 赵宏瑞：《世界文明总量论：中国的文明崛起与国安法治原理》，中国法制出版社，2015，第 443 页。

② 此处的非传统安全领域包括：货币领域、太空领域、能源领域、反恐领域、网络领域。参见赵宏瑞：《世界文明总量论：中国的文明崛起与国安法治原理》，中国法制出版社，2015，第 205-262 页。

③ Ian Brownlie, *Principles of Public International Law* (6th ed., 2003), p. 287.

各会员国之间主权平等的原则①，规定了每个成员国都应该有一个投票权，并且对于重要问题的决议以绝对的少数服从多数加以决定。②但是，主权平等实质上也是分层次的，根据《联合国宪章》内容，可以将国家主权分为三个平等层次。

第一个平等层次，是"原则上的普遍主权平等"。《联合国宪章》第一条第二款规定："发展国际间以尊重人民平等权利及自决原则为根据之友好关系，并采取其他适当办法，以增强普遍和平。"（To develop friendly relations among nations based on respect for the principle of equal rights and self-determination of peoples, and to take other appropriate measures to strengthen universal peace.）《联合国宪章》第二条第一款规定："本组织系基于各会员国主权平等之原则。"（The Organization is based on the principle of the sovereign equality of all its Members.）"原则上的普遍主权平等"保障了每个会员国一国一票、少数服从多数的普遍原则，这一原则也落实到了具体的规定中去，如《关于各国依联合国宪章建立友好关系及合作之国际法原则之宣言》。这一原则包含了包括法律地位平等，享有充分主权，有义务尊重他国人格，国家领土完整及政治独立不得侵犯，自由选择发展政治、经济、文化制度、和平相处在内的主权平等内涵。

第二个平等层次，是"安理会15国的世界和平表决权"。这表现为联合国的193个会员国中，15个安理会理事国超越其他178个国家所拥有的表决权。联合国安全理事会是根据《联合国宪章》设立的维护国际和平和安全并唯一有权采取军事行动的联合国机构。15个理事国有权建议联合国停止其会员国权利及特权之行使，直到安理会恢复之。安理会成员国对于安全问题有一国一票的表决权。当安理会对于任何争端或情势正在执行宪章授予其职务时，联合国大会非经过安理会请求，对于该情势争端不得提出任何建议。③由此可以看出，安理会理事国对于国际安全肩负更大的责任与义务，它们有着超越其他178个会员国的世界和平表决权。

第三个平等层次，是"安理会五大国的世界和平一票否决权"。否决权是指安理会任一常任理事国都有阻止安理会通过它所不喜欢的、属于非程序性事项议案的权力。《联合国宪章》规定了中、美、苏、英、法为享有特殊地位的常任理事国，享有否决权。④五大国"平等地"在非程序事

① 参见《联合国宪章》第二条。
② 参见《联合国宪章》第十八条。
③ 参见《联合国宪章》第十二条。
④ 参见《联合国宪章》第二十三条。

项上面的表决权效力超过其他国家。[①] 五大国甚至对于《联合国宪章》这一国际法重要法律渊源的生效及之后的修正案都享有否决权。[②] 除了一般否决权，安理会常任理事国还可以通过两种方式利用否决权：其一是"双重否决权"（Double Vote）。在 20 世纪 50 年代之前，安理会常任理事国常常可以放宽否决权范围，即可以先使任何事项成为非程序性问题，再否决有关该事项的决议。随后试图约束这一特权，即安理会主席常常按照《安理会暂行议事规则》第三十条的规定裁定某事项为程序性问题，非经 9 个以上安理会理事国推翻，该主席裁定有效。其二是"看不见的否决权"（Invisible Vote），即大国常常威胁使用否决权，迫使相关议案符合其意志。

综上，在国际法治层面，联合国代表的国际社会鲜有维护某国网络主权、制止网络战的先例。

二、国际合作

网络主权的国际合作，呈现在国际公域。国际公域，是指在地球上各国领土、领海、领空之外的国际公认的太空、极地、公海。针对着太空、极地、公海等国际公域，主权国家彼此通过平等协商，在联合国框架下，均已达成了一定程度的国际共识与国际共治。

一般地讲，一国主权之下的舰船，航空器，航天器在航行和飞跃公海、极地、太空时，都被视为其国家主权的自然延伸，但这种延伸都必须遵循国际共治的原则，都必须遵循和平利用的目的。换言之，国际公域中自然延伸出来的各国主权之中的主体、客体、平台、活动，都不能侵犯和威胁侵犯他国主权。

国家主权的基本原理，在全球的空间里，即是对内需要合乎本国宪法的精神，对外需要合乎《联合国宪章》主导下的世界秩序。主权的内涵、主权的外延、公域的共治，三者构成了人类在空间中的全部世界秩序。

网络主权的国际公域，依赖通信技术的发展，已经达到了公海中的光缆、极地上的通信、太空中的航天器之上。如果没有既存的世界秩序对公海光缆、极地规则、太空条约进行规制，网络主权在国际公域中不仅无法连通，而且必将造成国际合作秩序的混乱。

2015 年 7 月 1 日生效的《中华人民共和国国家安全法》第三十二条规定："国家坚持和平探索和利用外层空间、国际海底区域和极地，增强安全进出、科学考察、开发利用的能力，加强国际合作，维护我国在外层

---

① 参见《联合国宪章》第二十七条。
② 参见《联合国宪章》第一百零八至一百一十条。

空间、国际海底区域和极地的活动、资产和其他利益的安全。"这就是国内法与国际法在国际公域的秩序衔接，从而保障了中国的国家主权范畴在科学考察、开发利用、国际合作、资产安全等方面有序衔接国际公约的法定权利。

总的来看，网络主权的内涵、网络主权的外延、网络公域的共治，三者共同地构成了人类网络空间的全部文明秩序；否则，就是违反《联合国宪章》的野蛮秩序。

第四节　网络主权的作用

主权之于网络，是制网还是制于网？这既是法学需要回答的合宪性问题，也是一个需要反思的正义性思考。正义性（justice），源于人类体系的历史判断（to justify），同时又被各国的人类文明实践所正反两方面地不断完善（to modify）。从人类文明演进的历史差异来考察正义性，是分辨网络与主权两者关系、确认网络主权正义性的研究进路。

一、空间博弈

任何一种对世界体系的构想，无不以其空间构想为基础。任何一种世界秩序的存在，必然存在于地理空间之中。

1. 非均衡的历史权利

传统国家主权的国际平等，并不是绝对的平等，也不是现实的平等，而是具有地缘理念差异、非均衡的平等。而传统国家主权的现实运用，更是取决于主权国家的地缘历史禀赋。

（1）环阿尔卑斯山欧洲列强的"均势禀赋"。谈到欧洲秩序的历史禀赋，源于"环阿尔卑斯山脉"欧洲列强的"争斗均势"。这样的欧洲均势特征，很大程度上是由其地缘特征决定的。欧洲是亚欧大陆的一部分，它的北、西、南三面，分别濒临北冰洋、大西洋、地中海和黑海，东部和东南部与亚洲毗连，其海岸轮廓曲折，众多的山脉和森林把分布在各地的人口中心隔离开来。整个欧洲地势的平均高度为 340 米，地形以平原为主，但是中部耸立着一系列山脉，总称阿尔卑斯山系。从希腊、意大利、法国、西班牙、葡萄牙、英国到德国，欧洲诸强都在"环阿尔卑斯山脉"周围的山脚下，这个地理局面导致了欧洲 2500 年来征战不休，诞生了主权。正如保罗·肯尼迪认为的那样："欧洲政治上的这种多样性主要是它的地理状况造成的。"[1] 2001 年"9·11"事件以来，美国开启全球反恐，重返亚太，但是整体看二战以来的国际安全格局，依旧停留在"洲际均势""跨洲牵制"的局面。前瞻未来 30 年的世界安全格局，恐怕依然会围绕、停留在欧洲"均势"的历史遗患之中。[2] 这就是欧洲地缘秩序下的主权宿命。

（2）西北高、东南低的东亚"天下禀赋"。东亚包括中国、日本、韩国、朝鲜和蒙古五个国家。地势西北高东南低，面向太平洋，在地理上有三级阶梯之分：第一级为青藏高原，处于海拔 4000 米以上；第二级为一系列的盆地和高原；第三级为平原、丘陵和一些海岛。东亚国土面积最大的是中国，中国地理特征是东亚地理特征的典型代表。中国自距今约 4000 年前的上古时代以来，由发源于黄河流域（中原）的华夏文明所建立的国家成为本区域最主要的文明。中国古代的"天下"观念通常表达的是"九州"和"四海"：即以周朝为中心的领土和疆域。"天下观"是古代中国思想利用空间概念建构出的一套世界秩序观，它影响了历代中国王朝处理与外部世界关系的政策，并成为"天下体系"的观念基础。[3] 中国思想家建构的这种"天下"概念，之所以构成最大的空间单位，是把"外部"包容在"天下"空间的结果。中国古代的"外部"，不是指"天下"之外的外部，而是指"天下"之中的外部，即与中心相对的边缘部分，即"天处乎上，地处乎下，居天地之中者曰中国，居天地之偏者曰四夷。四夷外也，中国内也，天地为之乎内外，所以限也。"《礼记·礼运》篇更提出了"以天下为一家"的观点，这种"天下观"最终形成了"中国"和"夷、蛮、戎、狄"五方之民，共为"天下"、同居"四海"的整体格局。[4] 在天下观的作用支配下，中原王朝并不能从法理上对周边民族的政权予以认可，双方之间的边界更多属于不同政权之间的实际控制线，而非国家意义上的边界。"天下观"思想是"大一统"，而非像欧洲那样的各个主权国家林立。[5] 纵观东亚从古至今的历史，不难发现利用西北高、东南低的地理优势都能够完成"天下"的统一。东亚的"天下"宿命不同于欧洲的"主权"宿命。欧洲的主权宿命通过"争斗均势"、签订和平条约、最终确立国家边界和主权。而东亚"天下"宿命根本就不产生主权概念，人民共识是只

---

① 〔美〕保罗·肯尼迪：《大国的兴衰》，国际文化出版公司，2006，第16页。

② 赵宏瑞：《世界文明总量论：中国的文明崛起与国安法治原理》，中国法制出版社，2015。

③ 何新华：《试析古代中国的天下观》，《东南亚研究》2006年第1期，第50页。

④ 何新华：《试析古代中国的天下观》，《东南亚研究》2006年第1期，第52页。

⑤ 何新华：《试析古代中国的天下观》，《东南亚研究》2006年第1期，第51页。

有国家统一后才能实现国家安全。这就是东亚地缘秩序的"天下禀赋"。

（3）孤立、冷战、称霸的北美"霸权禀赋"。自从罗马帝国以来，还没有任何一个国家能够像美国一样雄踞于其他各国之上。[1] 霸权的主要目标就是通过地缘秩序的构建来实现其治下的和平利益。北美的地缘特征契合了其国家主权发展所经历的孤立、冷战、霸权三个历史阶段。北美洲东临大西洋，西临太平洋，北临北冰洋，南以巴拿马运河为界与南美洲相分，东面隔大西洋与欧洲隔海相望，地理位置优越。美国是全北美洲也是全世界最为发达的国家，也是"孤立、冷战、称霸"主权禀赋的典型代表。美国的超强实力奠基于得天独厚的自然条件——它拥有世界第四大的国土面积，其中，2/3 的领土属于可居住用地；东西岸拥有漫长的海岸线和众多天然良港，通达世界产量最丰富的渔业区；境内气候多样，资源丰富，生产原材料和农产品种类繁多。[2] 美国所处的"东西两大洋，南北无强国"优越的地理位置对美国建国以来的"孤立主义""霸权主义"的国家主权特点有重要的作用。18 世纪末，美国在追求"孤立"的同时，曾多次与外国缔结各种条约。因为当时美国国势弱小，缺乏单独防御的能力，美国政府的领导们利用美国在地理上的优越地位，与欧洲保持一种若即若离的关系，既不陷入纠缠又不与世隔绝，同时保持行动的自由。[3] 第二次世界大战后，美国一改过去"孤立主义"的传统，推崇"全球干涉主义"的外交政策。此时，美国的综合国力已达巅峰，"孤立主义"已经历史性地一挥而去，而领导美国走向霸权之路的罗斯福总统则更是旷世奇才。[4] 美国建国晚，又是一个开放性的国家，地广人稀，需要大量移民，其独树一帜的经济发展、移民引进，为其高新技术、尖端技术、先进武器的发展起到了决定性的作用。[5] 冷战以来及 20 世纪下半叶至今，美国在国际体系中已经确立了其霸权地位，其战略大目标之一就是防止霸权的衰落。[6] 正如美国著名国际关系学者汉斯·摩根索所体会的那样："国际政治同其他政治一样是为了权力而进行的斗争。无论国际政治的最终目标是什么，权力

---

① Joseph S. Nye, "U.S. Power and Strategy after Iraq", *Foreign Affairs* 82(2003):73.

② 高祖贵：《美国霸权的根源分析》，《和平与发展》2004 年第 4 期，第 16 页。

③ 苑治国：《美国早期孤立主义的形成》，硕士学位论文，四川大学，2007，第 5-10 页。

④ 门洪华：《美国霸权与国际秩序》，《国际观察》2006 年第 1 期，第 19 页。

⑤ 《走上霸权的美国民主》（转载），[N/OL]，http://bbs.tianya.cn/post-worldlook-269122-1. shtml，2016-5-26。

⑥ 袁建军：《霸权、制度与冷战后美国全球战略选择》，《世界经济与政治论坛》2016 年第 1 期，第 8 页。

总是它们的直接目标。"[1] 斯派克曼也认为："夺取权利的竞争,是人类关系的根本实质。在国际事务的领域内尤其如此。……其余一切都是次要的。因为到最后唯有强权才能实现外交政策的目的。"[2] 在这些美国霸权思想的指导之下,冷战后的美国主权行为呈现出了其特有的"霸权禀赋"。[3]

2. "超主权"的世界观

各国地缘禀赋的差异往往也决定了各自不同的主权认知和世界观念。地缘政治学说是地理和政治的结合体,尤其是在与他国关系上,历史上的霸权国家往往都研究和规划过超越自身领土、超越自身主权的种种学说。弗里德里希·拉采尔1897年所著的《政治地理学》被认为是地缘政治理论形成的标志。该书在历史上首次系统地将政治和地理两大因素有机地结合在一起,并具体阐释了国家所占据空间与其所处地理位置之间的关系。尽管当时尚未出现"地缘政治"一词,但是地缘政治理论的主要思想和内容已比较完整地表达出来。[4] 而后,地缘政治学在发展过程中,形成了"海权论""陆权论""边缘地带论"和"空权论"等若干影响国家主权和安全战略的重要理论。这些理论在本质上都是"超主权"存在的。

（1）马汉的"海权论"。1890年,"海权论"的创始人、美国海军将领马汉出版了《海权对历史的影响（1660—1783）》,提出海上力量对一个国家的发展、繁荣和安全至关重要。任何一个国家或联盟,如果能够控制公海,就能控制世界的贸易和财富,从而控制全世界。一个国家获得这种地位的能力,取决于它的地理位置、陆地形态、领土范围、人口数量、民众特征和政府特征六个方面的条件。一个国家要想成为世界强国,必须具有在海洋上自由行动的能力,必要时能够垄断海上贸易。[5] 马汉提出要关注欧亚大陆,认为对待欧亚大陆不同部分要用不同的控制战略与思想。他认为美国应该与英国、日本这样的欧亚大陆边缘强国共同合作,以对抗处于欧亚核心区域的强国,以使地处欧亚大陆重要位置的大国不能通过控制欧亚大陆而控制其边缘地区,以防欧亚大陆对美国形成两面夹击的战略态势。

---

① 〔美〕塞缪尔·P. 亨廷顿:《文明的冲突与世界秩序的重建》,周琪等译,新华出版社,2010。

② 〔美〕詹姆斯·多尔蒂:《争论中的国际关系理论》,世界知识出版社,1987。

③ 王域霞:《冷战后的美国新霸权主义简析》,硕士学位论文,山东师范大学,2004。

④ 张怀民、郝传宇:《从地缘政治理论的历史与现状看其发展趋势》,《现代国家关系》2013年第2期,第53页。

⑤ 孔小惠:《地缘政治的涵义、主要理论及其影响国家安全战略的途径分析》,《世界地理研究》2010年第2期,第34页。

（2）麦金德的"陆权论"。英国地理学家麦金德是以全球战略者的视角来分析世界政治力量的。在麦金德看来，整个世界的历史就是大陆强国和海洋强国相互斗争的历史。由于陆权国家人力和物力资源丰富，并且交通日益改善，海权国家终将被陆权国家所压制。他认为，随着陆上交通技术的发展，改变了"人与世界上大部分现实的关系"，这加强了欧亚大陆国家的优势地位。麦金德在1904年发表的《历史的地理枢纽》一文中提出了"枢纽地带"或"心脏地带"概念。他把欧亚大陆中心的内陆地区命名为枢纽地带，把紧紧围绕在枢纽地带的外围环形地区称为"内新月形地带"（包括欧洲，中东，和亚洲的印度、中国在内）和"外新月形地区"（包括欧亚大陆边缘的英国，日本及其他诸岛，还有撒哈拉沙漠以南的非洲以及大洋洲和整个美洲）。

麦金德断言，占据东欧是控制心脏地带的关键。并把他的全球战略思想归纳成著名的三段警句：谁统治东欧，谁就控制了心脏地带；谁统治心脏地带，谁就控制了世界岛；谁统治世界岛，谁就控制了全世界。他指出，最有可能控制心脏地带的是俄国和德国，以此警告西方防止俄国扩张和俄德联盟。

（3）杜黑的"空权论"。1921年，意大利将军朱利奥·杜黑在其著作《制空权》中提出"空权论"。他认为"航空为人类开辟了一个新的活动领域——空中领域，结果就必然形成一个新的战场"。[1] 在空中领域，飞机成为人类战争的新的独特手段。制空权的获得是取胜的关键。"掌握制空权表示一种态势，能阻止敌人飞行，同时能保持自己飞行。"只有依靠一支能夺得制空权的空军，一国的国防才能得到保证。因此，应给予空军足够的重视，逐步削减陆海军部队，直至空军增强到足以夺取制空权为止。同时有必要摧毁和破坏能找到敌方航空器和生产它的一切地点。杜黑的空权论及所阐述的各种原则极大地影响了二战期间意大利和德国的空战战略。空权论对美国的影响，"在第二次世界大战中的米歇尔将军那里得到了证实"[2]。

综上，传统海、陆、空的地球空间演化出传统主权疆域。在人类文明步入了包含太空设施的网络空间时代后，网络主权思想的提出，应当发挥去除霸权、倡导平等的进步作用。

---

① 〔意〕朱里奥·杜黑：《制空权》，曹毅风等译，解放军出版社，1986，第19页。
② 刘从德：《地缘政治学：历史、方法与世界格局》，华中师范大学出版社，1998。

二、均权发展

法治（Rule of Law）是反思历史正义性的客观视角，法治共识源于人类体系的历史判断。鉴于各国的宪法与《联合国宪章》构成了当代法治的主体，对于新生事物等非传统范畴的法理反思，必须针对新生事物的非传统特征来剖析研究。法治之于网络，存在"是制网还是制于网"这一命题。

1. 网络主权赋予了各国均衡发展的权利

在国际政治体系中，网络权力的大小决定一个国家国际实力的强弱。在互联网战争中，拥有较大网络权力的一方获得战争主动权的可能性也越大。例如在 2008 年 8 月"俄格冲突"中，俄罗斯率先向格鲁吉亚发动了强大的互联网攻击，格鲁吉亚由于无法利用网络发布有关战争的准确信息而在两国冲突中处于劣势。所以，在网络空间这样的非传统安全领域来探索、论证传统国家主权的自然延伸，是当前国际政治学界、国际法学界、网络技术学界乃至全球各国人民所应共同关注的前沿问题。

传统的国家主权学说与法治，适用于传统的国家安全领域。但是，对于非传统的国家网络安全领域而言，网络主权必须经过技术的支撑与共识的铸造，才能够达成防范威胁的作用。

1999 年，英国政治学家蒂姆·乔丹首次从政治学和社会学角度系统阐述了"网络权力"的概念——网络权力是组织网络空间与互联网上的文化与政治的权力形式。[1]

美国学者约瑟夫·奈也指出：网络权力取决于一系列与创造、控制和沟通以信息为基础的电子和计算机有关的资源，包括硬件基础设施、网络、软件及人类技能。从行为来定义，网络权力就是指通过使用网络空间中相互联系的信息资源获得期望的结果的能力。网络权力可以在网络空间中被用来产生期望的结果，或者它利用网络工具在网络空间之外的空间中产生期望的结果。[2]

这些关于网络权力的定义，道出了西方大国激烈争夺网络空间的实质，即获得制网权。这种新型国家权力不仅影响互联网，还可以进一步作用于国家主权与国际社会。所以，借助于主权平等，才能对治网络权力的滥用，才能赋予各国均等发展的权利。

---

① 余丽：《互联网在国际政治中的作用研究》，《政治学研究》2012 年第 4 期，第 23 页。
② Joseph S. Nye, *Power in the Global Information Age: From Realism to Globalization* (Routledge, 2004).

2. 网络主权确立了各国维护安全的权利

在 2016 年 4 月 19 日召开的国家网络安全和信息化工作座谈会上，习近平再次指出："网络安全是整体的而不是割裂的""是动态的而不是静态的""是开放的而不是封闭""是相对的而不是绝对的""是共同的而不是孤立的"。[①]这进一步地阐明了中国对当前网络安全现状五大特征的总体认知——整体性、动态性、开放性、相对性、共同性，又体现了 2015 年《中国人民共和国国家安全法》里"总体观、国情观、人民观、相对观、统筹观"的国家安全工作原则。

统筹的理念，决定了主权的行动。认知的提升，带来了方法论的进步。既要避免不计成本追求绝对安全，又要抛弃过去那种依靠装几个安全设备和安全软件就想永保安全的想法。中国有关网络主权内涵认知的深化，更加印证了中国及上合组织在联合国中提出的网络主权平等的国际理念。

安内攘外，乃是国家主权的天然使命。无论是传统主权还是网络主权，无论是东亚的"天下观"、欧洲的"均势制衡"，还是美国的"霸权禀赋"，在主权法治上都应当被统筹在《联合国宪章》和本国宪法法治两个框架下来维护国家安全和国际安全。

国家的内外之别，包含着阴阳之变。中国汉代医药学家张仲景在《伤寒论·太阳病上》中记载："甘草甘平，有安内攘外之能。"此后，"安内攘外"被用于国家战略。明代张居正《陈六事疏》指出"臣闻帝王之治，攘外必先安内"，意思是要解决国家的外患，必须先要安定国家的内部。[②]当前，统筹国内国外两个大局，体现了中国依照本国宪法和《联合国宪章》行使主权的法治原则。中国在国际社会大变革之下"统筹国内国外两个大局"，真正做到"安内攘外"，对内符合了我国宪法的相关规定，对外在《联合国宪章》之下行使和维护着我国主权。

国家主权全都包含"安内""攘外"两个方面。例如《简明大不列颠百科全书》就把主权划分为"对内主权"（它是一种国家决策过程中的最终负责者或权威）与"对外主权"（它是一个国家不受外来控制的自由、并意味着国家的自主或独立）。一个国家的对内主权和对外主权甚至包括部分转移给其他一些机构的主权，都被视为国家主权的有机组成部分，它们共同构成统一的、不可分割的国家主权。那些搞治外法权、国中之国的

---

① 习近平:《在网络安全和信息化工作座谈会上的讲话》（2016 年 4 月 19 日），人民网，[N/OL]，http://www.cac.gov.cn/2016-04/25/c_1118731366.htm

② 龚留柱:《攘外必先安内：从〈孙子兵法〉到〈尉缭子〉》,《滨州学院学报》2006 年第 4 期，第 36 页。

行为，是对国家主权的侵害。国家享有不受他国任意干涉、独立行使自己主权的权利。国家不分大小、强弱，一律平等。

国家主权对内对外的双重特性，国内外的法律学者都认可。奥本海认为："主权是指最高权威，即一个独立于世界上任何其他权威之外的权威。因此，依照最严格和最狭隘的意义，主权含有全面独立的意思，无论在国土以内或在国土以外都是独立的。"[①] 周鲠生认为："主权是国家具有的独立自主地处理自己的对内和对外事务的最高权力。分析起来，国家主权具有两方面的特性，即在国内是最高的，对国外是独立的。"[②]

更加公正的全球治理，依赖着更加有效地发挥网络主权的作用。集聚更大的发展动能、追求更加和平的世界秩序，有赖于凝聚更多更大的网络主权共识，都有赖于网络主权能发挥更强的治理能力。

三、结论：网络有主权

世界本无疆界，但因国家的成立，民族的区分，国际、国内治理的需要，人类将陆地、海域、空域予以国界的划分，形成了传统的主权领域。传统主权领域，主要体现在领土、领海、领空等疆域。而网络作为新的领域，看不见，摸不着，但却客观存在于现实生活之中。网络包含了主体、客体、平台、活动"四要素"，是由于技术进步而催生出的自在、自为的新领域、新疆界、新空间。

网络世界本也无疆界，但为了国际网络秩序的维护和各国网络安全与国家安全，网络不可能脱离国家而存在，因此也应当有疆界、有主权。网络"四要素"，统合了网络科学性与网络社会性，呈现出信息网络空间的物质性、疆域性、领网性、人民性、社会性，构成了网络主权客观存在、正义治理的法理基础。在传统主权与传统空间中，网络主权理论的提出，便于提出更为安全、更为合理的网络治理新范式。

世界本无疆界，网络本无疆界，只有在网络安全问题危及了主权安危之际，网络空间通过承载了主体、客体、平台、活动，才诞生出了网络主权的相对疆界。

本书之所以提出网络主权的新理论，完全是科技发展与社会变迁的现实需要。科技发展与社会变迁催生出了网络主权的概念，网络主权与传统主权是既有区别又有联系的新概念。网络主权区别于传统主权之处有三：首先，网络主权是在传统主权治下的领土、领海、领空之上，用于辖制全

---

① 〔德〕奥本海：《国际法》，商务印书馆，1971，第 97 页。

② 周鲠生：《国际法》，商务印书馆，1981，第 75 页。

新"领网"的新疆域；其次，网络主权并非凌驾于传统主权之上，而是衍生在传统主权理论与国际法治原则之下；最后，最本质上的，网络主权，是为了对治网络霸权，是为了应对网络这一非传统安全威胁应运而生的，是传统主权不得不孵化出的一个主权"新武器"。同时，网络主权与传统主权有着天然的共同之处或相互联系，两者同属于维护人民主权范畴，共同拥有着保卫国家安全的使命，彼此都具有天然的不可剥夺性。

概括而言，网络主权的整体定义是：源于网络科技发展、网络应用普及，在出现危及国家安全新问题之后，基于传统国家主权学说与国际法基本原则，并在其之下衍生出的一种"新主权"理论。该理论是建立在网络本体"四要素"新认知、网络时代国家主权平等的新趋势之上，用以维护主权国家的领土、领海、领空、领网、人民安全，用以构建国际与国内和平使用网络空间的法律新机制，用以确立"网络有主权""主权辖网络""治网需统筹""网络主权平等""反对网络霸权"等一系列基础理论的新思想，以推动传统的科技哲学、政治哲学、法律哲学等在网络社会中的正义性新发展，并在国际国内层面上完善构建出网络主权法治的新秩序。

第二编　认识论

　　虽然互联网具有高度全球化的特征，但每一个国家在信息领域的主权权益都不应受到侵犯，互联网技术再发展也不能侵犯他国的信息主权。在信息领域没有双重标准，各国都有权维护自己的信息安全，不能一个国家安全而其他国家不安全，一部分国家安全而另一部分国家不安全，更不能牺牲别国安全谋求自身所谓绝对安全。

——中国国家主席习近平在巴西国会发表的演讲

2014 年 7 月 16 日 ①

---

①　习近平:《弘扬传统友好 共谱合作新篇——在巴西国会的演讲》(2014 年 7 月 16 日)，新华网，[N/OL]，http://www.xinhuanet.com//world/2014-07/17/c_1111665403.htm。

第五章　网络秩序思想

网络秩序思想，是因科技生产力提升推动了网络经济基础的变革，进而要求上层建筑中的政治、哲学、经济、法律、社会等学科和门类也做出相应调整的体现。

网络的发明，是人类通过重塑微观逻辑、提升宏观效率的伟大实践。网络强化了主体之间的即时联系。网络实践有没有超出传统主权的范畴？或者说，网络联系是在多大程度上超出了传统主权的范畴，又在多大程度上没有超出？网络秩序的边界若不明晰，网络秩序的思想就有待完善。

主权的实践，往往是基于实力，秉承传统，创制新政，引领发展。传统主权思想，特别是法治意义上的传统主权思想，具有仅仅不到400年的实践历程。传统主权思想的核心，是基于国家的物质边界来处理内外关系，它在一定程度上与互联网思维背道而驰。

科技改变生活，创新推动着规则的演进。互联网的技术革命从一开始就给人们的生活带来巨大改变。但是，工学门类下有关网络技术的教科书体系却局限于如何实现技术路线，忽视了网络社会秩序的研究。

技术创新重塑网络要素。在初期，技术进步必然打破网络主体的既存社会秩序。但随着网络技术进步的每一次萌生、突变，特别是随着网络安全事件的一再发生、升级，学界都会出现或者乐观或者悲观的网络秩序思想。而在跳跃式地涌现出了各种各样网络秩序思想之后，各国政府往往会出于技术冲动而非深思熟虑，制定出国别相异的政策与战略。

网络秩序思想，最终体现为国内立法与国际法治。由于上层建筑中相应调整的部分最明显的是立法变动，由于国内立法中的主权法与国际法中的主权原则都是最先遇到了网络主权的现实挑战，所以，网络秩序思想带来的变革，就突出地体现为国内法与国际法。网络秩序思想，经由科技解析与人类社会实践，自然推论出了网络主权思想。网络主权思想，是囊括"网络发明—主权实践—网络普及—法治保障"全过程的法治思想。在初期，特别是在当前，学科分割、思想零散、技术忽视、文理割裂、双重标准甚至多重标准、观点矛盾等情形广泛存在，这就局限了网络主权的宏观视野与整体适用，这就需要网络法治的普遍实施，予以整体性地调整、规范。

第一节　美国教科书的问题

人类活动追随科技进步，不断地重塑社会秩序。在网络世界的"天然"秩序中，已经产生了一系列诸如匿名、盗名、黑客、泄密、攻击乃至战争等需要由正义秩序来规范的网络行为。从法治角度看就会发现，网络科技教科书体系中的技术规则，并不等同于正义的网络活动秩序。或者说，这些教科书体系并没有完整地涵盖、强调和解决网络要素之间的秩序正义问题。

一、忽视网络主体的域名安全问题

从网络主体角度讲，一切的网络都是人联网，[①] 但互联网的教科书体系尚未能讲清楚如何分辨网络空间中的真假、虚实、善恶、强弱。这些问题不指出，就难以呈现出成熟的互联网教育体系。正如在汽车发明的初期，还没有高速公路，更没有交通法规，但是，当规则完善并规范出良好的秩序之后，汽车的设计制造等技术标准也都被纳入了法治的范畴，技术与法治形成了良性共生的现象，这样才能共同构建出安全、良好的总体秩序。就当前的互联网而言，有技术、缺法治，是现阶段互联网教科书体系中的大问题。

美国计算机类的教科书，主讲分层通信，忽视要素安全。诸如特南鲍姆、韦瑟罗尔著，2011 年出版的《计算机网络（第 5 版）》；拉姆阿坎德兰、莱希著，2011 年出版的《计算机系统：系统架构与操作系统的高度集成》；帕特森、亨尼斯著，2014 年出版的《计算机组成与设计：硬件／软件接口》；斯托林斯著，2015 年出版的《密码编码学与网络安全》等当前流行的教材，主要讲的是网络分层连接与软硬件连接的通信技术，而非网络要素安全。就网络的整体安全而言，如何将"分层连接"转换为现实中的"网络要素"？美国教科书忽视了需要关注的一些问题。

---

① 仲昭川：《互联网博弈》，电子工业出版社，2016，第 VII-IX 页。

1. 主体域名安全问题：网络主体接入的"网址号码本"

就像不必顾及已经存放在自家保险柜中的硬币的安全，而需照看流通在外的硬币一样，美国教科书并不认为网络主体是第一安全要素。美国从一开始就一直保持着对互联网域名及根服务器的控制。ICANN 全面管理 DNS，它控制了根域，处于最顶端的 13 台域名根服务器均由 ICANN 统一管理：其中 1 个为主根服务器，放置在美国弗吉尼亚州的杜勒斯；其余 12 个为辅根服务器，有 9 个放置在美国，欧洲有 2 个，分别位于英国和瑞典，亚洲有 1 个，位于日本。2005 年 7 月 1 日，美国商务部宣布将无限期保留对 13 台域名根服务器的监控权。

美国控制了域名解析的根服务器，也就控制了相应的所有域名。如果美国不想让人们访问某些域名，就可以屏蔽掉这些域名，使它们的 IP 地址无法被解析出来，那么这些域名所指向的网站就相当于从互联网世界中消失了。比如，2004 年 4 月，利比亚顶级域名".ly"瘫痪，导致利比亚从互联网上消失了 3 天。另外，凭借在域名管理上的特权，美国还可以对其他国家的网络使用情况进行监控，例如，美国可以对某个国家的某类网站进行流量访问统计，从中大致分析出该国热门网站分布情况和网民的访问喜好等。[①] 然而这一切并没有在美国的教科书中展现出来，而是将互联网宣传为公开、自由、透明的世界，网络霸权威胁实际上被美国教科书所刻意隐瞒了。

关于域名管理或者"被抹去"的争端无法得到公正解决。由于美国国家电信和信息管理局（NTIA）授权 ICANN 管理全球网络"根区文件和系统管理"，致使 ICANN 是有能力或被授意可随意把一个国家从网络空间上"抹去"的机构之一。被"抹去"域名的国家或机构若不服气，只能到 ICANN 所在地的美国加州进行美国法律管辖下的诉讼。

2. 强调分层互联的网络技术标准，无法确保网络安全

特南鲍姆、韦瑟罗尔的著作《计算机网络》，是网络方面的教科书鼻祖，[②] 其在第一章引言部分介绍了互联网按照技术体系划分的开放式系统互联参考模型（Open System Interconnection Reference Model，简称为，OSI 模型、OSI model）包括物理层、数据链路层、网络层、传输层、会话层、表示层以及应用层共七层框架。这是国际标准化组织（International

---

① 程群：《互联网名称与数字地址分配机构和互联网国际治理未来走向分析》，《国际论坛》2015 年第 1 期，第 8 页。
② 〔美〕特南鲍姆、〔美〕韦瑟罗尔：《计算机网络》（第 5 版），严伟、潘爱民译，清华大学出版社，2012，第 24 页。

Standardization Organization，ISO）于 1984 年提出的理念，它已经成为计算机网络通信的基础模型，被称为网络技术的"法律"。同样，互联网早期的 TCP/IP 模型也被技术界公认为互联网技术标准或称"事实上的标准"。[①] 这些技术标准的详细阐释，虽然能够确保网络的互联，却无法确保网络主权法治秩序的安全、稳定、自主、可控。

3. 界定"网络安全三元组"，是服务自身的双重标准与差别待遇

美国计算机学科中，专门论述网络安全的教材有《网络安全基础：应用与标准（第 5 版）》[②]。其关于网络安全的定义，是援引美国标准与技术研究局 1995 年《计算机安全导论》手册中的定义：计算机安全是指对某个自动化信息系统的保护措施，其目的在于实现信息系统资源的机密性、完整性、可用性（包括硬件、软件、固件、信息／数据、电信）。它强调了网络安全的机密性（confidentiality）、完整性（integrity）、可用性（availability)，并在教科书中被视为圭臬，定义为"网络安全 CIA 三元组"原则。

"网络安全 CIA 三元组"在上述教科书中分别对应了密码学、网络分层应用、计算机系统安全。在这样的篇章结构中，依然漏掉了最为关键的网络主体地址号码本的安全描述——可能是出于同样的考虑，既然网络地址号码本已经放在了自家的保险箱里，对自身而言就是安全的。而漏掉其他网络主体的地址安全论述，对于作者也许是正常的，而在读者则会担忧。

关于机密性。对比互联网核心安全要素拓扑图来看，美国的架构基础、芯片技术、情报监视、数据能力都要优于别国，即使是盟国的机密在美国面前大多不算是秘密，而高机密等级的美国信息则主要旨在防卫外来的攻击和窃取。

关于完整性。基于美国对整个互联网域名地址分配握有的绝对主导权，其完整性所针对的安全威胁是局部的恢复能力。而被美国定义了域名地址的国家和地区的互联网安全整体性，则是存在瘫痪、被"抹去"等存亡的风险。

关于可用性。别国的可用性源于互联网的接入和本地内部的路由互联，美国的可用性旨在掌控整个互联网信息的可用、接入互联网或"抹去"域名技术能力的可用，这才是其自视为最高级别、掌控全局的可用性。

---

① 于新奇：《OSI 参考模型与 TCP/IP 模型的异同及关联》，《中国西部科技》2007 年第 27 期，第 50 页。

② 〔美〕斯托林斯：《网络安全基础：应用与标准》（第 5 版），白国强译，清华大学出版社，2014。

总之，美国定义的"网络安全 CIA 三元组"，就是"双重标准"与差别待遇的霸权安全观的学术体现。正如习近平 2015 年 12 月 16 日在乌镇演讲中指出的那样："维护网络安全不应有双重标准，不能一个国家安全而其他国家不安全，一部分国家安全而另一部分国家不安全，更不能以牺牲别国安全谋求自身所谓绝对安全。"①

二、强调网络客体的信息自由思潮

20 世纪以来，美国在互联网领域涌现了一批科学精英，如人工智能之父阿兰·图灵，计算机程序之母格雷丝·默里·赫珀，磁芯存储器发明人杰伊·W·福里斯特，电子计算机之父约翰·冯·诺伊曼与约翰·文森特·阿塔纳索夫，鼠标之父道格拉斯·恩格尔巴特，超文本 HTTP 之父特德·纳尔逊等。② 在互联网思想界，也叱咤着一批美国学者，有的至今仍活跃在世界学术舞台。

1. 鼓励网络创新与网媒传播的思潮

（1）斯坦福：拔尖学者 + 技术公司 + 国防经费 + 硅谷租金 = 世界一流大学

弗雷德·特曼（Frederick Terman）1920 年获得斯坦福大学化学学士学位和电子工程学硕士学位，1924 年获得麻省理工学院计算机博士学位。他是二战期间美国的雷达防空电子专家，1964 年成为美国工程院的创始院士。他在 20 世纪 40 年代回到了斯坦福大学，解决了该校迈向世界一流大学的关键问题——怎样使大学的土地产生效益以便聘请一流教授。1951 年，他推动斯坦福大学把校园 2.65 平方千米的土地划出来，成立了世界上第一个高校工业区，把技术从大学转让给区内各公司；1955 年，已有 90 家公司的 25 万名员工入驻；1971 年，此处被命名为"硅谷"，成为 IT 业的圣地，孵化了英特尔、惠普、思科、3Com、Sun、网景、甲骨文、硅图、苹果、Adobe、雅虎等信息电子与互联网领军公司。弗雷德·特曼因"硅谷理念"（大学研发 + 企业创新）被誉为"硅谷之父"。

他认为世界一流大学要靠拔尖人才，而不能是靠水平普遍较高但没有拔尖的人才。他在 1955 年至 1965 年期间任斯坦福大学副校长，大幅度提高了该校在科学、统计、工程领域的院系从美国国防部获得的研究经费，加上"硅谷"的土地出租收入，他重金聘请了名家名流充实教师队伍，实

---

① 习近平：《在第二届世界互联网大会开幕式上的讲话》（2015 年 12 月 16 日，乌镇），新华网，[N/OL]，http://www.xinhuanet.com/politics/2015-12/16/c_1117481089.htm。

② 方兴东：《IT 史记 4（思想英雄篇、科学精英篇）》，中信出版社，2004，第 3 页。

施"尖子人才"战略。他还让硅谷公司和斯坦福大学联合培养这些公司的雇员作为研究生，并因此被誉为"电子革命之父"。在 1991 年斯坦福大学百年校庆时，昔日的"乡村大学"在学术声望和排名上都超过了哈佛、耶鲁、普林斯顿，位居全美大学之首。

（2）帕特里克·J.麦戈文：以实体投资推动计算机世界、网络世界的思想传播

福布斯评选出的世界富豪帕特里克·J.麦戈文（Patrick J. McGovern），于 1959 年毕业于美国麻省理工学院并获得生物生命科学硕士。他于 1964 年创建了美国国际数据集团（IDG）①，1967 年创办了美国《计算机世界》周刊，1980 年在中国合作创办了中国版的《计算机世界》周刊。②1991 年 2 月初，他并购了中国的《网络世界》杂志。1993 年起，他与中国的上海科委合作投资 2000 万美元，成立了中国第一家风险投资公司。IDG 目前在中国合资与合作出版的与计算机、电子、通讯乃至消费有关的报纸和杂志共计 40 余种，管理的风险基金已超过 40 亿美元。2000 年，他承诺 20 年间捐献 3.5 亿美元在美国麻省理工学院设立"麦戈文脑科学研究院"，该研究院已有人获得过包括诺贝尔奖在内的多种奖项。2011 年，他决定向中国的清华大学、北京大学和北京师范大学捐建三所"IDG/麦戈文脑科学研究院"，它们现已正常运行。③

2. 倡导网络自由与废除版权的思潮

（1）理查德·马修·斯托曼：自由软件、开源代码、废除版权资源限制的首倡者

理查德·马修·斯托曼（Richard Matthew Stallman），自由软件、开源代码、废除版权资源限制的首倡者，自由软件运动的精神领袖，GNU 计划以及自由软件基金会（Free Software Foundation）的创立者，著名黑客。他的主要成就包括 Emacs 及后来的 GNU Emacs，GNU C 编译器及 GNU 除错器。他所写作的 GNU 通用公共许可证（GNUGPL）是世上最广为采用的自由软件许可证，为"著佐权"（copyleft）观念开拓出一条崭新的道路。他最大的影响是为自由软件运动竖立了道德、政治以及法律框架。他

---

① 美国国际数据集团（IDG），是全世界最大的信息技术出版、研究、会展与风险投资公司。布隆伯格新闻网估计其全球读者超过 2.8 亿人，年收入超过 36 亿美元。其创始人麦戈文因此入选了福布斯 2013 年世界富豪榜 400 人之一。

② Patrick McGovern, [N/OL] , https://en.wikipedia.org/wiki/Patrick_Joseph_McGovern, 2016-4-30.

③ 熊晓鸽，《熊晓鸽悼念 IDG 麦戈文》，[N/OL]，https://www.aliyun.com/zixun/content/2_6_626100. html?spm=5176.100033.400001.9.u41Fts，2016-4-30。

被许多人誉为当今自由软件的斗士、伟大的理想主义者。

斯托曼是一名坚定的自由软件运动倡导者，与其他提倡开放源代码的人不同，斯托曼并不是从软件质量的角度而是从道德的角度来看待自由软件。他认为使用专利软件是非常不道德的事，只有附带了源代码的程序才是符合其道德标准的。对此许多人表示异议，并也因此有了"自由软件运动"与"开源软件运动"之分。斯托曼希望，有一天软件业者不是靠"著作权"（copyright）相关的版权法迫使客户花费巨额资金购买软件，而是依仗提供服务（如技术支援、训练）来获取应得的报酬。简言之，未来软件业的基本准则就是"资源免费，服务收费"。

（2）劳伦斯·莱斯格：提出代码即法律、倡导废除版权限制的哈佛网络法学家

劳伦斯·莱斯格（Lawrence Lessig）是一位美国学者暨学术与政治的行动主义者。他提倡减少版权、商标的法律限制，特别是减少在射频频谱科技应用上的法律限制。劳伦斯·莱斯格认为网络是一种公共资源，其本质是自由，代码是网络空间中的法律。劳伦斯认为网络空间独立于现实空间而存在，网络空间的主权冲突可以依赖于国际网络条约的协调而解决。

劳伦斯·莱斯格教授是知识共享组织（Creative Commons）的创始人之一，现任哈佛大学法学院教授及该校爱德蒙·萨夫拉伦理研究中心的主任，他也是知识共享发起委员、软件自由法律中心（SFLG）委员、阳光基金会咨询委员与电子前哨基金会前任委员。他曾筹款 100 万美元参与2016 年民主党总统初选，最终于 11 月 2 日退选，被《纽约客》誉为"互联网时代最重要的知识产权思想家"，被《商业周刊》称为"互联网时代的守护神"。

（3）尤查·本科勒：人类的本性是合作、倡导信息共享的哈佛网络法学家

尤查·本科勒是哈佛大学法学教授，目前执掌全球顶尖互联网研究机构——哈佛大学伯克曼互联网与社会研究中心。本科勒是知识共享理念的践行者，"知识共享"运动发起人。劳伦斯·莱斯格称他为信息时代最了不起的天才。

尤查·本科勒认为人类的本能蕴藏了合作的基因，人类可以集合到一起，为自身创造巨大的价值。他认为互联网抛弃了监控、薪酬、奖惩等工业时代的旧体系，是一种驱动人类以"合作"创造巨大价值的新文化、新制度、新平台。互联网将创建崭新的社会创新格局，在其中，技术进步将构成超越传统组织和地域的协作平台。本科勒认为开放、共享、合作、共

赢，将成为全社会的价值主张，也将重新建构出新的商业伦理、新的社会关系以及人类全新的知识体系，在此基础上，合作的文化将缔造一个"有情感、有共识、有欢乐、有秩序"的新时代。

第二节　中国教科书的问题

跟随，难以超越；超越，不如颠覆。中国自 1994 年接入国际互联网以来，在教科书问题上经历了技术跟随、试图超越、力图颠覆三个发展阶段。但是，在网络安全秩序与网络法治建设方面的思想一度严重滞后，这在法学领域曾体现为研究视阈的局限。

一、拿来的教科书

中国教科书中的互联网架构承袭了美国的架构，没有认清美国互联网架构的设计安排，缺乏自主创新的知识板块，网络安全认知的总体性缺乏自主创新。在国内的各高校教材中，关于网络理论的知识大多没有超出美国教科书范畴，反思构建中国自己的网络思想与学术理论的工作十分紧迫。

中国计算机学科的教科书，同样以主讲分层通信为跟随重点。诸如前文提到的《计算机网络（第 5 版）》[①]《计算机系统：系统架构与操作系统的高度集成》[②]《计算机组成与设计：硬件/软件接口》[③]《密码编码学与网络安全》[④] 等美国教材的中文版，是当前国内的主流教材，主要讲的也是网络分层连接与软硬件连接和通信技术。

但中国高校在"拿来的教科书"之外，就国家网络安全而言，特别地突出了以下问题的研究与实践。

1. 网络四要素自主安全研发实践："地址号码本"以外的 IPv6 等网络

---

① 〔美〕特南鲍姆、〔美〕韦瑟罗尔：《计算机网络》（第 5 版），严伟、潘爱民译，清华大学出版社，2012。

② 〔美〕拉姆阿坎德兰、〔美〕莱希：《计算机系统：系统架构与操作系统的高度集成》，陈文允等译，机械工业出版社，2015。

③ 〔美〕帕特森、〔美〕亨尼斯：《计算机组成与设计：硬件/软件接口》，王党辉等译，机械工业出版社，2015。

④ 〔美〕斯托林斯：《密码编码学与网络安全》，唐明等译，电子工业出版社，2015。

要素安全

2014 年以来，中国在自主研发 IPv6 扩容[①]、安全芯片（集成电路）、操作系统、安全数据库（信息中心）、"中间件"研究、灾难备份（数据中心）、密码技术、防火墙 /VPN 技术、电子认证、量子通信技术方面全面发力，[②] 在网络平台安全、主体安全、客体安全、活动安全网络四要素的四个方面都取得了可喜进展，但囿于总体起步晚的原因，在关键设备、关键技术、核心逻辑领域尚有很大的赶超空间。

2. 网络主权自主安全的治理实践：网络安全审查、隐私权等法治实践的加强

2015 年《中华人民共和国国家安全法》第 59 条规定："国家建立国家安全审查和监管的制度和机制，对影响或者可能影响国家安全的外商投资、特定物项和关键技术、网络信息技术产品和服务、涉及国家安全事项的建设项目，以及其他重大事项和活动，进行国家安全审查，有效预防和化解国家安全风险。"在不到一年的时间里，中国相关主管部门先后对 Windows10、Apple Pay、"云计算"等网络产品与服务进行了国家安全审查协调，相关的国内外厂商对于网络安全审查工作十分配合，体现了这一制度是行使网络主权的很好例证。

尽管中国在网络主权、网络安全立法方面的法治实践发展很快，但是，相距美国百年以上的信息网络法治历程，中国的网络主权法治建设仍然任重道远。

二、分割的部门法

缺乏对网络空间的全面思考，相对国际网络思想，很长一段时间国内为数不多的专家把网络世界作为部门法来研究，还存在着如下问题。

1. 局限于部门法学、探讨局部的信息法律保护

在民法领域中，法学家们从私法理论出发，对网络法治曾做出详尽的问题导向的研究。[③] 例如，基于合同法研究个人信息权益保护和信息流转问题、基于侵权法研究网络信息侵权问题、基于知识产权法研究网络版权

---

① 〔美〕Joseph Davies：《深入解析 Ipv6》（第 3 版），汪海霖译，人民邮电出版社，2014，第 1 页；陈运清等：《构建运营级 IPv6 网络》，电子工业出版社，2012，第 269 页。

② 中国电子信息产业发展研究院：《2014—2015 年中国网络安全发展蓝皮书》，人民出版社，2015，第 81 页。

③ 杜咏婕：《个人信息的私法保护研究》，博士学位论文，吉林大学，2013，第 31-36 页。

保护问题。① 另外，还有很多针对具体网络业务的法学研究，如探讨保障网上银行业务安全的法律机制。这些部门法视角的研究涵盖了大部分微观业务操作以及宏观监管的网络具体问题，但是，这些部门法研究的局限性在于过于局部、难见整体，缺失对网络安全整体性的全要素把握。②

在刑法领域中，有学者从国家、社会和个人三个层次对信息安全进行了分析，其中包含了对危害信息安全的法律问题进行完整论述。也有文献将个人信息的刑法保护问题单独讨论，总结了刑法的保护模式，比较了国外刑法典中规定的保护个人信息的内容。③ 由于中国的国情不同，中国是网民最多的国家，中国相应地就发展出了全球最大的网络运营商、网络服务市场、网络用户群体，中国的网络主体行为表现出基数庞大的社会特征。由于中国网络活动的复杂性远超他国，在设定刑事反恐、社会维稳、网络舆情监控、网络基础设施保护等立法方面，就都需有中国特色的、有网络主权理论支撑的国情调研与理论提升。

在行政法、经济法、社会法乃至主权法领域中，网络安全都是一项需要运用"一盘棋"（As a Whole）方法来构建基础理论的社会实践范畴。中国法学界对于电信法、大众传播法、通信技术标准和计算机保护等立法保护均有较多的前瞻研究，特别是在一些具有政策前瞻但位阶较低的部门规章研讨中，显示出了对网络安全管理的机构多元性和机制重叠性的忧虑，这些重复立法的忧虑实际上是呼唤对网络治理"一盘棋"的制度重构。网络秩序立法，需要考虑各个部门法的结合，需要基于网络技术认知的整体性，需要突破各个学科的藩篱、突破多头管理的重叠，需要全面考虑网络主权的整体性、边界性、技术性、系统性，以解决盲人摸象的理论分歧与认知滞后。

2. 局限于法理思辨、抽象探讨网络权利的正当性

国内有学者从法理学角度，运用权利理论分析网络活动的正当性、信息保护的价值性④，但往往脱离了网络本身的社会属性与技术特征。权利和价值层面的探讨往往滞后于层出不穷的网络现象，法理学的网络研究往往沦为事后的牵强解读。网络权利源自何处？这首先是一个不能回避的技术问题。如果这一问题无法澄清，后续推理就变成沙滩上的楼阁，无从进行

① 张涛：《个人信息权的界定及其民法保护——基于利益衡量之展开》，博士学位论文，吉林大学，2012，第74-80页。
② 李源粒：《大数据时代信息安全的刑法保护》，硕士学位论文，中国政法大学，2014，第32-42页。
③ 段晓妮：《个人信息刑法保护研究》，硕士学位论文，吉林大学，2011，第13-15页。
④ 李晓辉：《信息权利推理研究》，博士学位论文，吉林大学，2004，第45-78页。

扎实的研究，或者只好设定过多的前提与假设。由于技术发展快速多变，就导致对于新出现的问题无法跟进足够的法理研究。例如，现有法学理论就难以应对大数据时代的新情况、新问题，难以在网络技术框架之上来严谨探讨网络权利的技术来源、硬件支撑、信息本质、主体活动。

3. 局限于隐私权研究、忽略网络本体的统筹研究

1995 年，欧盟曾通过各种指令要求成员国建立内化为国内法的个人信息保护制度。① 与此相关的各个成员国也确立了一系列的相关立法。例如，德国就采用统一立法的方式出台了《个人资料保护法》。美国的个人信息保护，也曾主要以 1974 年《隐私权法案》为限制性规范，并伴有其他众多的单行立法进行保护。隐私权以外的其他信息，则由国家安全部门等使用的法规进行保护。

网络信息，无法等同于传统法律定义下的隐私权。有学者以信息或者网络作为研究对象，将信息法或者网络法作为一个单独的部门法进行研究②，但这在实践中往往体现为将虚拟网络与实体信息进行了不适当分离的问题。网络安全不仅是单纯的信息安全问题或隐私权安全问题，信息安全仅仅是网络四要素之中的"客体"安全问题。网络运营行为与个人网络信息行为的交互叠加，使得传统的债权、版权、隐私权等民商权利混杂在网络整体之中，换言之，传统的法学分科已经难以横贯网络主权与安全的方方面面。③

第三节 网络安全的新学科

一、中国初建的网络安全学科

2015 年，清华大学吴建平教授提出创建中国网络空间安全学科时，倡导的学科模式是五个板块结构，分别是应用安全、系统安全、网络安全、网络空间安全基础、密码学及应用。如图 5-1。

---

① 马民虎：《欧盟信息安全法律框架——条例、指令、决议和公约》，法律出版社，2009，第 2 页。
② 齐爱民：《信息法原论》，武汉大学出版社，2010，第 60 页。
③ 赵宏瑞、杨一泽、张杉杉：《中国〈网络安全法〉的基础理论构建》，《知与行》2016 年第 1 期，第 39 页。

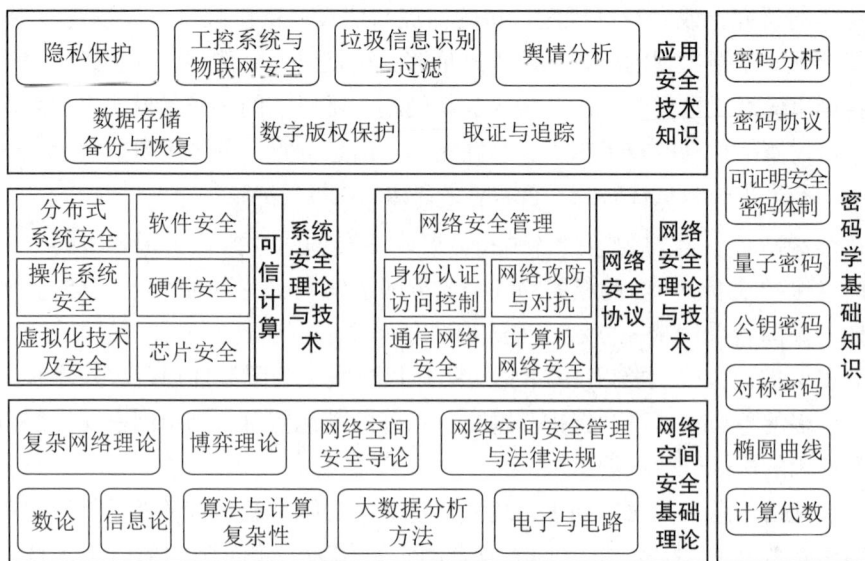

图 5-1：中国初期的网络空间安全学科知识体系草案

作为初创的学科体系，其中包含的网络四要素有待明晰，有必要通过网络主权理论给予完善。例如，该体系草案缺失了模块之间的逻辑安全。逻辑安全是网络硬件以外重要的组成部分，特指网络空间的逻辑架构、关键参数、域名地址、链接前提，是由根域名服务器、域名、IP 地址以及一系列公布和隐蔽的"数据协议"组成，是网络资源分配的根本权力。网络安全学科构建之根本，全在于根域逻辑。只有自主掌控 DNS，才能掌控全部网络 ID 的逻辑安全。那么，如何有机衔接国际共治与主权自治、如何自主搭建网络主权、如何实现自主网络的相对安全、如何安全地管控网络基础设施等问题，在该学科后续建设中就应运而生了。

美国在其计算机理论中之所以刻意地忽视了根域逻辑，完全是因为美国已经完全控制了根域逻辑，但是中国因为自身的根域控制不自主，便一时不能完全做到保证自身根域系统的绝对安全。缺乏了根域系统安全的学科构建，也犹如海市蜃楼无法得到扎实推进。故此，完全地照搬美国教科书，继而缺乏了对于根域逻辑的考量，忽略了对于根域安全的重视，表明我国的网络安全学科发展有必要持续改进。

作为国家网络安全四要素的顶层架构，网络连接的安全，就是要保证网络独立自主的永续存在；保障国家顶层网络逻辑连接体系和顶级域名的有效使用，对于逻辑体系的保护而言，是网络安全领域中最根本性的研究任务。我国当然应当将其作为网络安全学科构建的核心。

在当今网络科技世界中实力导向大于规则导向的情况下，从网络本体"四要素"出发，应当相应地坚持网络安全的"四维立法"与学科建设导向。提出"主体、客体、平台、活动"四个维度的网络本体研究思路，就是为了明晰网络法治的总体性、反对网络法治的片面性，就是坚持网络法治的公正性、反对网络技术垄断国"多重"标准的不公做法。我国网络安全学科建设亦应参照。

总体上看，中国在平台（路由和终端）方面拥有有一定的优势，但在根域逻辑、芯片技术、软件技术、数据存储方面仍处于被动局面。因此，学科建设的当务之急是中国是否要勇于突破根域逻辑、芯片技术的劣势，进而构建有利于自身国家安全自主的网络法治和学科体系？从中可以看出，网络的安全自主性才是问题的根源。网络安全自主是学科建设的最基本目标，而网络治理的法治难度，在当前的国内层面是如何推动发展网络技术、维护网络主权，在世界网络安全层面则是应当倡导网络主权的平等合作，同时把对非传统的"网络战"的重视程度提升到传统的"核平衡"的高度。

二、美国重组的网络安全学科

Cloud Passage 机构曾聘请独立顾问公司对美国 121 所大学中的计算机科学、计算机工程和计算机信息系统本科专业的学位课程进行了分析，并公布了一份关于美国高校计算机专业有关网络安全教育现状的研究报告。

报告中指出：美国排名前十的大学计算机相关本科专业中，没有一所大学要求学生必修网络安全课程；其中 3 所大学甚至根本不提供任何网络安全课程。事实上，在计算机专业排名前 36 的大学中，只有密歇根大学的学生需要必修网络安全课程。

Cloud Passage 的 CEO 罗伯特·托马斯（Robert Thomas）表示，2015年仅美国在安全领域的招工人数就超过二十万人，但应聘者的能力和水平令人担忧。当测试那些拥有顶尖大学计算机科学学位的应聘者时，Cloud Passage 发现很少有大学要求学生修得网络安全学分作为获得本科学位的必要条件，因此，这些毕业生很难直接适应网络安全工作岗位的要求。

报告对 121 所大学的研究发现，只有以下学校提供了较多的网络空间安全选修课，包括：罗切斯特理工学院（10 门安全选修课程）、塔斯基吉大学（10 门安全选修课程）、德保罗大学（9 门安全选修课程）、马里兰大学（8 门安全选修课程）、休斯敦大学（7 门安全选修课程）、佩斯大学（6 门安全选修课程）、加州理学院（5 门安全选修课程）、康奈尔大学（5 门安全选修课程）、哈佛大学（5 门安全选修课程）、约翰·霍普金斯大学（5门安全选修课程）。

美国的教育体系不为计算机专业学生提供网络安全培训，会导致大学生们在代码设计、开发和测试中缺乏网络安全的思考和认知，并进一步加剧推向市场的新产品以及新技术所内含的安全威胁。该研究中还发现，安全教育和培训缺失的根本原因是网络安全问题在学校内缺乏广泛的认可。对此，Cloud Passage 提出的解决方法是通过捐助的方式致力于解决这一问题。

当前，美国的高校正在重组网络安全学科建设。例如，斯坦福大学的计算机学科就增加了许多网络安全课程。但是，同中国一样，网络空间安全学科是横跨计算机学、电信学、管理学、法学、甚至是社会学的综合性新学科。中国的情况与美国大体相似，即四五个独立的学科、独立的学院被机械地"捆绑"在一起，在大学之中一时难以真正地、完全地形成学科融合，难以较快地完善网络安全学科的成熟度。

第四节 网络主权的新思想

一、美国：从劳伦斯到希拉里

现任美国哈佛大学法学院教授的劳伦斯·莱斯格生于 1961 年，他在 2015 年曾报名参加民主党总统候选人竞争，后因希拉里·克林顿的竞选呼声更高而退出。希拉里·克林顿生于 1947 年，她于 2016 年 2 月在美国民主党总统候选人初选中胜出，但最终落选。未来不排除劳伦斯继续代表民主党去竞选美国总统的可能。值得关注的是，劳伦斯的三本著作奠定了美国的网络主权思想的基础，这些思想在当年成了时任美国国务卿希拉里所推出的美国"网络超自由"外交立场的绝大部分理论基石。

1.劳伦斯的网络主权观：通信、控制、代码、架构，四者构成层次递进的网络空间

劳伦斯从法学视角来解构网络空间，认为网络空间由四个递进的层次组成：

（1）通信"端对端"原则。

1981 年网络设计者杰罗姆萨尔茨、戴维克拉克、戴维里德首次提出

了"端对端"协议通信的应用程序。网络"端点"的计算机，就是用户用来上网的计算机；网络"内部"的计算机，就是用来与其他计算机建立连接的服务器。"内部"计算机只履行基本的连接功能，而一些特殊功能应由"端点"计算机来实现，于是网络本身就避免了繁复①。"端对端"原则旨在实现数据传输的结构简单与灵活性，而智能服务应当由"端点"设备来提供②。其结果是"端点"推动了网络的无限制发展，这是"端对端"原则的核心。他引述了万维网发明者蒂姆伯纳斯·李德的论述：如果有任何控制中心存在，都会立刻成为限制发展的瓶颈，这样互联网永远也不会发展壮大，让网络"失控"非常重要③。万维网的出现就是"端对端"原则带来的创新成果，万维网就是一套网络协议，它是连接互联网的超链接文本，又同时规定了浏览器如何获取万维网上的内容，它把互联网协议当作是万维网协议的运行基础④。在"端对端"原则的引导下，联网计算机所组成的网络空间敞开了创新与变革的大门⑤。

（2）"控制"造就网络自由。

劳伦斯认为"网络空间"一词并非指"自由"，而是指"控制"，这可以追溯到控制论（cybernetics）的目的，即对"远程控制"的研究以及发现一种更好的控制方法⑥。网络自由，并非源自政府的缺席。自由，在哪里跟别处都一样，都源自某种形式的政府控制。只有把自由置放到某种自觉的"控制"之中，才有可能带来自由的繁荣⑦。然而，这种自觉的"控制"并非来自政府的规制，政府可以威慑，却无法控制网络行为，法律对于网络空间的规制往往没有实际意义。由于网络遵循"端对端"通信原则，所以，网络天生是自由的，自由是它的技术本质⑧。

（3）代码是网络本质、社区"法律"。

代码是各种软件和记载于软件或硬件中各种指令的总称。这些软件和指令构成了代码，规制着网络空间中的身份识别、数字签名、信息加密、

---

① 〔美〕劳伦斯·莱斯格：《思想的未来》，李旭译，中信出版社，2004，第35页。
② 〔美〕劳伦斯·莱斯格：《思想的未来》，李旭译，中信出版社，2004，第36页。
③ 〔美〕劳伦斯·莱斯格：《思想的未来》，李旭译，中信出版社，2004，第41页。
④ 〔美〕劳伦斯·莱斯格：《思想的未来》，李旭译，中信出版社，2004，第42页。
⑤ 〔美〕劳伦斯·莱斯格：《思想的未来》，李旭译，中信出版社，2004，第49页。
⑥ 〔美〕劳伦斯·莱斯格：《代码2.0：网络空间中的法律》，李旭等译，清华大学出版社，2009，第4页。
⑦ 〔美〕劳伦斯·莱斯格：《代码：塑造网络空间中的法律》，李旭等译，中信出版社，2004，第5页。
⑧ 〔美〕劳伦斯·莱斯格：《代码2.0：网络空间中的法律》，李旭等译，清华大学出版社，2009，第3页。

屏蔽过滤等活动。代码又可分为源代码（人类所写的、由逻辑与语言构成）和目标代码(计算机运行的、由 0 和 1 构成)。代码是人与计算机的纽带。[①] 互联网，是网络的网络，它由许多网络组成，这些网络主要通过网线相连，所有这些网线以及相连的机器，都是被代码所控制的。[②] 网络，是通过代码和物理链路将孤立的"端点"相连、通过数据链路进行信息共享的即时通信系统。在网络之中，代码主导了连接与通信、信息与沟通。劳伦斯还区别了互联网与网络空间：与互联网相比，网络空间改变了生活方式，带来了前所未有的交互模式；[③] 网络空间不是一处地点，而是由许多地点构成的，地点差异部分地决定了不同区域用户活动的差异；[④] 地点差异还形成了不同的社区，例如"美国在线（AOL）"就声称自己是一个社区（社区的"宪法"是界定这个社区居民生活方式的规则[⑤]），又如"律师在线"社区，一家在线的律师合作机构，它让用户互相联系，互相交谈，通过交谈来实现价值。[⑥] 其他的社区还包括 LambdaMOO、IBEX、第二人生、磁带、电视、广播标签。[⑦] 网络代码"架构"出分层、开放、控制、规制的网络空间。

架构 1：分层

劳伦斯借助了纽约大学法学家本科勒的定义来解释网络中"层"的概念，将通信系统分成三个不同层，最底层是物理层（包括计算机和网线，以传递信息），中间层是逻辑或代码层（即让那些硬件运行的代码、互联网的基本协议以及在协议上运行的软件），最顶层是内容层（即传输的信息，包括数字图像、文本、在线电影）。[⑧] 互联网是自由与控制的混合。物理层基本上是受控的，内容层上有些信息是受控的（例如有线电视），代码层基本上也是受控的。网络上的东西并不是都可自由获取，有许多受到

① 〔美〕劳伦斯·莱斯格：《代码 2.0：网络空间中的法律》，李旭等译，清华大学出版社，2009，第 52 页。
② 〔美〕劳伦斯·莱斯格：《思想的未来》，李旭译，中信出版社，2004，第 27 页。
③ 〔美〕劳伦斯·莱斯格：《代码 2.0：网络空间中的法律》，李旭等译，清华大学出版社，2009，第 83 页。
④ 〔美〕劳伦斯·莱斯格：《代码 2.0：网络空间中的法律》，李旭等译，清华大学出版社，2009，第 84 页。
⑤ 〔美〕劳伦斯·莱斯格：《代码：塑造网络空间中的法律》，李旭等译，中信出版社，2004，第 83 页。
⑥ 〔美〕劳伦斯·莱斯格：《代码 2.0：网络空间中的法律》，李旭等译，清华大学出版社，2009，第 95 页。
⑦ 〔美〕劳伦斯·莱斯格：《代码 2.0：网络空间中的法律》，李旭等译，清华大学出版社，2009，第 118 页。
⑧ 〔美〕劳伦斯·莱斯格：《思想的未来》，李旭译，中信出版社，2004，第 23 页。

财产法的正当保护①。与传统通信方式比较，网络中的"自由与控制"如表5-1所示：

表 5-1：网络中的"自由与控制"

	演讲角	麦迪逊花园	电话系统	有线电视
内容层	自由	自由	自由	受控
代码层	自由	自由	受控	受控
物理层	自由	受控	受控	受控

架构 2：开放

网络公共资源分为三部分：第一部分是代码的公共资源，即由网络基本协议构成软件和诸多应用程序所形成的公共资源；第二个是知识的公共资源，即有关网络及其代码工作机理的各种思想、信息的自由交换与共享；第三个是创新的公共资源，即任何人都有在网络平台上进行构建和创新的机会。所以，开放公共资源至关重要。对于内容层代码较少的控制将导致更多的创新和代码改进，将这一资源保存在公有领域将会增加资源本身的价值。②与公共资源相关联的另一个问题，是开放源代码与封闭代码。③开放源代码的架构，是对政府规制权的制约；开放代码的架构，意味着开放"控制"。④

架构 3：公钥

劳伦斯借用图尔特·贝克和保罗·赫斯特所言："密码学无疑是最好的技术，也是最坏的技术。它会消灭犯罪，也会产生新的犯罪；会动摇独裁政治，也会使其更加独断；他会让我们匿名，也会查知我们的每一笔交易。"⑤因此，通过"公钥"加密、创建一个完善的"公钥"基础设施以方便网络上的身份验证和网站准入，是建设网络秩序的技术基础。⑥此前，登博格第一次提出"代码就是法律"⑦。菲利普·罗斯达尔也指出，"虚拟世

---

① 〔美〕劳伦斯·莱斯格：《思想的未来》，李旭译，中信出版社，2004，第 25 页。

② 〔美〕劳伦斯·莱斯格：《思想的未来》，李旭译，中信出版社，2004，第 75 页。

③ 〔美〕劳伦斯·莱斯格：《代码：塑造网络空间中的法律》，李旭等译，中信出版社，2004，第 132 页。

④ 〔美〕劳伦斯·莱斯格：《代码：塑造网络空间中的法律》，李旭等译，中信出版社，2004，第 133 页。

⑤ 〔美〕劳伦斯·莱斯格：《代码：塑造网络空间中的法律》，李旭等译，中信出版社，2004，第 46 页。

⑥ 〔美〕劳伦斯·莱斯格：《代码：塑造网络空间中的法律》，李旭等译，中信出版社，2004，第 48 页。

⑦ 〔美〕劳伦斯·莱斯格：《代码 2.0：网络空间中的法律》，李旭等译，清华大学出版社，2009，第 6 页。

界的上帝是谁？只能是代码"①。网络空间蕴含了结构性价值与实质性价值，代码所造就的人工"架构"体现了结构性价值，网络空间正在被商务活动"架构"成另一种控制工具。②

劳伦斯论述了法律、社会准则、市场准则、"架构"的四者关系③：

法律。法律是一种命令，借助惩罚所带来的威慑，但法律并非只是一套命令与威慑，而且表达了某一共同体的价值。

社会准则。这里的准则并不是通过有组织或集中式的政府行为所施加的约束，而是那些某一共同体成员相互施加的，带有许多轻微但偶尔有力惩罚的、规范性的约束。它所规制的是具有社会显著性的行为，违反准则会使你成为一个社会行为失常的人。

市场规则。市场是通过价格来约束的，价格信号表示某种资源能够以价格为标准从一个人手中转移到另一个人手中。市场约束的存在是因为有一个由界定可交易物品的法律和准则以及关于如何进行买卖的财产与合同规则所组成的复杂外部环境。有了法律与准则，市场构成一套约束行为的规范。

架构。有些架构的约束是我们创造的，有些则不然。好比建筑师们称之为人工环境的架构。架构可以是绝对的，可以是相对的；人工架构的约束是自我实施的，也是自我执行的。

架构 4：治理，由政府和商务共同架构"看不见的手"

劳伦斯认为，早期的互联网是开放的，互联网的设计并不想隐藏什么。但当商务贸易的触手试图扩展至网络空间时，变化发生了。首先变化的就是安全性，商贸交易所依赖的安全性在 SSL（Secure Socket Layer Protocol）与 SET（Secure Electronic Transaction Protocol）的协议下成功构建了安全电子商务的第一步，从而打开了网络空间的规制大门。安全电子商务的架构中有验证、授权、隐私、完整性与不可抵赖性的规制④。在网络空间中有只"看不见的手"正在建造一种与网络空间诞生时完全相反的架

---

① 〔美〕劳伦斯·莱斯格：《代码 2.0：网络空间中的法律》，李旭等译，清华大学出版社，2009，第 304 页。
② 〔美〕劳伦斯·莱斯格：《代码：塑造网络空间中的法律》，李旭等译，中信出版社，2004，第 8 页。
③ 〔美〕劳伦斯·莱斯格：《代码 2.0：网络空间中的法律》，李旭等译，清华大学出版社，2009，第 340 页。
④ 〔美〕劳伦斯·莱斯格：《代码：塑造网络空间中的法律》，李旭等译，中信出版社，2004，第 51 页。

构，这只"看不见的手"由政府和商务共同推动①。总之，第一代网络架构是由非商业领域的科研人员创设，第二代网络架构已经为商务领域所创设，第三代网络架构应由政府来创设，以杜绝垃圾邮件、电脑病毒、身份盗用等现象。政府有权对网络空间进行架构的调整②，政府应当在网络空间中实践公平与正义③，但政府也不应当对于网络施加绝对的规制、以避免扼杀创新。④

（4）架构即主权：用户社区主权、超国界网络主权，均不同于国家主权

架构即主权。劳伦斯认为由网络代码所创造的网络架构是一种网络主权，架构决定了控制的力度，决定了控制或规制行为的统治权。他认为主权概念只有被置放在特定的控制基础架构上才有意义。国家的权力或许是绝对的，但如果基础架构不支持政府的规制，那么国家有效的权力也会微乎其微。⑤架构是一种主权，它统治着那个空间的社区生活，人们必须考虑那种架构所代表的政治。⑥基于这种架构的规制，波斯特在题为《无政府、国家和互联网》的论文中很好地阐述了这种观点。波斯特认为，网络空间的社区受"成套规则"的规制。我们可以将这些"成套规则"理解为一些要求，这些要求或内生于网络的基础架构之中，或发布于一系列的规则之中，网络空间由这些"成套规则"组成。具体的"成套规则"为了吸引我们的关注而竞争，网络空间终将被争夺消费者的主动竞争所决定。⑦

用户社区主权。随着网络的日渐发展，不同国籍的人来到了同一个网络空间，这些网络空间必须加强民主方面的建设。如果网络空间想要建立合法的统治，就必须向人民靠拢。只有人民主权下的规制才具有合法性，非民主制的规制是不被容忍的。劳伦斯认为现在网络空间的规制都是"准民主"，并不是"真民主"，需要人民制定规则，并运用所选择的规则治理

---

① 〔美〕劳伦斯·莱斯格：《代码 2.0：网络空间中的法律》，李旭等译，清华大学出版社，2009，第 5 页。
② 〔美〕劳伦斯·莱斯格：《代码 2.0：网络空间中的法律》，李旭等译，清华大学出版社，2009，第 5 页。
③ 〔美〕劳伦斯·莱斯格：《代码：塑造网络空间中的法律》，李旭等译，中信出版社，2004，第 73 页。
④ 〔美〕劳伦斯·莱斯格：《代码：塑造网络空间中的法律》，李旭等译，中信出版社，2004，第 3 页。
⑤ 〔美〕劳伦斯·莱斯格：《代码 2.0：网络空间中的法律》，李旭等译，清华大学出版社，2009，第 303 页。
⑥ 〔美〕劳伦斯·莱斯格：《代码：塑造网络空间中的法律》，李旭等译，中信出版社，2004，第 26 页。
⑦ 〔美〕劳伦斯·莱斯格：《代码 2.0：网络空间中的法律》，李旭等译，清华大学出版社，2009，第 309 页。

特定区域。而这种人民主权具体是指政治社会管理的权利。[①] 该权利与地域性之间存在着关联意义。他认为用户与网络空间的关系就如同公民与政府的关系，用户所扮演的角色如同享有发言权的股东，用户当然享有参与管理的权利。这种参与权源于用户对于社区的参与，这种参与是不能被现实的地域性所局限的。如果网络社区折射出人民主权而非商人主权的价值，那么就会更快地获得豁免权。网络社区越有社会责任意识，政府就越有可能通过豁免原则去承认与尊重网络社区的准则，网络的人民主权正是不断维护与促进网络自由价值实现的原动力。劳伦斯认为现在网络空间中的人民主权没有得到普及，人们更多看到的是商务交易的主权，但商务交易控制网络空间缺乏合理性[②]，而用户参与权存在合理性。

超国界网络主权。劳伦斯试图使得现实世界的主权国家可以承认他所主张的网络"主权"，承认网络规则无处不在，网民来自全球角落。他引述了戴维·约翰逊与戴维·波斯特论证地域性对于网络空间的脆弱性。一个无视地理界限的电子媒体的出现带来了崭新的现象，从而使得法律陷入了混乱。这一现象需要清晰的法律规则来调整，但依靠当前基于地域的主权，是无法进行令人满意的规制的。我们应当赋予网络空间以"独立性"从而使其不被"现实地域"所限制。劳伦斯呼吁认清网络空间的独立性，呼吁"超国界网络社区"的独立性。劳伦斯引述丹·亨特和格赖哥拉斯特窝卡在《虚拟世界的法律》中的观点：法院必须认识到"虚拟世界司法权的独立性"，他们有自己的社区规则和法律与权利。虽然网民会要求现实空间的法官和虚拟空间的武士都承认其权利，但他们还是应该在虚拟世界中实现其权利。劳伦斯认为这种网络空间的独立性是经济与社会现实发展的结果，普通居民已经前所未有地进行无国界的交流。网络空间作为一个国际社区的存在愈发明显，不能简单地说在网络空间上发生的事物是简单的地区性事务。[③]

主权国家对于全球网络社区达成协议的必要性。劳伦斯认为国际条约在规制国际关系时，是一种广泛协商的结果，国家必须就法律如何规制以及强加于私人关系的规范达成协议。当设计网络空间时，这个协议变得尤为重要，它要求空间上的国家对网络空间达成共识，并且制定共同的策略

---

① 〔美〕劳伦斯·莱斯格：《代码2.0：网络空间中的法律》，李旭等译，清华大学出版社，2009，第306页。

② 〔美〕劳伦斯·莱斯格：《代码2.0：网络空间中的法律》，李旭等译，清华大学出版社，2009，第309页。

③ 〔美〕劳伦斯·莱斯格：《代码2.0：网络空间中的法律》，李旭等译，清华大学出版社，2009，第313页。

来处理对网络空间的规制问题。他认为主权国家存在着盲区，一方可以看到别人的错误，却看不到自己的错误，例如"政府不愿意承认本国法律受到地域的限制，他们不断地趋向于域外立法"。①劳伦斯认为网络空间并不是无国界的互联网，而是三种冲突的发源地：一国之内规则的本地冲突，国家之间规则的跨国冲突，网络空间诞生了冲突的第三方发源地。在网络空间，网络行为将会受到多个非合作的司法管辖区的系统约束。②这样，构建代码架构的国际共识来解决网络主权冲突就尤为必要。代码所决定的基础架构，是解决主权在网络空间的冲突的基础。例如，在网络游戏空间中，规制来自代码。网络游戏空间的规则被施行，不是通过社会制裁，也不是通过国家制裁，而是通过这一特殊的空间架构。规则在这里被阐明，并非通过法律而是通过该控件的代码。劳伦斯针对网络主权冲突给出了三种认知图景：第一，无法律的网络世界，是互联网早期的梦想；第二，当前规制网络的国内法治，是目前许多国家看到的现实；第三，未来网络秩序，是多国法律平衡的世界。总体来看，各国早期规制网络的立法进程相对缓慢，但随后就极速发展，后来就直接对准了网络基础架构，最后直接关注信息控制。然而网络没有任何政治准备。③劳伦斯对于美国法律能否长久占据网络规制的统治地位抱有怀疑态度。没有人认为美国已经阻止了网络犯罪，或者控制了网络违法行为。许多国家开始挑战美国的网络权力，2005年起就有很多国家试图从美国手中抢走 ICANN 的控制权。这些主权诉求将日益推动网络世界的利益平衡。④

　　规制言论自由、鉴定公民身份、建立国际公约的必要性。劳伦斯赞同"无论是在美国还是在世界各地，对于互联网言论自由的国家限制十分常见，每个国家都根据自己的国家利益来进行考虑，每个国家都在寻求对于言论的规制，因为这些言论的内容不符合该国的国家利益或社会道德。"⑤他还提出了建立可以鉴定公民身份的标识层，当用户在网络上穿梭时，个人的公民身份将如影随形，它至少可以确定用户可以被哪个政府有权规

　　① 〔美〕劳伦斯·莱斯格：《代码2.0：网络空间中的法律》，李旭等译，清华大学出版社，2009，第319页。
　　② 〔美〕劳伦斯·莱斯格：《代码2.0：网络空间中的法律》，李旭等译，清华大学出版社，2009，第323页。
　　③ 〔美〕劳伦斯·莱斯格：《代码2.0：网络空间中的法律》，李旭等译，清华大学出版社，2009，第328页。
　　④ 〔美〕劳伦斯·莱斯格：《代码2.0：网络空间中的法律》，李旭等译，清华大学出版社，2009，第329页。
　　⑤ 〔美〕劳伦斯·莱斯格：《代码2.0：网络空间中的法律》，李旭等译，清华大学出版社，2009，第329页。

制。劳伦斯还设计出了一个国际公约，它由各个国家的规定所组成，里面载明了各个国家针对本国公民的相关规定，并且该公约适用于网络上的所有服务器。[①] 各国政府依据自身的司法权可以要求服务器履行公约上的条款。因此，当你的网站出现了不被一国法律所容许的内容时，它将拒绝当事国公民的访问，也就是说，各国法律将被移植到了网络空间中。[②] 网络空间的国际协调活动是可被接受的，它所带来的帮助也是相互的。每一个主权国家都存在规制的诉求，这无疑将促进各个司法区域之间的合作。[③] 妥协的结果，正是各个国家所能接受的网络世界。它不能摆脱现实世界的影响，也不能由一个国家或少数几个大国来控制。这种制度赋予了各国政府规制其公民的权力，也杜绝了大国现象的发生。这种制度将让地理疆域重新回到网络空间之中，它将为本不存在边界的网络重新画上国界。[④]

2. 希拉里的网络自由论

继劳伦斯 2009 年完整阐述其"网络自由观"[⑤]之后，美国时任国务卿希拉里·克林顿于 2010 年 1 月 21 日立即在华盛顿发表了"互联网自由"演讲，重申互联网的思想自由、言论自由、宗教自由、财产自由，并特别地增加了倡导全球互联网的接入自由和信息流动自由。希拉里的六点网络自由论构成了美国对外网络政策的核心。结合美国对内的网络安全战略可以发现：对外强调自由、对内强化安全，构成了美国合二为一的总体网络战略。从劳伦斯到希拉里，由此可以看出美国网络思想与网络政策的衔接关系。

二、中国：立法维护网络主权

中国在网络世界方面的政策、立法、外交的核心，即主张和倡导网络主权。只有扎实建立网络主权法治，才能降低、减少、防范、战胜网络犯罪、网络冲突、网络战争。

中国目前是网络大国，曾经是网络技术的后进国家，目前正在积极建

---

① 〔美〕劳伦斯·莱斯格：《代码 2.0：网络空间中的法律》，李旭等译，清华大学出版社，2009，第 309 页。
② 〔美〕劳伦斯·莱斯格：《代码 2.0：网络空间中的法律》，李旭等译，清华大学出版社，2009，第 331 页。
③ 〔美〕劳伦斯·莱斯格：《代码 2.0：网络空间中的法律》，李旭等译，清华大学出版社，2009，第 331 页。
④ 〔美〕劳伦斯·莱斯格：《代码 2.0：网络空间中的法律》，李旭等译，清华大学出版社，2009，第 332 页。
⑤ 〔美〕劳伦斯·莱斯格：《代码 2.0：网络空间中的法律》，李旭等译，清华大学出版社，2009，第 332 页。

设网络强国。十八大以来，在法律、政策和外交方面，随着中央网络与信息化工作领导小组的成立（2014 年 2 月）、网络空间主权写入《中华人民共和国国家安全法》（2015 年 7 月）、《中华人民共和国网络安全法》（2016年 11 月）的推出，中国网络法治进程明显加快，网络法治对于网络本体四要素的规制作用明显。中国是为了维护网络安全，才立法保障网络主权，这是中国一以贯之的立场。

2017 年 3 月 1 日，外交部出台了《网络空间国际合作战略》^①，提出"推动国际社会携手努力，加强对话合作，共同构建和平、安全、开放、合作、有序的网络空间。"

2016 年 12 月 27 日，中央网络安全和信息化领导小组办公室发布的《国家网络空间安全战略》^②指出："尊重维护网络空间主权。网络空间主权不容侵犯，尊重各国自主选择发展道路、网络管理模式、互联网公共政策和平等参与国际网络空间治理的权利。各国主权范围内的网络事务由各国人民自己做主，各国有权根据本国国情，借鉴国际经验，制定有关网络空间的法律法规，依法采取必要措施，管理本国信息系统及本国疆域上的网络活动；保护本国信息系统和信息资源免受侵入、干扰、攻击和破坏，保障公民在网络空间的合法权益；防范、阻止和惩治危害国家安全和利益的有害信息在本国网络传播，维护网络空间秩序。任何国家都不搞网络霸权、不搞双重标准，不利用网络干涉他国内政，不从事、纵容或支持危害他国国家安全的网络活动。"

2016 年 7 月 27 日，中共中央办公厅、国务院办公厅印发了《国家信息化发展战略纲要》，提出："共建国际网络新秩序。坚持尊重网络主权、维护和平安全、促进开放合作、构建良好秩序的原则，推动建立多边、民主、透明的国际互联网治理体系。积极参与和推进互联网名称与数字地址分配机构（ICANN）国际化改革。加强国际网络空间执法合作，推动制定网络空间国际反恐公约。健全打击网络犯罪司法协助机制，共同维护网络空间和平安全。"

2016 年 6 月 25 日，中俄发布了《中华人民共和国主席和俄罗斯联邦总统关于协作推进信息网络空间发展的联合声明》："我们一贯恪守尊重信息网络空间国家主权的原则"，"我们主张各国均有权平等参与互联网治理，

---

① 网络空间国际合作战略，[N/OL]，http://news.xinhuanet.com/2017-03/01/c_1120552767.htm，2017-3-2。

② 国家网络空间安全战略，[N/OL]，http://www.cac.gov.cn/2016-12/27/c_1120195926.htm，2016-12-28。

有权根据本国法律和制度实际,维护本国网络安全。我们倡议建立多边、民主、透明的互联网治理体系,支持联合国在建立互联网国际治理机制方面发挥重要作用","共同倡导推动尊重各国网络主权,反对侵犯他国网络主权的行为"。①

2016 年 4 月 29 日,人民日报报道首届《中俄网络空间发展与安全论坛》在莫斯科举行,中国国家互联网信息办公室领导与俄罗斯联邦总统助理出席了论坛。论坛由中国网络空间安全协会与俄罗斯安全互联网联盟共同主办,主题为"中俄信息通信技术合作的前景"。

2015 年 12 月 22 日,俄罗斯媒体报道,俄罗斯已与中国互联网安全协会签订了合作协议,表示两国合作可能涉及在信息安全领域的经验交换及国家信息安全领域的演习和协同信息防御对抗战。

2015 年 12 月 18 日,第二届世界互联网大会发表《乌镇倡议》,提出了"维护网络和平安全。尊重网络空间国家主权,保护网络空间及关键信息基础设施免受威胁、干扰、攻击和破坏,保护个人隐私和知识产权,共同打击网络犯罪和恐怖活动……推动网络国际治理。国际社会应真诚合作、相向而行、同舟共济、互信互利,共同推动网络空间国际规则制定,尊重人类基本网络权利,维护网络空间秩序,共同构建和平、安全、开放、合作的网络空间,建立多边、民主、透明的全球互联网治理体系,支持政府、企业、民间组织、技术社群、学术界、国际组织和其他利益相关方根据各自的角色和职责发挥更大作用,打造网络空间命运共同体"等系列政策原则。②

2014 年 7 月 17 日,《中华人民共和国和巴西联邦共和国关于进一步深化中巴全面战略伙伴关系的联合声明》提出"支持各国管理各自互联网并保障其安全的主权","双方对当前信息通信技术用于与维护国际稳定与安全目的相悖、损害个人隐私的行为表示担忧。认为国际社会应在相互尊重、平等互利的基础上开展合作,共同应对网络安全威胁……呼吁国际社会制定普遍认可的行为规范规则,继续坚持多边、民主、透明、各利益方全面参与的原则,改进互联网多边领域治理体系,努力实现互联网基础资源的共同管理和公平分配。当前双方致力于推动'互联网名称和数字地址

---

① 《中华人民共和国主席和俄罗斯联邦总统关于协作推进信息网络空间发展的联合声明》,新华网 [N/OL], http://news. xinhuanet.com/politics/2016-06/26/c_1119111901.htm, 2016-9-17。

② 《第二届世界互联网大会发布〈乌镇倡议〉》,新华网, [N/OL], http://news.xinhuanet. com/world/2015-12/18/c_128546176.htm, 2016-9-17。

分配机构'实现全球化，接受国际社会共同监督，并增强'联合国互联网治理论坛'在互联网治理体系中的作用。"①

早在 2010 年 6 月 8 日，国务院新闻办公室发表《中国互联网状况》白皮书，就指出："互联网是国家重要基础设施，中华人民共和国境内的互联网属于中国主权管辖范围，中国的互联网主权应受到尊重和维护"②。

可见，2010 年以来，中国开始警惕网络安全问题，提出了网络主权，并受到了国际社会的肯定。在美国，有学者承认根据国际法规定的主权管辖权不足以应付现代网络恐怖主义的挑战；也有法学家鉴于现有国际法治在网络空间规制方面的缺憾，开始提出了迫不得已的妥协观点：网络安全必须侧重于减轻侵犯程度，否则无法阻止网络战或网络冲突。但美国学者受制于本国政治立场的学理解释，都反证了中国的主张——只有倡导网络主权、实现全球网络共治，才是解决网络失序、去除网络威胁的法治良药。

---

① 《中国和巴西关于进一步深化中巴全面战略伙伴关系的联合声明》，新华网，[N/OL]，http://news.xinhuanet.com/politics/ 2014-07/18/c_1111685756.htm，2016-9-17。
② 《中国互联网状况白皮书（全文）》，国务院新闻办公室，[N/OL]，http://www.scio.gov.cn/zxbd/tt/Document/1011194/ 1011194.htm，2016-8-30。

第六章　网络立法沿革

　　网络主权与网络法治的关系，是现实网络秩序下理论与实践的关系；网络法治是网络主权理论的实践，也是网络主权运用的现实体现。作为一种"新主权"理论，网络主权理论尽管在21世纪初刚刚被提出不久，但是，它所要维护的国家安全使命，在过去百年的电信法立法中早有体现。然而，过去百年以来，由于电信领域尚未完成虚拟技术、无线连接等通信协议版本的实质性升级，单纯的传统电信安全还难以上升到直接威胁主权安危的程度，所以网络立法一直没有迫切的需求以及客观的基础。

　　就像电话网的建成早于互联网近百年一样，电信立法同样早于网络立法近百年。网络（cyber）技术，是基于电信（telecommunication）技术的重新编码、定义、升级而来的。当今而言，电信与网络已经合为一体，合称"网信"，网络与电信共同构成了网络世界中主体、客体、平台、活动"四要素"之一的"平台"。从网络立法的前世今生来看，在国际法、国内法两个层面，网信立法有着百年历程。

　　在联合国的官方语境下，网信技术被合称为"信息通信技术"（Information Communication Technology，ICT）。网信立法历史，包括国际电信联盟（ITU）的百年国际法治史，可统称为信息通信技术的立法史。追溯国别的网信立法沿革可以发现，美国是先有信息通信立法，而后发明计算机、互联网，其网信立法距今也有超过百年的历史。美国在网信立法方面的建树，目前呈现为具有全球网络威慑能力（包括"长臂管辖"）的综合网信法律体系，它一直是出于美国对国家安全的长期考虑而创立、发展、完善的。

　　时至今日，各国对国家网络安全的现实需求已经上升到需要网络主权统筹网络法治的程度。传统的电信部门法，已无力独自完成维护国家网络安全的重大使命，进而需要从部门法范畴上升为主权法统筹，以便综合、整体地防范网络安全问题所带给主权安危的新挑战。所以，回望百年网信立法沿革具有学术必要性，它能够为完善、提升当今的网信安全立法提供历史镜鉴。

第一节　美国百年的网信法治

一、从自保到威慑

1901 年，美国成立了联邦国家标准与技术局（NIST），旨在推动当时通信等新技术建立标准，例如推出了 1912 年联邦《无线电法》。随着一战、二战、冷战、后冷战世界局势的演进，美国信息网络从谋求自我国家安全到实现全球威慑，经历了五个发展阶段。

1. 萌芽阶段（1917—1966 年）：源于战争、军备竞赛

第一次世界大战（1914—1918 年）期间，1917 年美国出台了《间谍法》，旨在保护美国的国家安全。鉴于二战中情报发挥了重要作用，美国于 1946 年发明了第一台通用计算机，随后实现了计算机的电子化。美国国防部建立了阿帕网，其出发点是源于防范太空军备竞赛。1966 年美国通过了《信息自由法》，终于在国家安全信息保密、公共信息的公民知情权之间达成了法治平衡。

2. 冷战阶段（1967—1991 年）：统筹信息、赢得冷战

1978 年美国颁布《联邦计算机系统保护法》，成立信息安全检查办公室（12065 号总统令），初创了独立的国家网络空间安全政策统筹雏形。1981 年美国重新规范了各个情报部门的职权。1984 年建立了国家安全跨部门协调机制，同年还颁布了《假冒访问设备及计算机欺诈滥用法》。上述信息情报统筹的法治实施，帮助美国于 1991 年赢得了冷战。

3. 泡沫阶段（1992—2000 年）：互联网经济的腾飞期

冷战结束后，美国的民用互联网进入了高速发展时期。克林顿政府接连推出了如下政策、法律、战略：

（1）1993 年 NII 计划

1993 年《国家信息基础设施计划》（National Information Infrastructure Agenda of Action，NII），又称"信息高速公路计划"，标志着美国信息化建设工程的开始。

（2）1994 年 GII 计划

1994 年《全球信息基础设施计划》（Global Information Infrastructure：

Agenda for Cooperation，GII），致力于促进各国信息基础设施的发展与合作，鼓励政府和民间私人的合作，以促进全球的信息发展。

（3）1996 年 NGI 计划

1996 年《下一代网络计划》（Next Generation Internet，NGI），旨在促进网络的更新换代，解决原有网络设施陈旧落后、不堪重负的问题，以保持美国在信息通信技术上的绝对领先地位，确保其继续成为世界经济、政治领域无可争议的领导者。同年，美国出台了《国家信息基础设施保护法》。

（4）1997 年 Internet2 计划

1997 年美国又出台了《Internet2 计划》，以保证大学和研究机构使用先进的网络，并在全球范围内以促进高层次的教育和信息服务为目的，推动美国的经济增长，保持其在世界竞争中的优势地位。[①]

（5）2000 年《国家安全战略》

2000 年美国总统在其《国家安全战略》报告中，把信息安全战略列入了美国的国家安全战略。

在此阶段，美国网络政策是"军民并举"的政策。美国经济由于在民用互联网方面实现了互联网经济的腾飞，后因互联网公司股票价格暴跌而被称为互联网泡沫。但是，无论是在网络建设还是管理上，美国政府的角色一直都是积极的。美国政府希望可以利用网络优势来控制"冷战"后的新世界。

4. 反恐阶段（2001—2011 年）：从反恐到互联网自由

2001 年"9.11"事件后，美国迅速出台 2001 年《爱国者法案》、2002年《国土安全法》，设立总统网络空间安全顾问（这一职位被称为"网络沙皇"），在美国国家安全委员会下组建总统保护关键基础设施委员会。2007 年颁布《保护美国法》，通过战略、政策、法律，全方位保护美国网络安全。然而在外交政策上，美国通过反恐强化了网络基础设施和防御能力之后，又开始强调互联网自由。

2010 年 1 月 21 日，美国国务卿希拉里·克林顿在华盛顿新闻博物馆发表了题为"互联网自由"的演讲，提出互联网自由的六项主张，即在1941 年富兰克林·罗斯福（Franklin Roosevelt）发表"四项自由"（思想、言论或表达、宗教、免于贫穷）演讲之外，增加了倡导全球互联网的接入

---

① 王静静：《从美国政府的互联网管理看其对中国的借鉴》，硕士学位论文，华中科技大学，2006，第 9 页。

自由、信息流动自由。

美国认识到，世界上有许多其他的网络，有些帮助人员或资源的流动，有些辅助个人之间的交流，但互联网是增强所有其他网络的能力和潜力的一个网络，因此，希望以道德自律与行业自律为理论基础，呼吁世界上各个主权国家都可以允许网络的自由拓展。其中，美国政府网络自由的政策导向、网络自由的学理论证、人民主权的民主前提论等在共同发生作用。在这个政策转向的背后，美国政府的行政措施和学者的相关学说"背书"了这一变化。

（1）美国政府鼓励网络自由的政策

美国政府一方面从互联网供应商、经营者、国内外使用者入手，呼吁其遵守互联网行为准则，保障互联网秩序；另一方面，呼吁外国政府同样定位于网络使用者，并呼吁他们培养自我保护意识和安全意识，同时也呼吁禁止不良使用互联网的行为。既倡导要保障公民的合法权益不受侵犯、个人权利得到维护，又倡导要限制公民侵犯他人利益、危害国家社会，美国政府对外的网络自由政策转化成为鼓励接入自由、信息自由的一系列行政举措和外交指南。

（2）美国学者对网络自由的论证

美国哈佛大学法学院教授、网络法学家劳伦斯·莱斯格认为，不同国籍的人来到了同一个网络空间，这些网络空间必须加强民主方面的建设，换言之，如果网络空间想要建立合法的统治，网络就必须向人民靠拢。劳伦斯认为，网络空间是政府不仅不愿意也是不能规制的，网络生而自由，政府可以威慑，但网络行为却无法控制；政府可以在网络方面立法，但这对于网络空间却没有实际的意义，因为没有一个政府能够获得统治地位。他指出"网络空间"一词并非指自由，而是指控制，即远程控制，它的主要动机是发现一种更好的控制方法。他认为在我们所建造的世界里，从社会中排除所有的自觉控制，并不能带来自由的繁荣，而把自由放到某种自觉的控制之中，才有可能带来自由的繁荣。[①]

（3）全球的人民主权与网络民主

杜克大学法学院詹姆斯·博伊尔教授在其著作《公共领域：封闭下的思维公地》(Public Domain：Enclosing the Commons of the Mind) 里提出了"自由的陷阱（libertarian gotcha）"的观点，认为没有政府能控制（互联网）那里发生的一切，现实空间的政府就像苏联体制在最后时刻一样令

---

① 〔美〕劳伦斯·莱斯格：《代码2.0：网络空间中的法律》，李旭等译，清华大学出版社，2009，第306页。

人同情，网络空间只能是自由的，自由是它的本质。劳伦斯显然也同意从网络自由到人民主权的这种论证。劳伦斯认为网络空间的这种自由正如现实中人民的自由建立在了宪法之上。只有人民主权规制下的网络规则才具有合法性，而非民主制政体的规制是不被容忍的。劳伦斯认为现在网络空间的规制都是准民主，并不是真正的民主，都需要人民制定规则，并运用所选择的规则治理网络这一特定区域。而这种人民主权具体是指什么呢？劳伦斯认为是政治管理社会的权利。[①]

5. 威慑阶段（2012年至今）：从斯诺登到 ICANN 改革

2013年6月，30岁的美国中央情报局前技术分析员爱德华·斯诺登（Edward Snowden）在香港把美国"棱镜"（PRISM）监听项目的秘密文档披露给了英国《卫报》和美国《华盛顿邮报》，随即遭美国政府通缉。事发后他飞往俄罗斯，并获得了俄罗斯的居留许可。2013年6月21日，斯诺登通过《卫报》再次曝光了英国"颞颥"秘密情报监视项目。2015年2月，斯诺登获诺贝尔和平奖提名；同年9月，斯诺登获挪威"比昂松言论自由奖"。透过各国的信息安全恐慌可以看出，斯诺登事件实际上宣告了美国网络威慑时代的到来，尽管这一宣言并非来自美国国务院，而是来自斯诺登。

随着互联网不断深入地发展，各主权国家均不愿意本国权利受到域外国家的限制。美国面对各个主权国家在互联网领域的安全政策冲突，开始调整了其官方的对外网络政策：从倡导公开、自由，转变为寻求全球"攸关共治"的合作模式。

美国借助 ICANN 的改革开始了当代美国对外网络政策的转变，以"多方利益相关者流程"来形容这一组织性、开放性做法，以全球民间非政府的协商一致方式达成合意，以帮助世界互联网顺利运行。但是这种所谓利益"攸关共治"模式的对外网络政策，其运行更有利于强者，各国大型网络商业机构能够普遍支持参加这一模式，而广大的普通民众及其主权代表者（国家政府）则无法参与其中。[②] 全球"攸关共治"模式被许多国家所怀疑，它们认为 ICANN 决策者中的特殊利益集团代表比重太大，希望它更像传统的国际组织，因为传统的国际组织往往更遵循联合国"一国一票"的主权平等原则。

---

① 〔美〕劳伦斯·莱斯格：《代码2.0：网络空间中的法律》，李旭等译，清华大学出版社，2009，第306页。

② 〔美〕P.W.辛格，〔美〕艾伦·弗里德曼：《网络安全：输不起的互联网战争》，中国信息通信研究院译，电子工业出版社，2015，第18页。

二、网络法治体系

美国信息技术与安全标准乃至整个网络体系立法有百年以上的历史。美国的网络法律体系，源于国会立法权、总统行政权、国家安全战略统筹与政策权、地方（州）立法权；其中，相应地包含联邦法、总统令、国安委政策、州法案，共计四大法律来源（渊源），这四者共同构成美国网络法治的四个维度。

1. 约80部"涉网"的联邦法

美国联邦1901年《国家标准与技术局法（NIST）》、1912年《无线电法》、1917年《间谍法》、1934年《通信法》、1947年《国家安全法》、1965年《自动数据处理法》、1966年《信息自由法》、1974年《隐私法》、1978年《联邦计算机系统保护法》、1978年《对外情报监控法》、1984年《假冒访问设备及计算机欺诈滥用法》、1984年《电缆通信法》、1986年《计算机滥用惩治法》、1986年《电子通信隐私法》、1987年《计算机安全法》、1988年《录像隐私保护法》、1988年《计算机配置和隐私保护法》、1991年《高性能计算机法》、1994年《执法活动通信援助法》、1995年《禁止儿童色情图片法》、1996年《电信法》、1996年《通信规范法》、1996年《信息技术管理改革法》、1997年《公共网络安全法》、1997年《数字千年版权法》、1998年《计算机安全加强法》、1998年《儿童在线隐私保护法》、1998年《身份盗用与假设威慑法》、1999年《网络空间电子安全法》、2000年《政府信息安全改革法》、2001《计算机犯罪公约》（2007年1月1日在美国生效）、2001年《爱国者法案》、2002年《联邦信息安全管理法》、2002年《国土安全法》、2002年《网络空间安全研究与发展法》、2002年《电子政务法》、2003年《公平准确信用交易法》、2003年《控制非法色情信息和商业信息法》、2004年《身份盗用惩罚执行法》、2004年《情报改革与恐怖主义预防法》、2007年《保护美国法》、2007年《继续保持技术、教育、科学先进性的美国创造计划法》、2007年《能源独立与安全法》、2009年《用于经济和临床的健康信息技术法》等大约80部联邦法律，组成其网络法治的第一渊源。

2. 约30部"涉网"的总统令（行政法规）

在美国总统令中，1951年《维护美国安全的官方涉密信息最低标准》、1953年《保护美国国防信息》、1972年《国家安全信息的定密与解密》、1978年《国家安全信息》、1984年《国家安全与应急准备的电信功能分配》、1995 年《涉密信息访问》、2005 年《为保护美国人民进一步加强反恐信息共享》、2013 年《关键基础设施安全与恢复能力》等，都涉及信息网络空间安全。这些总统令，都是围绕着美国总统统筹国家安全事务的行政权力而派生出来的，具有全国性行政法规的效力。它们是源于 1947 年联邦《国家安全法》对美国总统统筹国家安全事务的总体授权，它们组成了美国网络法治的第二渊源。

3. 约 100 部 "涉网" 的国家安全战略与政策

随着 1947 年美国《国家安全法》的不断授权性修订，美国总统统筹国家安全事务的法定机构——国家安全委员会（National Security Council，NSC），在战略与政策制定方面的事权也不断地扩大。1981 年《高风险环境下使用密码信息的国家政策规范》（NCSC-5）、1984 年《国家安全通信指令》（NACSI-6002）、1990 年《通信安全监控》（NSTISSD-600）、1996 年《保护分布式系统》（NSTISSI-7003）、2004 年《系统管理员的国家信息保障培训标准》（CNSSI-4013）、2009 年《国家安全体系的公钥基础设施》（CNSSP-25）、2012 年《美国政府加密 NSS 技术对外国政府的发布与转让》（CNSSP-8）、2014 年《国家秘密领地连接政策》（CNSSP-29）等涉及信息安全的政策，虽然不是法律，但在美国政府系统内部具有强制约束力。[1] 特别是在 2001 年 "9.11" 事件以后，美国在其国安委下设了专门的电信和信息系统国家安全委员会（NSTISSC），强化了网络战略、政策的制定与发布。有些政策并不公开全文，但其针对性强、执行力高，共同地组成了美国网络法治的第三渊源。

4. 约 10 部 "涉网" 的州法案（地方法规）

1978 年美国佛洛里达州颁布世界首部《计算机犯罪法案》，其他各州纷纷效法。此类立法成文最早，目前多数已被联邦法和国际法所取代（诸如 1986 年《计算机滥用惩治法》、1987 年《计算机安全法》、2007 年在美国生效的《计算机犯罪公约》等）。[2] 目前，在佛罗里达、伊利诺伊、加利福尼亚、马萨诸塞、密歇根、内华达、犹他等州，仍有关于网络犯罪、身份信息、数字签名、电信安全、数字版权、隐私保护、数据保护等方面的州法案，这些州法案组成了美国网络法治的第四渊源。

在美国网络法治的四个维度总计 220 多部法律、战略、政策之中，总统令、国家安全战略，是其网络法治中数量最多、灵活多变的部分；联邦

---

[1] 刘峰、林东岱等：《美国网络空间安全体系》，科学出版社，2015，第 39 页。
[2] 吕晶华：《美国网络空间战思想研究》，军事科学出版社，2014，第 14 页。

法，历时百年已经搭建出了全球最为复杂、完善的全国性网络法治；州法案，往往率先实践了一些网络法治理念，之后被联邦法所吸收，但目前有些州法案依然保持其地方特色与民众共识。总体看，联邦法律全面、系统，政策战略灵活、多变，是当前美国网络法治的优势与特点。

第二节　西方当代的网络战略

跟随互联网发明国美国的网络立法，美国以外的西方国家和一些新兴经济体都制定了各具特色的网络战略、政策、立法。本节讨论这些网络法治，旨在通过比较以勾画出全球图景。

一、欧盟网络战略

从欧盟网络安全战略的发展历程来看，大体上经历了三个阶段：

1. 第一阶段：机制初创阶段（1993—2000 年）

1993 年，欧盟发布了《德洛尔白皮书》，首次将促进 ICT 产业的发展纳入其面向 21 世纪的发展战略之中。欧盟决心改变发展模式，将建设信息社会作为欧盟 21 世纪的发展重心，并为此配套完善了法治建设，提出"保护数据和隐私""解决信息和通信系统的安全问题"等政策主张。

2. 第二阶段：机制升级阶段（2001—2009 年）

进入 21 世纪后，国际上的非传统安全威胁日益严重。发生在 2007 年的爱沙尼亚网络攻击事件更使欧盟体会到了网络威胁的现实存在。欧盟开始加强重视网络安全，推动其网络安全战略走向法治化和国际化。欧盟委员会在 2001 年的《网络和信息安全提案》中首次强调网络信息安全的重要性，并在 2004 年创建了欧洲网络和信息安全局（ENISA），作为提高欧盟网络安全和促进成员国之间信息交换、经验分享的重要机构。2006年欧盟出台的《确保信息社会安全的战略》，进一步提出了要在欧盟范围内营造人人参与的网络安全文化。2009 年 3 月，欧盟委员会又出台了关于《关键信息基础设施保护》（Critical Information Infrastructure Protection, CIIP）政策，强化欧盟在经历重大网络安全事故时从原来的"重技术研创、轻安全管控"迈向了"一手抓技术、一手抓安全"的政策转向。欧盟的转变不再仅仅专注于个人数据与商业隐私的保护，而是开始筹划从欧盟层面到成员国层面共同提升欧盟网络的整体抗风险能力，以求保护欧盟免受大规模的网络攻击和网络中断。

3. 第三阶段：机制深化阶段（2010年至今）

欧盟于2010年5月发布了"欧洲数字议程"（DAE）五年计划，作为落实《欧盟2020战略》的"旗舰计划"之一。2013年2月，欧盟正式推出了网络安全领域的首份战略性文件《欧盟网络安全战略：公开、可靠和安全的网络空间》（Cybersecurity Strategy of the European Union：An Open Safe and Secure Cyberspace）。欧盟关注的重点对象明确为反对网络犯罪和维护关键性基础设施安全，并在制度上设计了一张纵贯"成员国—欧盟—国际"层面的联动合作网络。至此，欧盟网络安全战略体系的整体架构业已确立。特别是2016年4月27日欧洲议会发布了《一般数据保护条例》（General Data Protection Regulation，GDPR），在数据信息的存储、识别、分类、发送方面建立统一规则。该条例规定的巨额违法罚款，将使欧盟成为信息保护最严的区域。

从总体上看，欧盟的网络安全战略是以信息安全，尤其是个人数据和商业隐私保护为主轴，发散到了信息安全、数据安全、网络安全。与美国不同的是，欧盟对网络安全的治理更倾向于一种广泛而全面的社会化治理模式，通过强调对公民个人权益的保护，努力把网络视为民主法治之地而非军备竞赛的场所 ①。

二、西方战略特色

总结西方各国的网络政策，可以发现主要有以下特点：

1. 强调发展与安全并重

英国在其网络安全战略中提出"抓住机遇，迎接挑战"，一方面提升维护网络安全能力，保护国家安全和发展；另一方面创造良好网络环境，吸引外部投资，抓住机遇拓展网络安全产品和服务市场。日本也提出要以此为契机，加强网络安全行业的发展，争取在国际市场中取得优势。

2. 选择战略重点差异化

综合国力较强国家的网络安全战略不仅着眼于维护本国安全，还注重争取和维护其在网络空间中的优势地位与话语权，争夺网络规则的制定权，例如美国、德国以及非西方阵营的俄罗斯等国。综合国力稍弱的国家的网络安全战略基本只注重维护本国网络权益，保障自身的经济社会健康发展，如印度、韩国等。

---

① 周秋君：《欧盟网络安全战略解析》，《欧洲一体化研究》2015年第3期，第63页。

3. 呈现国际合作加速化

由于网络的虚拟性和跨国性，以及受到本国资金、技术方面的限制，很多国家在网络安全方面都倾向于"抱团取暖"。欧盟中的国家表现最为突出，不仅合力制定网络安全战略，还设立相关机构促进成员国之间加强合作。日本在网络安全战略中提出，与美国价值观"相近"的国家加强合作是"至关重要"的。韩国、澳大利亚、加拿大等国的战略也强调国际合作的重要性，尽管它们清晰地知道，美国希望在网络安全国际合作方面发挥主导作用。

4. 注重网络建设法治化

西方主要国家的网络安全战略，从本国现有的网络安全管理法律法规出发，都确定了清晰的战略目标和落实措施。面对未来的网络安全，提出立法构想，全力填补技术差距所造成法制滞后的立法空白。

5. 加强与私营部门合作

西方国家的私有化程度一般都很高，大量的关键信息基础设施都由私营机构运营，因此，各国的网络安全战略都力求通过政府与私营机构的合作来形成合力，政府在其中的主要职责是督促私营机构落实网络安全保护措施，加强防范网络威胁的信息共享等。[①]

第三节　中国网络的风险维度

美国所代表的西方社会基于其控制的根域服务器，掌控着根域分配与网络寻址，以此主导着全球互联网超级信息平台的价值倾向、议题设置权以及主要信息舆情的政治针对性等，由此削弱着他国的网络主权。中国因为缺乏了根域服务器这个基础，使得我国的计算机网络存在着严重的安全风险，特别是上网人口持续增多与核心技术薄弱，更放大了中国网络的脆弱性与风险性。

一、网络主体庞大

伴随着移动网络与智能手机的兴起，中国网络用户出现爆炸性增长，相应出现的网络信息量也呈爆炸性增长趋势。据 2016 年中国互联网信息

---

① 刘晓、郝宜家：《国外网络安全立法经验及启示》，《保密科学技术》2015 年第 7 期，第 17 页。

中心（CNNIC）发布的第 37 次《中国互联网发展状况统计报告》显示，截至 2015 年 12 月，中国网民规模达到 6.88 亿，互联网普及率为 50.3%；手机网民规模达到 6.2 亿，占比提升 90.1%；无线网络的覆盖明显提升，网民 WIFI 的使用率达到 91.8%，相较于 2014 年提升了 2.4 个百分点。

图 6-1：中国网民规模和互联网普及率

中国网民超过了总人口的一半。凭借着网络人口以及相伴随的网络信息量和终端设备量的爆炸式增长，中国在互联网秩序与治理方面的需求明显提升，开始提出了网络主权的概念，并试图采取积极的举措维护自身的网络主权。也正是伴随着以中国、日本、欧盟为主的世界网络多极化的大发展，美国在压力之下也开始采取了"多利益攸关方"共治的全球网络政策。

二、网络平台脆弱

尽管中国在国际上率先公布实施了《中华人民共和国网络安全法》，但法律的实施有赖于技术的土壤。当前，网络技术的脆弱性制约着网络法治的深化。具体体现如下：

1. 计算机应用层面

计算机网络运行过程中，由于某些核心技术还处于受制于人的状态，因而造成用户在使用计算机网络连接互联网时很容易受到外界各种病毒、黑客的攻击。其形式主要表现在以下两个方面：第一，由于计算机网络的用户自身安全意识淡薄，不加甄别随意打开各种网站或各种链接，从而被植入木马病毒、被黑客入侵；第二，由于计算机网络系统的使用者对于整个网络软硬件的配置了解甚少，缺乏对网络配置等各方面技术知识的掌握，导致计算机网络安全漏洞的出现，进而引发计算机网络安全问题。

2. 计算机物理层面

物理层面主要指硬件方面，包括终端设备、中间设备和网络介质等方面，涉及主机、服务器、交换机、路由器及网络安全防火墙等硬件设备。主机和服务器 IP 地址的设置和绑定能起到一定的作用；交换机进行 VLAN 的划分和安全配置可以保证一定的安全防护作用；路由器规则的设定可以有效控制异常访问；防火墙有软件和硬件区分，优质的防火墙 NAT 技术能够有效地防止外联网络的攻击。总之，网络硬件的配置是必不可少的防护措施，如果不加以正确的使用，也会造成安全的隐患。

3. 计算机系统层面

计算机操作系统是保障整个计算机网络得以安全、良好运行的根本，但是计算机网络安全问题也往往出现在操作系统上。现在普遍使用的计算机操作系统都是 Windows 系列。任何一种操作系统的推出都不能保证百分百没有漏洞，都是在使用的过程中发现问题后及时进行补丁升级。有些用户还存在使用盗版操作系统的情况，就更加大了安全隐患、不稳定性等诸多风险，病毒及黑客就会利用此安全隐患及漏洞进行破坏性攻击，使计算机网络用户数据信息的安全性、完整性、有效性受到威胁，进而引发计算机网络安全问题的出现。

4. "防火墙"的采用

面对着这些危险，中国开始实施最早由美国发明的"防火墙"技术，由此开启了防火墙时代，这也是当下中国计算机网络安全防范的主要措施。在计算机网络系统中安装防火墙，其实是采用架设硬件设备的方法，连接网络内部和外部。防火墙可以利用包过滤技术和代理服务技术有效地限制外部网络对内部网络的恶意干扰，进而保障计算机网络运行的安全性。同时，防火墙和各类杀毒软件的配合，有效地阻止了外部网络对内部网络的攻击，将实时监控计算机网络系统，阻遏不良信息的侵入，并且对不良信息及恶意攻击进行处理，从而有效控制计算机网络系统中信息的相对安全。

第四节　中国网络法治的创立

近年来，中国出于反对网络霸权而展开的网络安全研究（包括网络主权原则的提出、网络安全学科的建立）已成热点问题。2015 年 7 月 5 日，国务院学位委员会批准增设"网络空间安全"为一级学科，随后批准 29 所高校增列这一新学科的博士点。从私权保护到主权保障，从科技研发到学科布局，网络主权与网络安全的学术研究与国家立法步伐都在更新和加快。

一、研究与立法

1. 网络主权的研究

国内在网络主权的研究方面，围绕着"网络主权"（含网络安全、学科范式）基础理论，学界形成了基于网络主权展开网络立法的四种主要观点：

（1）网络主权前提说

网络安全以网络主权的确立为前提，网络主权有助于强化网络时代的国际法地位，维护经济主权，设立网络军事存在，建设信息边防，维护网络安全。[①]

（2）网络主权四要素说

网络主权基于网络安全，它包含了逻辑链接、物理终端、用户管理、数据信息四大要素，共同构成了拓扑闭合的学科体系、研究方向、立法体例、网络主权。[②]

（3）网络安全学科模块说

国家新设立的网络安全学科体系应包含五大模块：网络空间安全基础、应用安全、系统安全、网络安全、密码学及应用。[③]

（4）大网络观与网络主权说

网络安全涉及网络空间中的电磁设备、电子信息系统、数据运行、系统应用中的安全问题，涵盖互联网、电信网、广电网、物联网、工控网、在线社交网络、计算系统、通信系统、控制系统在内的数据安全，需要防

[①] 黄海峰：《对话方滨兴院士：网络空间安全不仅是自身平台安全》，《通信世界》2016 年第 9 期，第 14 页。

[②] 赵宏瑞：《浅析"四维总体网络法治观"》，《中国信息安全》2015 年第 7 期，第 43 页。

[③] 吴建平：《超前布局下一代互联网》，《人民日报》2016 年 4 月 1 日。

止技术滥用所引发的安全风险。①

2.网络法治的建立

像中国这样的发展中国家应当仔细盘点本国国情，自主培育出适合本国国情的网络主权理论及政策主张。中国作为网络大国，就是要先提高政策占位、再提出网络主权理念、最终酝酿实现网络主权立法。

（1）"中央网信组"的第一次会议

2014年2月27日，中央网络安全和信息化领导小组组长习近平主持召开该小组的第一次会议并发表重要讲话，他提出：网络安全和信息化是事关国家安全和国家发展、事关广大人民群众工作生活的重大战略问题，要从国际国内大势出发，总体布局，统筹各方，创新发展，努力把我国建设成为网络强国。②

（2）习近平巴西讲话首倡信息主权

2014年7月16日，国家主席习近平在巴西国会发表演讲时指出："虽然互联网具有高度全球化的特征，但每一个国家在信息领域的主权权益都不应受到侵犯，互联网技术再发展也不能侵犯他国的信息主权。在信息领域没有双重标准，各国都有权维护自己的信息安全，不能一个国家安全而其他国家不安全，一部分国家安全而另一部分国家不安全，更不能牺牲别国安全谋求自身所谓绝对安全。"③

（3）习近平乌镇贺词首倡网络主权

2014年11月19日，习近平主席在致首届世界互联网大会开幕的贺词中首次提出："互联网发展对国家主权、安全、发展利益提出了新的挑战""中国愿意同世界各国携手努力，本着相互尊重、相互信任的原则，深化国际合作，尊重网络主权，维护网络安全，共同构建和平、安全、开放、合作的网络空间，建立多边、民主、透明的国际互联网治理体系。"④

（4）尊重网络主权、不搞网络霸权

2015年12月16日，习近平在浙江乌镇出席第二届世界互联网大会开幕式并发表主旨演讲，他进一步阐明了尊重网络主权的政策主张："《联合国宪章》确立的主权平等原则是当代国际关系的基本准则，覆盖国与国

---

① 方滨兴：《网和天下：三网融合理论、实验与信息安全》，北京邮电大学出版社，2010。
② 《中央网络安全和信息化领导小组第一次会议召开》，网信办官网，[N/OL]，http://www.cac.gov.cn/2014-02/27/c_133148354.htm?from=timeline。
③ 习近平：《弘扬传统友好 共谱合作新篇——在巴西国会的演讲》（2014年7月16日），新华网，[N/OL]，http://www.xinhuanet.com/world/2014-07/17/c_1111665403.htm。
④ 习近平：《致首届世界互联网大会贺词全文》，新华网，[N/OL]，http://news.xinhuanet.com/zgjx/2014-11/19/c_133800180.htm，2016-5-23。

交往各个领域，其原则和精神也应该适用于网络空间。我们应该尊重各国自主选择网络发展道路、网络管理模式、互联网公共政策和平等参与国际网络空间治理的权利，不搞网络霸权，不干涉他国内政，不从事、纵容或支持危害他国国家安全的网络活动。"①

（5）《中华人民共和国国家安全法》第二十五条

2015年7月1日生效的《中华人民共和国国家安全法》第二十五条规定：国家建设网络与信息安全保障体系，提升网络与信息安全保护能力，加强网络和信息技术的创新研究和开发应用，实现网络和信息核心技术、关键基础设施和重要领域信息系统及数据的安全可控；加强网络管理，防范、制止和依法惩治网络攻击、网络入侵、网络窃密、散布违法有害信息等网络违法犯罪行为，维护国家网络空间主权、安全和发展利益。

（6）《中华人民共和国网络安全法》出台

2016年11月7日，《中华人民共和国网络安全法》审议发布，于2017年6月1日生效实施。该法第一条开宗明义阐明："为了保障网络安全，维护网络空间主权和国家安全、社会公共利益，保护公民、法人和其他组织的合法权益，促进经济社会信息化健康发展，制定本法。"这是全球首部系统地规制网络主权空间、维护国家网络空间主权的主权类立法。

二、方向与挑战

在"网络主权"方面，中、美、俄等大国已产生了理论认知分歧；在"网络安全"学科创立方面，中国已经与美国齐头并进。如何确定网络主权与网络安全的研究方向这一问题虽无国际共识，但却是未来世界的重要议题。② 如何提炼网络主权的整体认知，提高网络安全的学科范式有效性，则具有领域开创性的学术价值和教学增效型的应用价值。为了深化国家网络安全战略研究，助力完善国家网络安全学科建设，推动引领全球网络共治的正义呼声，深化网络主权的研究具有跨学科、创新性的研究价值和意义。具体而言，网络主权的研究方向应当直面以下的挑战：

1. 网络主权适用界限的国际挑战

电信网络的传统主权界限明晰，早已达成全球共识。然而，计算机网络的跨国发展使得传统主权的边界是否明晰产生了广泛争议。互联网安全

---

① 习近平：《在第二届世界互联网大会开幕式上的讲话》（2015年12月16日，乌镇），新华网，[N/OL]，http://www.xinhuanet.com/politics/2015-12/16/c_1117481089.htm。

② 凯文·凯利，《我有点担心中国找不到方向》，新浪网，[N/OL]，http://tech.sina.com.cn/i/2015-06-16/doc-ifxczyze9639354.shtml，2016-5-24。

是不是非传统安全？互联网有主权还是无主权？人们在这些问题上的认识并不清晰一致。

2. 网络信息跨国流动带来的挑战

2014年2月27日，中共中央总书记、国家主席、中央军委主席、中央网络安全和信息化领导小组组长习近平在其主持召开的该小组第一次会议上强调：网络信息是跨国界流动的，信息流引领技术流、资金流、人才流，信息资源日益成为重要生产要素和社会财富，信息掌握的多寡成为国家软实力和竞争力的重要标志。[1]

3. 互联网发展对国家主权提出挑战

2014年11月19日，习近平主席在致首届世界互联网大会开幕式的贺词中表示："互联网日益成为创新驱动发展的先导力量，深刻改变着人们的生产生活。""同时，互联网发展对国家主权、安全、发展利益提出了新的挑战，迫切需要国际社会认真应对、谋求共治、实现共赢。"[2]

4. 网络与主权能否对接的理论挑战

技术进步改变人类生活，技术发展带来秩序变革。如果说各国存在《联合国宪章》意义上的网络主权，那么各国各区域的顶级域名网址能否做到自主治理？如果说各国并不存在自主平等的网络主权，那么，是什么样的理论能够在传统主权观念之外，平衡与反制技术霸权或者网络霸权？

综上，中国网络发展总体上是立足主权、法治先行。中国网络秩序的建立，是中国特定的国家安全需求的立法延伸，体现了中国维护网络主权、捍卫国家安全的和平主题。

---

[1] 《习近平：努力把我国建设成为网络强国》，人民网，[N/OL]，http://politics.people.com.cn/n/2014/0227/c70731-24486582.html。

[2] 习近平：《致首届世界互联网大会贺词全文》，新华网，[N/OL]，http://news.xinhuanet.com/zgjx/2014-11/19/c_133800180.htm，2016-5-24。

第七章　网络主权法治

网络主权法治，是"主权辖网络"的新实践。没有网络主权理论以前，网络中的平台部分归结于电信法治，网络中的客体部分归类在知识产权和信息法治，网络中的主体与活动主要被民刑法治所管辖。

自从人们意识到网络安全威胁国家安全，需要从主权法治的高度管辖网络秩序的时候，网络主权法治的思想就产生了，并且通过立法确立了。把网络主权作为明确的出发点，各国"主权者"和政府已开始在涉及网络的技术、经济、法治、社会等范畴加快进行了以国家安全为导向的统筹部署，以迎接网络新时代的主权安全挑战。

在国际法层面，当今世界网络治理的法治难度，呈现出了"实力导向"占优、"规则导向"占劣的现实主义和霸权主义局面。拥有200个成员国和地区成员的国际电信联盟（ITU）于2012年12月3日在迪拜召开国际电信世界大会，希望在会上审议并修订1988年《国际电信规则》，并起草一项有关全球电信的具有公认性质的新条约。新条约的草案由于包含了ITU监管互联网的条款，当即遭到美、加、英、澳等20个西方国家的集体反对。美国IT巨头谷歌、思科等公司甚至派员游说，《纽约时报》亦长文评论称"ITU迪拜大会做出的决定很有可能使政府给互联网铐上手铐"。这表明历史常常在认同与共识没有达成时快速演进，认同与共识需要加深正义性前瞻且将在实力均衡时达成。

在科技史层面，互联网与电信网的演进历史明显不同。"电信网先是由各国在国家内部建设，然后由于各国之间具有互联互通的需求，要求各国坐在一起协商互联互通的标准，各的利益在国际共治的环境下进行妥协。而互联网是先在美国运行了一个因特网，然后邀请各国接入，接入国只能遵从发明者制定的标准。美国一开始就回避了与他国政府打交道的路径，而是将因特网从美国军方转交给美国国家自然科学基金会，再由基金会委托科研部门与企业负责建设运行。同时，由美国民间邀请世界各国以民间身份接入到因特网中，从而自始至终表现出没有美国政府干预互联网发展的姿态，一切都是由民间来主导，而话语权则保留在对互联网的发展贡献最大的利益攸关方身上。但是，美国作为互联网的始作俑者，事实上形成了对互联网的客观主导权。"①

第一节　各国概览

20 世纪 90 年代以来，以互联网为代表的信息技术革命及其推动下的全球化浪潮，推动着人类历史迈向一个崭新的阶段———信息时代。②

一、认知概况

各国在网络法治层面，对"网络空间"概念的定义并不十分相同，具体如表 7-1 所示：

表 7-1：各国 / 组织对"网络空间主权"的定义

各国 / 组织的相关法令和战略	网络空间主权定义
美国第 54 号国家安全总统令和第 23 号国土安全总统令	网络空间是各种信息技术基础设施所依赖的网络，信息技术基础设施包括互联网、各种电信网、各种计算机系统、各类关键工业设施中的嵌入式处理器和控制器。
英国政府 2009 网络安全战略	网络空间包括所有形式的网络、数字化活动；包括通过数字网络实施的内容以及活动。
法国 2008 国防与国家安全白皮书	网络空间是由所有网络组成的网络，由于它没有边界而根本上异于实体空间，继续不断地转变和匿名性，使它很难肯定地确定一个攻击者……网络空间已经成为一个新的作战领域，其中军事行动正在发生。
联合国 A/70/174 文件《关于从国际安全的角度看信息和电信领域的发展政府专家组的报告》	国家主权和源自主权的国际规范和原则适用于国家进行的通信技术活动，以及国家在其领土内对通信技术基础设施的管辖权。

关于"网络空间主权"的国际法依据，出自第 68 届联合国大会 A/68/98 文件《关于从国际安全的角度看信息和电信领域发展的政府专家组的报告》第 20 条（第 70 届联合国大会 A/70/174 号文件第 27 条），"国家主权和源自主权的国际规范和原则适用于国家进行的信通技术活动，以及国家在其领土内对信通技术基础设施的管辖权。"对此，各个国家和国

---

① 方滨兴：《论网络空间主权》，科学出版社，2017，第 127 页。
② 郭玉军：《网络社会的国际法律问题研究》，武汉大学出版社，2011，第 14-20、32、38-39 页。

际组织也有着不同程度的解读，例如：美国的《爱国者法案》授权执法部门有权要求美国互联网企业给予情报方面的配合，这就是网络主权的具体表现。联合国信息社会世界高峰会议于 2003 年 12 月 12 日在发布的题为《建设信息社会——新千年的全球性挑战》（WSIS-03/GENEVA/DOC/4-C）的原则宣言中明确："与互联网有关的公共政策问题的决策权是各国的主权。对于与互联网有关的国际公共政策问题，各国拥有权力并负有责任。"并强调"避免将信息通信技术用于与维护国际稳定和安全的宗旨相悖的目的"。联合国 A/70/174 文件进一步明确了主权国家的义务："28（e）各国不得使用代理人利用信息通信技术犯下国际不法行为；(f) 各国必须就按照国际法归咎于他们的国际不法行为履行国际义务。"

关于"互联网共治"，联合国在 A/70/174 文件《关于从国际安全的角度看信息和电信领域的发展政府专家组的报告》中指出："17. 各国应考虑采取更多的建立信任措施，在双边、次区域、区域和多边基础上加强合作。"2014 年 11 月 19 日，习近平向首届世界互联网大会致贺词时指出，"互联网真正让世界变成了地球村，让国际社会越来越成为你中有我、我中有你的命运共同体""互联网发展对国家主权、安全、发展利益提出了新的挑战，迫切需要国际社会认真应对、谋求共治、实现共赢。"[①]

二、法治概述

各国在互联网领域颁布的法律法规如表 7-2 所示：

表 7-2：各国在互联网领域颁布的法律法规

分类	各国颁布的法律法规
第一方面： 危害国家安全、恐怖主义、种族歧视等信息的管理	美国 2001 年《爱国者法案》 欧盟 2003 年《关于将通过计算机系统从事种族歧视和仇外行为犯罪化的附加议定书》 俄罗斯 1991 年《大众传媒法》 法国 2014 年《反恐法》 德国 2017 年《网络执法法》 新加坡 1991 年《互联网实务法则》
第二方面： 网络行为的管理	俄罗斯 2014 年《知名博主新规则法》 俄罗斯 2014 年《Wi-Fi 实名制》法令 韩国 2001 年《信息通信网络促进法》 新加坡 1996 年《网络行为法》 法国 2006 年《信息社会法案》

---

① 习近平：《致首届世界互联网大会贺词全文》，新华网，[N/OL]，http://news.xinhuanet.com/zgjx/2014-11/19/c_133800180.htm，2016-5-24。

分类	各国颁布的法律法规
第三方面： 色情、暴力、恐吓等危害儿童身心健康信息的管理	美国 2001 年《儿童互联网保护法》 美国 2009 年《梅根·梅尔网络欺凌预防法》 法国 2000 年修订《未成年保护法》 德国 2009 年《阻碍网页登录法》 俄罗斯 2010 年《保护青少年免受对其健康和发展有害的信息干扰法》 日本 2008 年《保证青少年安全安心上网环境的整顿法》
第四方面： 打击垃圾邮件	俄罗斯 2003 年《促进信息通信网络利用及信息保护等修正法》生效 美国 2003 年《2003 年反垃圾邮件法》 新加坡 2008 年修订《垃圾邮件控制法》 日本于 2002 年《特定电子邮件法》
第五方面： 禁止网络赌博	澳大利亚 2001 年《互动赌博法》
第六方面： 隐私保护	美国 1986 年《联邦电子通信隐私法》 欧盟 2002 年《关于电子通信领域个人数据处理和隐私保护的指令》 德国 1995 年《联邦数据保护法》 英国 2003 年《隐私和电子通信条例》 韩国 2011 年《个人信息保护法》 日本 2003 年《个人信息保护法》

上述六个方面的网络法治新实践，都归结于国家主权对于网络主体、客体、平台、活动"四要素"的秩序规制。一方面，这仅仅是个开始，各国都在不断深化各自的网络立法；另一方面，各国网络法治呈现各有侧重的本国特色。

第二节　美国体系

美国网络主权法治体系源于国家安全的需要。美国首部《国家安全法》（National Security Act of 1947）制定于 1947 年。二战以后，美国政府反思了战时指挥混乱、安全体制错位、战后对外安全事务激增等状况，时任美国总统杜鲁门及时创立该法，整合了军队、外交、情报三大部类，构成所谓"杜鲁门主义"，与"马歇尔计划"一道，开启了"冷战"，开创了意图增强美国世界领导力的美式"国安"时代。

一、国安法与国安战略

美国《国家安全法》经历了六十余年的演变，加入了以下修正案：《国家安全法修正案》（1949）、《情报人员身份保护法》（1982）、《中央情报局信息法》（1984）、《情报组织法》（1992）、《反情报和安全促进法》（1994）、《情报更新与改革法》（1996）、《反情报促进法》（2002）、《情报改革法》（2004）等。该法已从六章增至十一章。美国现行《国家安全法》采用"一盘棋"（As a Whole）原则，全方位地整合了美国的军事、外交、情报三大资源。

美国总统贝拉克·奥巴马在 2015 年美国《国家安全战略》的"说明"中这样写道：

"美国日益增长的经济实力，是美国国家安全的基础。

美国现在是石油和天然气生产的世界领袖。

美国继续在全球经济中保持科学、技术和创新的领先步伐。

美国拥有一支人类历史上力量、技术、地缘战略影响无与伦比的军队。

美国优化了从欧洲到亚洲的盟国。

暴力极端主义、不断演变的恐怖主义增加了对美国和盟友发动袭击的风险，网络安全面临的挑战也在不断升级，美国必须对这些挑战和其他挑战保持警惕，并认识到唯有美国有能力，来动员和领导国际社会应对这些挑战。

美国是否应该领导从来都不是问题，只是美国将如何领导。

美国的价值观和法治，拥有榜样的力量。

美国将永远捍卫自身利益，并恪守对盟国和伙伴的承诺。

美国保有不可或缺的全球领导地位，这是国民共识。"

二、网络空间安全战略

美国是世界上最早制定网络空间安全战略的国家。2003 年 2 月，美国发布《网络空间国家安全战略》（The National Strategy to Secure Cyberspace），它整合并要求联邦政府、地方政府、民营部门、美国公民协作应对网络空间威胁。2011 年 5 月，美国宣布《网络空间国际战略》，在外交、国防、经济事务中强调网络空间安全的重要性。2011 年 11 月，美国《国防授权法案》确立"一旦美国遭受针对其经济、政府或军事领域重大的网络攻击，美国有权进行军事报复"的国内法原则。

鉴于美国"棱镜计划"（PRISM）于 2013 年 6 月被曝光后，其严重侵犯网民隐私与他国主权的行为招致世界各国对美国网络治理缺乏信任，2014 年 3 月 14 日，美国迫于国际社会压力，由其国家电信和信息管理局出面发表声明，拟移交对互联网名称与数字地址分配机构（ICANN）的监管权，提出将其技术管理职能移交给所谓的"全球互联网社群"，并提出由 ICANN 召开"全球利益攸关者"大会以讨论和决定移交方案，但美国明言不接受国际社会政府间主导的移交方案。

从现行参与 ICANN 内部工作组的人员构成来看，该方案中"利益攸关者"的 75% 来自北美国家，15% 来自欧洲，10% 来自亚非拉国家，这表明美国已经现实地拥有了绝大多数的"利益攸关者"。而美国国内诸如苹果、微软、谷歌、思科、英特尔、亚马逊、推特、脸书等 IT 巨头占据了世界 IT 产业前十名中的大约八个席位，几乎垄断了从网络硬件、操作系统、安全防范，到核心运用的整个"技术链条"，并接受美国国内法的管辖，且被纳入美国《网络安全国家战略》《网络空间国际战略》等网络战略防控体系。

美国有意无意地阻挠国际网络共治，但却一直积极推动其国内的网络法治乃至网络战略的制定，且开启了世界上最早制定网络空间安全战略的先河。

第三节　俄欧体系

一、俄罗斯的总法统筹

俄罗斯的网络安全法治总体上可归结于它独特的"由宪法强调国家安全"的立法模式下。俄罗斯国家安全的"宪法"模式如下：

入宪——1991 年 5 月 24 日，早在苏联解体之前，俄罗斯联邦通过了《关于宪法（基本法）的修改补充》。其中第 9 款加入："俄罗斯苏维埃联邦社会主义共和国总统领导俄罗斯联邦安全会议，其组织结构、职能和运行规则由俄罗斯联邦法律规定。"

总法——1992 年 3 月 5 日，俄罗斯国家杜马通过叶利钦总统与国家杜马共同制定的《俄罗斯联邦安全法》，对"俄罗斯联邦安全会议"（下称"俄安会"）法律地位、职能、权限、程序做出规定。1992 年 6 月 3 日"俄安会"正式成立。

体系——俄罗斯已经形成《宪法》《安全法》《安全会议条例》《安全会议机关条例》《2020 年前安全战略》在内的国家安全法律体系。

俄罗斯对外秉持达成一项国际网络安全公约的立场。联合国框架下的国际电信联盟，一直致力于推动达成一项网络空间全球治理的国际条约。2010 年 7 月，美国、中国和俄罗斯等 15 个联合国成员国签署了一项旨在削减计算机网络风险的条约草案，其中提到，建议联合国起草一份网络空间行为准则。但由于大国之间在条约性质与强制效力上存有不同意见，该条约的谈判进展十分缓慢。例如，俄罗斯希望通过条约防止新一轮的军备竞赛，像防范大规模杀伤性武器扩散那样进行限制和监管；美国则反对设立这样一个限制网络战的联合国机构，希望不要限制其自身的网络技术优势、不希望讨论如何避免遭受网络攻击。

二、欧盟的隐私权立法

隐私权最早是由美国法学家塞缪尔·沃伦（Samuel Warren）和路易斯·布兰代斯（Louis Brandeis）在 1890 年发表于《哈佛法学评论》上的《隐私权》一文提出。作为一项重要的人权内容，隐私权的法律保护很快获得了国际认同，特别是欧洲法学界的认同。

2016 年 4 月 27 日，欧洲议会发布的《在个人数据处理过程中对当事人及此类数据自由流通的保护》（On the Protection of Natural Persons with Regard to the Processing of Personal Data and on the Free Movement of Such Data），是对原 "95/46/EC 指令" 的替代，被称为《一般数据保护条例》①（General Data Protection Regulation，GDPR）。欧盟 28 个成员国将在两年的时间内将 GDPR 条款转置成为本国法律，该条例已于 2018 年 5 月 25 日生效。

欧盟《一般数据保护条例》（GDPR）的总体方向是加强保护个人的数据权利，让欧洲人民在自身数据的使用方式上拥有更大的发言权。条例甚至通过制定详细的管理规范，使其具备在企业内控和合规管理方面的可操作性，适用对象也从欧盟内的企业扩展到向欧盟用户提供互联网和商业服务的所有企业。②GDPR 中的一些关键条款包括：违反数据保护条例处罚最高可达公司全球营业额的 4%——对于谷歌这样的科技巨头而言，一旦受处罚将会是几十亿美元；数据泄露的责任扩大到数据控制方所雇佣和

---

① On the Protection of Natural Persons with Regard to the Processing of Personal Data and on the Free Movement of Such Data, and Repealing Directive 95/46/EC (General Data Protection Regulation),[N/OL] ,http://ec.europa.eu/justice/data-protection/reform/files/regulation_oj_en.pdf, 2016-9-17.

② 方滨兴：《论网络空间主权》，科学出版社，2017，第 283 页。

使用的任意数据处理方——因此也适用于涉及为处理数据而提供某类服务的任意第三方，这种形式在云业务模式中比较普遍；将所谓的"被遗忘权利"写进法律——一旦有人不希望自己的数据由某公司进行处理，并且只要没有保留该数据的合法理由，该数据就必须删除，这对数字化营销有着重大影响；如果公司需要处理大规模敏感数据或收集众多消费者的信息，则要求该公司任命数据保护官，只有数据处理并非其核心业务的中小企业除外；一旦发生严重数据泄露，要求公司或机构在第一时间要通知相关国家监管机构；在父母同意下才允许儿童使用社交媒体，各个成员国可对13～16岁的特定年龄段自行规定；设立数据保护投诉的一站式监管机构，旨在简化企业需遵守的流程；保证个人数据的便携性权利，让他们能够在不同服务间更方便地转移个人数据。

欧盟《一般数据保护条例》规制了40种网络主体，远超中国《网络安全法》规制的28种网络主体。面对欧盟如此复杂严苛的《一般数据保护条例》，当地的电信运营商、网络运营商极易面临巨额罚款。

通过网络"四要素"研究，笔者提出实现"符合法律要求"的M-ICT解决方案，实现信息在"存、识、分、发"全过程的保护，打造"GDPR超级路由器"的法律思路，谨供技术专家参考，期待获得合法的、更优的信息数据合理秩序，在"电信三层"（物理层、数据层、会话层）与"网络七层"（物理层、数据链路层、网络层、传输层、会话层、表示层、应用层）逐步实现数据安全的全覆盖。

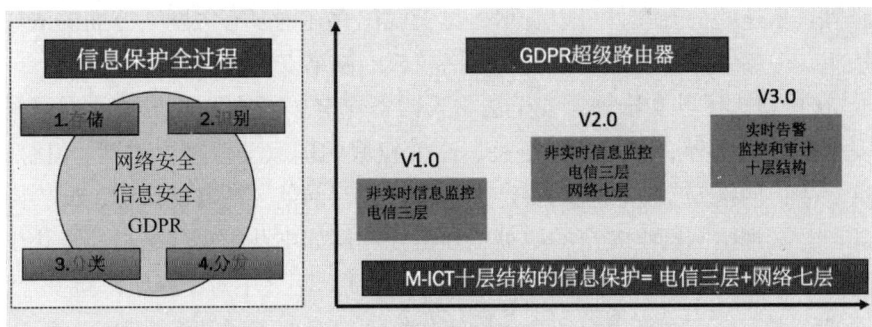

图 7-1："GDPR 超级路由器"的法律思路

第四节　中国体系

相较于美国以众多的规制网络安全的政策性法律文件作为支撑，中国是以 2015 年《中华人民共和国国家安全法》、2015 年《中华人民共和国反恐怖主义法》、2016 年《中华人民共和国网络安全法》、2018 年《中华人民共和国电子商务法》等作为中国的网络法治基础，加之众多的法规规章，共同构成中国特色的网络主权法治体系，以推动实现我国的网络发展，迈向网络强国。

一、《中华人民共和国网络安全法》

在 2016 年《中华人民共和国网络安全法》草案正式通过审议前，中国涉及网络方面的法律主要有《中华人民共和国国家安全法》《中华人民共和国反恐怖主义法》《中华人民共和国著作权法》《中华人民共和国电子签名法》《中华人民共和国刑法》《中华人民共和国刑法修正案（九）》《全国人民代表大会常务委员会关于加强网络信息保护的决定》《全国人民代表大会常务委员会关于维护互联网安全的决定》中有关信息网络的相关规定，其他相关的法规主要包括国务院颁布的《计算机软件保护条例》《计算机信息系统安全保护条例》《计算机信息网络国际联网安全保护管理办法》《信息网络传播权保护条例》等，此外还有很多规章和相关的司法解释等。从这些公开文件可以看出，尽管我国存在诸多有关网络方面的法律法规，但始终缺少一部可以统筹网络主权的网络安全法。

《中华人民共和国国家安全法》第四条规定："坚持中国共产党对国家安全工作的领导，建立集中统一、高效权威的国家安全领导体制。"比照这一条，网络安全立法就需要定义一个"党管网信"的职能结构，即中国共产党管理中国网络安全的中央领导机构（例如中共中央网络与信息化工作领导小组），同时结合网络主权四要素，在立法之中对于网络链接安全、网络终端安全、网络用户安全、网络数据安全全面进行具体规制。

针对"网络主权"的立法与学说很多，曾有学者建议改进 2015 年出台的《中华人民共和国网络安全法》草案，认为它既不应是一部"网络基础设施保障法"，也不应是一部"网络产业促进法"，因为这距离我国网络安全的立法需求还相差甚远。

关于我国的网络主权，在外交、产业、法治等方面均曾存在诸多认知短板，这不仅需要在技术层面上进行概括提升，还需要积极推动方向性的政策共识及学术研究，以明确中国特色的网络空间主权界定。此外，《中华人民共和国网络安全法》还要与中国特色法律体系中的主权法部类、民商法部类、刑事法部类、经济法部类、行政法部类以及社会法部类之间衔接好彼此之间的关系。

在2016年《中华人民共和国网络安全法》正式审议出台后，接续《中华人民共和国国家安全法》第二十五条"维护国家网络空间主权"的规定，中国特色的《中华人民共和国网络安全法》确立了国家网络安全统筹规划、统筹协调、分工协作、兼顾安全与发展利益等原则，与《中华人民共和国国家安全法》《中华人民共和国反恐怖主义法》《中华人民共和国国家情报法》《中华人民共和国国歌法》《中华人民共和国国家勋章和国家荣誉称号法》《中华人民共和国国防交通法》一道，共同构成了中共十八大以来，在主权法部类出台的"七部主权法律"。在这些主权法立法中，《中华人民共和国网络安全法》以其自身的"统筹规划、统筹协调"特色，构建了中国特色的网络主权法律体系。

中国特色的《中华人民共和国网络安全法》在"附则"第七十六条中规定："网络，是指由计算机或者其他信息终端及相关设备组成的按照一定的规则和程序对信息进行收集、存储、传输、交换、处理的系统。"这一定义界定了网络的客体（信息）、平台（由计算机或者其他信息终端及相关设备组成的按照一定的规则和程序的系统）、活动（对信息进行收集、存储、传输、交换、处理）。对于网络主体，其第二条规定："在中华人民共和国境内建设、运营、维护和使用网络，以及网络安全的监督管理，适用本法"，这是通过"主权疆域＋网络活动"的方式间接定义了网络主体。

中国特色网络主体的法律定义除了上述的间接界定，《中华人民共和国网络安全法》还通过全文列举的方式定义了28类网络主体。从产业角度看所规制的28类主体，其中最重要的网络设备供应商（例如华为、中兴通讯）、电信运营商（例如中国移动、中国电信、中国联通）、网络运营商（例如百度、阿里巴巴、腾讯），分别被赋予了网络法治意义上的相应权责。如图7-2所示：

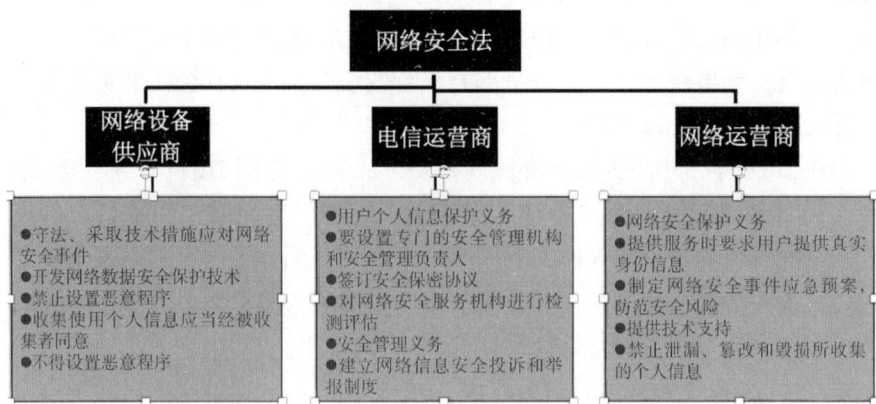

图 7-2:《中华人民共和国网络安全法》规范主体权责

经由《中华人民共和国网络安全法》的实施，我国的网络法治，在国家大力倡导和积极推动下，迅速而广泛地适用于全国经济建设和各项事业中，使人们的生产、工作、学习和生活方式已经开始并将继续发生深刻的变化。它对于加快我国国民经济"互联网+"发展战略、科学技术追求前沿发展的战略，和社会服务信息化、有序化进程，都具有重要作用。同时，该法的实施使得如何保障网络的运行安全和信息安全问题日益引起全社会的普遍关注，对于有效维护我国的网络主权、国家安全、经济社会发展利益，都具有重大的推进作用。

二、网络安全审查

2014 年 5 月 23 日，国家网信办首次对外表示，需要建立国家网络安全审查制度，强化审查那些关系到国家安全和公共利益的重要信息技术产品和服务，有必要倡导经常审查、重点审查、突击审查、前置审查等方法，有必要特别重视网络安全审查作为国家信息安全的第一道防线。

1. 上位法源

关于"安全"，2015 年 7 月 1 日出台的《中华人民共和国国家安全法》是网络安全立法的上位法，其第二条规定了国家安全的定义:指国家政权、主权、统一和领土完整、人民福祉、经济社会可持续发展和国家其他重大利益相对处于没有危险和不受内外威胁的状态，以及保障持续安全状态的能力。

关于"网络"，《中华人民共和国国家安全法》第二十五条规定了"维护国家网络空间主权"原则，这是在我国法律体系之中首次提出"网络空间主权"的法治概念，也是在世界各国中首次将"网络主权"写入法律。《中华人民共和国国家安全法》第五十九条规定，国家建立国家安全审查和监管的制度和机制，对影响或者可能影响国家安全的外商投资、特定物项和关键技术、网络信息技术产品和服务、涉及国家安全事项的建设项目，以及其他重大事项和活动，进行国家安全审查，有效预防和化解国家安全风险。该条还提到了应尽快建立国家安全统筹下的网络安全审查制度。

关于"统筹"，《中华人民共和国国家安全法》是中国特色法律体系中最具"统筹"特色的一部大法。从统筹学的角度看，它整体地规定了国家安全事务的统筹领导机制、统筹范围领域、统筹央地机关、统筹执法体系、统筹法定措施共五大方面的整体统筹。

2015 年 12 月 27 日出台的《中华人民共和国反恐怖主义法》第十九条规定了网络经营者、网络服务提供者应当落实网络安全，网信主管部门对含有恐怖主义的信息应当及时责令删除和关闭。这也是网络安全立法的一个上位法依据。

2. 制度起源

国家安全审查制度起源于 1947 年签订的《关税及贸易总协定》第二十一条"安全例外"[①]。该协定规范了现在占世界贸易额 95% 左右的国际货物与服务的流通秩序。《关税及贸易总协定》第二十一条的规定，指的是主权国家在贸易平等、投资对等等问题上存在立法、法理层面的例外，也即国家安全的例外。相应的，美国采取的反倾销、反补贴等一系列国家安全审查措施，以及美国国家安全委员会的外资审查就具有了一定的例外性和任意性。

中国在实践层面，由国家网信办作为主管部门，曾组织召开多次会议，呼吁网络安全审查制度尽快立法并出台。改革开放四十年来的理论与实践证明，中国无论是在网络安全审查，还是在外资审查上，其法治状况都要比美国文明得多。中国通过依法治国方略，有必要在网络安全审查方面维护网络主权。

---

① 《关税及贸易总协定》第 21 条规定:（1）为了保护国家基本安全利益不能公布的信息;（2）为保护国家安全利益采取必要的行动:以裂变材料或提炼裂变材料的原料，与武器、弹药和作战物资的贸易有关的行动，在战时或国际关系的其他紧急情况下采取的行动;（3）维护国际和平与安全的义务而采取的行动。即在上述情况下，可以采取贸易限制措施，如限制对特定成员的进出口产品、贸易禁运、限制其他成员的进出口，以及解除与其他成员的权利和义务关系。

3. 国际比较

美国的劳伦斯·莱斯格（Lawrence Lessig）是西方重量级思想家中首次提出网络主权的学者，他在其《代码1.0》《思想的未来》《代码2.0》三部著作中对网络主权的深刻阐释，为我国理论研究提供了宝贵的镜鉴。其著作在西方发达国家已成为法学、商学、公共管理学、传播学、政治学和信息科学技术专业的必读书目。莱斯格教授提出网络主权的目的在于否定网络主权，因为美国主张网络霸权、网络自由使用，而非主张网络主权。

2014年10月13日，日本国防卫省国家安全研究所桥本靖明教授（Hasimoto Yasuaki）在一次论及网络立法与非传统安全法治议题的演讲中提出：网络空间的国际治理方案应当强调联合国宪章中的"集体安全"或"集体自卫"。希拉里·克林顿及美国相关媒体在反对联合国国际电信联盟定义网络空间时，强调的理由是"互联网自由"——无论是"集体安全""集体自卫"的老概念，还是"互联网自由"的新概念，这些主张均未明确诉诸网络法治维权的主体准确性与客体准确性。

中国在网络安全审查之中，提出"三步走"战略：网络主权、利益攸关及国际共治。通过完善网络主权的监管架构（包含网络安全审查），各国才能有一个正义的秩序来作为联合国成员平等地参与国际事务，推动《世界网络公约》的建立。因而，国际学术界需要尽快确立"网络用户及网络信息"法定权益的法治学理。中国作为美洲、欧洲、亚洲三大经济体中快速崛起的发展中大国，需要秉承"互联网用户维权与信息维权"的国际立场，发挥自身用户总量与信息总量的优势，利用《中华人民共和国国家安全法》《中华人民共和国网络安全法》等法律在网络空间权属定义的国际博弈中发出正义声音。

综上，国别网络立法，都是在统筹本国主权安全利益与发展利益之上产生和发展的。由于网络天然具有互联性，各国的国别立法趋势，是未来建立世界网络秩序的经验和基础。

第三编　方法论

在卡尔·马克思那里，人类的活动，或称人类的劳动，被划分为四种类型：繁衍子孙的生产、劳动实践的生产、社会关系的生产、储蓄未来的再生产。①

社会关系的生产必须基于网络。网络帮助人类高效构建社会关系，进而帮助人类在劳动实践、繁衍子孙、储蓄未来方面提高科技效用。从主权国家角度看，领土主权、人民主权、政治主权，都有赖于对于网络的统筹。网络天然具有可统筹性。通过网络主权的统筹治理，有利于实现国家治理现代化、掌控第四次技术革命带来的人类文明先进方向。

---

① 〔美〕温迪·林恩·李：《马克思》，陈文庆译，中华书局，2014，第29页。

第八章　网络与秩序统筹

自然法则，是世界上的第一大秩序。自然法则就是自然规律。人类虽然已经发现了一些例如热能转换、能量守恒等规律，但在自然界中仍然还存在大量未知的自然规律。

文明秩序，是世界上的第二大秩序。它是人类基于认知自然规律、发明技术进步进而带来工作生活上的公序良俗。例如，国内法共识（例如中国截至 2017 年底的 242 部法律）和国际法共识（例如当前涉及中国的20000 多部双边条约与 3000 多部诸边、多边国际条约）都是文明秩序，现代国家的文明秩序都是基于国家主权。

网络治理的方法论，到底应遵从自然法则还是文明秩序？在自然法则与文明秩序之间，发生网络技术突变，往往带给人们秩序认知上的错愕与冲突。因此，认知好网络本体、网络要素、网络秩序、网络法治、网络主权，还是要从网络技术突变中细致地找到两大秩序认知冲突的起源。

第一节　节点与自然秩序

自然秩序，是围绕地球存在和运动的一切基本法则，比如运动法则、平衡法则、吸引法则等。自然界是运动的，是平衡的，自然界中个体之间与群体之间是相互吸引并普遍联系的。那么，事物何以联系？所有的联系，都依靠"节点"。网络四要素首先遵从科学规律，自成系统，又含节点。

一、系统中的节点

越是古老的思想，越是简约而明晰。

"山中无老虎，猴子称大王"。那么，猴子何以称大王？因为猴子和老虎，在"山中"这一系统中，都是"节点"。在优胜劣汰的自然界中，占优的"节点"，总是淘汰那些在系统中不占优的"节点"，即"节点"之间构成了优胜劣汰关系。

"节点"，是一个系统中那些为了趋利避害可以相互连接的单个事物。为了更加客观准确地认知自然界中的"节点"，人类曾经发明数字、算盘、几何图表、数学建模、方程公式等方法，用以计算优劣，发现规律。[①]

人们发现"节点"，通过图论（graph theory）、画"箭头图"等方法，便于发现"节点"之间具有不同的连接方式——可以有星形、环形、树形、均匀等简单连接的规则图，也可以有串列、随机、稀疏、失衡等复杂连接的不规则图。

"节点"之间的连接，通常会选择距离最短的方式连接彼此，从而形成"聚集效应"（clustering effect），聚集的中心就成了"中心节点"。

"中心节点"对于其他"节点"而言，具有吸引力。其中的一个原因，是因为它具有"介质"性（betweeness），它的这种性质具有全局变量的价值，能够发挥系统的整体作用和影响力，即具有"山中称大王"的特性。

"非中心节点"在系统中总是能够通过多次连接来找到"中心节点"。例如"六度转发"（six degrees of separation）的信件或邮件总是能在陌生人群中找到目标。[②]如果把这看作是六层连接的系统的话，这便是在系统内部具有六层连接特征的"聚集效应"体系。

随着"新节点"的不断加入或者"老节点"的持续离开，原有的系统动态地体现出持续扩大或缩小的情形。这一动态过程所体现出的，是系统整体的随机性、失衡性、增长性、变动性的秩序趋势。

二、秩序中的权衡

借助自然法则，人们归纳出了人类社会中"公平""和谐""有秩""协调"等早期社会思想。这都是带有系统"整体性"的特征和影子，从中可以梳理出"均衡思想"的演进。系统"整体性"中的"冲突—依存—秩序"演进，以及各种均衡之间的相互摩擦与适应，恰是整体均衡的现实写照。人们往往需要在"两难选择"的系统趋势中进行统筹权衡。

自然法则作为主流哲学思想和社会思潮的基础，常被引伸、类比地认为整个经济社会的发展也如同自然规律一样有一种客观趋势，可以克服人为的干扰，自动地趋于理想状态。人们常常借助自然规律的形式来探究经

---

① 〔美〕达纳·麦肯齐：《无言的宇宙：隐藏在24个数学公式背后的故事》，李永学译，北京联合出版公司，2015。

② 鲍际刚、夏树涛、刘鑫吉：《信息·熵·经济学：人类发展之路》，经济科学出版社，2013。

济社会的规律，并将之视为有力的理性支持和哲学依据。历史上曾有重农学派用"均衡"来表达"建立在自然本身之上的唯一而简单的规律"[①]。这是人们经由认知自然秩序而进行的朴素的历史判断。

1. 系统的权衡

在自然法则中权衡整体秩序的思想被长期忽视了。虽然当代经济学中许多思想都借助"自然主义"的均衡模型来作为自身理论的构造工具（维克赛尔的"自然利息率"、弗里德曼的"自然失业率"），但是，要回答"什么是社会秩序的理想状态""怎样达到和维持这种状态"，探求一种系统秩序的整体性思维就显得尤为重要。这不仅仅是因为"已经发育的身体比身体的细胞更容易研究一些"[②]，更为重要的是，宏观统筹权衡必然需要把系统秩序看作是"相互依赖的一个整体"[③]。

所谓"系统秩序的整体性思维"，并不只是单纯地"从整体出发"，而是一种系统统筹方法论，既要站得高，又要看得远；既要坚持整体对部分的优先性、坚持"中心节点"联系的普遍性，又要能够通过现实案例中的具体权衡来得出科学的结论。自然法则中所蕴含的"系统秩序的整体性思维"在不同时代和社会背景中，还被赋予了不同历史取向的"公平""和谐""有秩""协调"的含义，这些历史取向经过了反复权衡，构成了人类的知识储备，而这些知识储备是构筑更优秀秩序的文明基础。

2. 现实的丛林

丛林法则凸显了自然界中弱肉强食的现实主义。它既源于自然属性，又体现为社会属性。囿于自然界中资源的有限性，只有强者才能获得最多的资源支配权。

丛林法则的自然属性是受限于大自然的客观界限，它不受人性、社会性因素的影响；它的社会属性一般体现在动物界和现实主义氛围下的社会环境中。大到国家间、政权间的竞争，小到企业之间、人与人之间的竞争，往往都呈现出丛林法则的历史宿命。这一宿命的竞争结果，往往就看各自的实力、智慧、手段和统筹权衡的综合实力了。

3. 节点的博弈

考察当今世界秩序的"节点"状况，可以发现它呈现出"丛林法则"占优的秩序现实。从近年联合国"维和军费"和世界各国"海外军费"比较来看，联合国"维和军费"和世界各国"海外军费"大概是不低于

---

① 〔美〕亨利·威廉·斯皮格尔：《经济思想的成长》（上册），中国社会科学出版社，1999。
② 〔德〕马克思、〔德〕恩格斯：《马克思恩格斯全集》（第23卷），人民出版社，1972。
③ 〔瑞典〕维克塞尔：《国民经济学讲义》（前言），上海译文出版社，1983。

1：50 的关系①。综合考察人员对比、军费对比、装备优劣即可发现：1 个维和士兵对应了 5 个海外驻军士兵，70 亿美元 "维和军费" 对应了不低于 3500 亿美元 "海外军费"。1 美元维和士兵的人均军备对应了 10 美元海外驻军士兵的人均装备。即使有了国际公法关于传统安全的维护，至少还有 80% 的海外战斗人员和至少 90% 的海外驻军装备是处于联合国管辖的 "法外之地"。

相对于美国及其盟国常年维持 30 ～ 50 万人规模的海外驻军，联合国维和部队的人数占比明显居劣，显示出现实世界里 "规则导向" 的跨国维和军事行为，远远弱于 "实力导向" 的霸权集团军事干预。联合国 "维和人员" 与没有联合国 "批文" 的霸权集团全部海外 "驻军人数" 大致是 1：5 的关系，这就大致可以看出当前的国际秩序，更多地是由 "丛林法则" 而非由国际公法所辖制的现状。

网络秩序属于世界和平中的 "非传统安全" 范畴，且与传统安全领域糅杂在一起，往往使传统安全力量呈现 "强者愈强" 的局面。根据美国国际战略研究中心（CSIS）公布的 2013 年 "全球军力投放指数"② 来看，英、美、俄、法目前拥有全世界最多的海外驻军和海外基地。若以驻军人数超过 1000 人的海外军事基地计算，英国有 10 个，美国有 8 个，俄罗斯有 3 个，法国有 2 个，合计 23 个。如果把国际公法秩序作为人类共识的自变量，那么，这些国际公法正义之外的 "法外之地"，就构成了当今世界中丛林法则的因变量。这个世界安全吗？联合国 "维和" 部队与海外驻军的对比，反证出了在传统安全的世界和平秩序构建问题上，人类和平道路依然任重道远。③

第二节　结构与社会秩序

节点连接、联系、相邻着节点，构成了结构。结构呈现系统的特征，决定网络的功能。特别是在以人为主体的各类社会系统，或称社会网络中，结构，是关键构件。在人类历史上，社会秩序的嬗变演进过程中，结

---

① 本书关于世界各国 "海外军费" 总额的数据，是包含了北约诸国、美国的亚太盟国、其他大国的海外驻军军费总额，在本文中是按照美国 2015 年度军费预算（4956 亿美元）的 70% 金额大体估算得出。

② 美国国际战略研究中心（CSIS），[N/OL]，http://csis.org/，2016-4-13。

③ 赵宏瑞：《世界文明总量论：中国的文明崛起与国安法治原理》，中国法制出版社，2015，第 200-201 页。

构作为关键构件所发挥出的体制性作用尤为明显。网络结构包含了系统与节点，它首先要遵从社会规律，既有现代性，又承继历史性。

一、结构的模式

结构模式，概括的是系统中各类节点与连接（包括联系与相邻）的运动、变化状态。在人类科技史中的另一个分支理论里，它等同于"幂律分布"对于系统的状态描述。

1. 幂律分布

中心节点在系统中呈现出权力特性，即具有"幂律"（Power Laws）特征。幂律的定义是系统中各个节点乘以其连接的乘积的总和，系统幂律等于节点总数与连接总数的乘积，即"系统幂律 = 节点数 × 连接数"。这个定值体现的是系统内部幂律分布的几何总量，比如，一个系统之中，有10000 个连接的"大节点"10 个，有 1000 个连接的"中节点"100 个，100 个连接的"小节点"有 1000 个，它们在对数坐标上将呈现出一条斜度向下的过渡线，如图 8-1 所示。

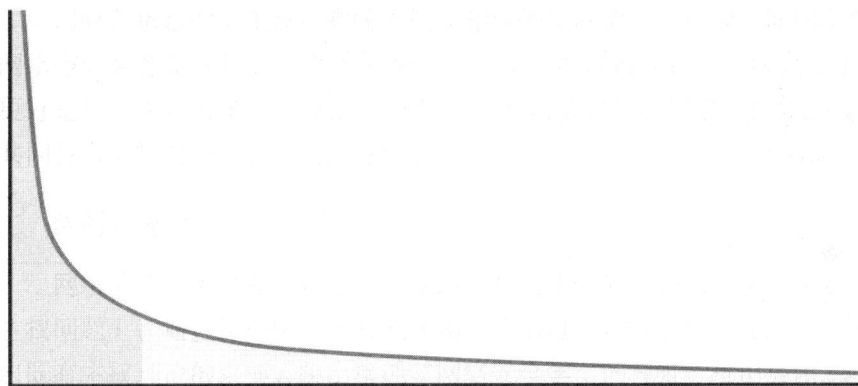

图 8-1：系统幂律及其分布图

幂律分布，揭示了系统结构与网络功能。

经济社会活动，常常呈现幂律分布的样貌。19 世纪意大利经济学家帕累托（Pareto）研究发现，少数人的收入要远多于多数人的收入，他提出 80/20 法则，即 20% 的人口占据了 80% 的社会财富，即"帕累托定律"（个人收入 × 占比概率与该概率的"常数次幂"存在反比关系），描述了财富在社会个体中的分布样态。

语言社会生活，也存在幂律分布的特征。1932 年美国哈佛大学语言学家齐普夫（Zipf）在研究英文单词出现的频率时发现了"齐普夫定律"

（在单词频率的分布中，单词频率与其名次的"常数次幂"存在反比关系），即只有极少数的单词被经常使用，而绝大多数单词很少被使用。

网络社会结构，同样存在着幂律分布的结构模式。节点、连接、概率、频率、规模、热度在数学上的关系，都构成了网络系统的结构特征。"帕累托定律"与"齐普夫定律"所反映出的结构规律同样会映射到网络世界，都体现出以人为中心的幂律分布的结构模式与特征。

网络空间幂律分布呈现"热度""密度"的结构特征。幂律分布的图示斜率，为幂指数的负数直线或曲线。这一线性的斜度揭示了系统中节点"热度"或连接"聚集"的程度。幂律分布的图示斜率，在网络系统中可以细分为网络主体（作为"节点"的人或其设定映射软件或硬件的"节点"总量）、网络客体（完成信息处理或系统内全部计算机文件制作的信息总量）、网络平台（全部网络终端设备的物质连接总量）、网络活动（作为网络"节点"人的网上通信时间总量）"四维"复杂的幂律分布。网络"四要素"幂律分布的综合斜率，量化呈现出网络系统的结构特征。

"无标度现象"，是统计物理学家把服从幂律分布的随机现象表述出的另一个替代解释。世界上凡是有生命、有进化、有竞争的系统领域，其系统或领域中的节点特征往往各不相同、相差悬殊，往往是缺乏最优的幂律分布的规模或模型，因而就呈现出了幂律分布的随机性。换言之，世界上的各种系统，都会呈现出不同程度的"无标度现象"。

节点权力、幂律分布、无标度现象，在人类社会秩序的历史长河中，常常是社会秩序的结构性特征。网络社会的结构模式，正在强化这些特征。

2. 社会结构

网络时代赋予社会结构中"节点"的幂律分布以更强的联系。人类文明结晶出来的主要社会模式，基于网络时代普遍联系的深化，将加速各自的发展与彼此的融合演进。

（1）契约社会

契约社会，是西方中世纪瓦解封建神权制度、建立近代资本主义国家而兴起的一种政治理论。这一理论的社会结构或变革是基于"社会契约"的思想。它不仅在 17、18 世纪西方政治思想史中占据着统治地位，而且对于现代西方国家建立、法治运行、政府组织、社会功能分解都具有重要的奠基性作用。①

---

① 洪小兵：《马克思对社会契约论的批判及其现实意义》，《武汉大学学报（人文科学版）》2009 年第 1 期，第 11-16 页。

社会契约理论设定"自然状态"来描述社会契约的产生条件，并把"自然状态"中的个人当作政治秩序的出发点。霍布斯作为社会契约论的首创者，正是从这样的"个人"出发来论证国家起源与政治权威的合法性。他认为，虽然自然状态中的个人具有平等的地位，但这种人人平等的地位反而导致了一种"一切人反对一切人"的丛林状态。为了摆脱这种"单纯的天性使人实际处在的恶劣状态"，人们就需要以社会契约的方式建立国家，并把大家所有的权利赋予"主权者"，而"主权者"首要的任务则是捍卫人民生命，"对内谋求和平，对外互相帮助抗御外敌"。①

英国的洛克也认为政治秩序的权威来自社会契约。他指出一个国家的建立必须经过全体人们的同意，国家或政府的职责是保障公共利益、保护个人权利、保全私有财产，即"人们联合成为国家和置身于政府之下的重大的和主要的目的，是保护他们的财产"。② 但是，他认为个人让渡给国家的权利绝非全部的自然权利，个人的生命、自由、财产是不可剥夺的天赋权利，且是政府权力的最远边界。

法国的卢梭指出，如果社会契约不是内在地把个人的意志结合在一起，而是借助于外部的物质力量迫使个人联合起来，那是荒谬的、不合理的。只有当个人自觉地使自己服从于权力，而不是权力强使个人服从时，权力才具备道德价值和合法性基础。他认为，社会契约所要解决的根本问题就是"要寻找一种结合的形式，使它能以全部共同的力量相互联合来维护和保障每个结合者的人身和财富，并且由于这一结合而使得每一个与全体相联合的个人只不过在服从本人，并且仍然像以往一样地自由"。③

德国的康德认为，社会契约是一个"理性的观念"。在原始契约中达成协议是以签约各方的某些法律属性为基础的，这些法律属性包括作为人的每一个社会成员的自由、作为臣民的每一个成员与其他成员的平等、作为公民的每一个共同体成员的独立，而这些东西是任何道德行动者都应该具有的先验原则。④

概言之，社会契约论是从个人"节点"出发来合理地组织社会结构，这在当时的历史背景下是西欧国家为反抗神权、赢得资产阶级革命、建立并维护资本主义政权而阐发的西方特色主权基础理论。

---

① 〔英〕霍布斯：《利维坦》，黎思复、黎廷弼译，商务印书馆，1985，第132页。
② 〔英〕洛克：《政府论》（下篇），叶启芳、瞿菊农译，商务印书馆，1964，第77页。
③ 〔法〕卢梭：《社会契约论》，何兆武译，商务印书馆，1982，第19页。
④ 〔德〕康德：《历史理性批判文集》，何兆武译，商务印书馆，1990，第180-190页。

（2）民主共和

亚里士多德说："民主，是掌握在没有高贵出身、境况贫困和从事机械劳动的人手中的政府。"①

孟德斯鸠说："爱民主政治，就是爱平等；爱民主政治，也就是爱俭朴。"②

"共和"，早在古罗马时代就相关联于民主，是欧洲政治家和法学家所认同的民主政权组织形式。他们认为"共和主义"可以使得各类社会政治资源得以充分利用。民主是人民当家做主，共和是主权的政权组织结构，民主共和是欧洲近现代学者们所推崇的主流政治秩序。

在当代的欧洲，民主共和的政治秩序已经变成了"一种宗教，一种政府形式，一种哲学，一种生活方式"③。即使是在面对当前"欧债危机"、经济滞胀的时刻，仍有欧洲学者提出采用"政治再共和""文艺再复兴"的方式，来走出欧洲面临的现实困境。

（3）协商专政

所谓协商，在《中华人民共和国宪法》序言中指出：中国共产党领导下的多党合作和政治协商制度是中国特色的协商专政的政治秩序，它将长期存在和发展。全国各族人民、一切国家机关和武装力量、各政党和各社会团体、各企业事业组织，都必须以宪法为根本的活动准则，并且负有维护宪法尊严、保证宪法实施的职责。

所谓专政，即人民民主专政理论，它是毛泽东思想的重要组成部分，是马克思列宁主义关于无产阶级专政理论和中国革命、建设、发展具体实践相结合的产物，是马克思列宁主义国家学说在中国的创造性运用。它是中国共产党第一代中央领导集体为当代中国奠定的根本政治秩序。④

马克思、恩格斯论述无产阶级专政的历史任务是：镇压剥削阶级的反抗，巩固工人阶级和广大人民当家做主的地位；废除资本主义私有制，建立生产资料公有制，消灭剥削制度和剥削阶级，解放和发展生产力；组织农民合作社，把农民吸引到社会主义方面来；改造与私有制相适应的一切经济关系和一切社会关系，进而改造人的传统观念。无论是进行无产阶级革命还是建立并实行无产阶级专政，都必须要有无产阶级政党的正确

---

① Aristotle, *Politics a Treatise on Government* (Book Jungle, 2008),p.41.
② 〔法〕孟德斯鸠：《论法的精神》（上卷），张雁深译，商务印书馆，1987，第57页。
③ 〔意〕马斯泰罗内：《欧洲民主史》，黄华光译，社会科学文献出版社，1988，前言。
④ 张巨成：《人民民主专政理论的历史稽考和当代价值阐释》，《马克思主义研究》2014年第9期，第83页。

领导。①

1982年《中华人民共和国宪法》序言明确宣告："工人阶级领导的、以工农联盟为基础的人民民主专政，实质上即无产阶级专政"；宪法的第一条规定："中华人民共和国是工人阶级领导的、以工农联盟为基础的人民民主专政的社会主义国家。"

1956年4月5日《人民日报》发表《关于无产阶级专政的历史经验》一文，首次指出："无产阶级的专政和以前任何剥削阶级的专政，在性质上根本不同。它是被剥削阶级的专政，是多数人对少数人的专政，是为着创造没有剥削、没有贫困的社会主义社会的专政，是人类历史上最进步的也是最后一次的专政。"

无产阶级专政与人民民主专政，其政治含义是相同的。毛泽东在1956年4月25日《论十大关系》中谈到国家政权时，使用的是"无产阶级专政"提法。邓小平在1979年3月提出"坚持四项基本原则"第二条时使用的也是"无产阶级专政"的提法②。中国共产党在十二大、十三大、十四大、十五大、十六大、十七大、十八大通过的章程中使用"人民民主专政"的提法。③

二、结构的均衡

从世界政治秩序来看，政治结构并非处于一成不变的静态过程，而是充满了转折、博弈、对抗、均衡。所谓世界和平，就是世界政治的动态均衡。

美国前国务卿基辛格博士在《世界秩序》一书中指出，世界秩序虽是西方一手建立的、并声称全球适用，但"正处在一个转折点上"。他进而提出"均势、权力、正当性三位一体"，可以作为世界秩序的理论内核。④

2015年9月底，中国国家主席习近平访问西雅图时会晤了基辛格，并在出席当地政府和美国友好团体联合举行的欢迎宴会发表的演讲中引用了基辛格《世界秩序》书中的话："评判每一代人时，要看他们是否正视

① 赵曜、工伟光等：《马克思列宁主义基本问题》，中共中央党校出版社，2001，第162-163页。
② 邓小平：《邓小平文选》（第2卷），人民出版社，1994，第168页。
③ 张巨成：《人民民主专政理论的历史稽考和当代价值阐释》，《马克思主义研究》2014年第9期，第88页。
④〔美〕亨利·基辛格：《世界秩序》，中信出版社，2015，第69页。

了人类社会最宏大和最重要的问题。"①

1. 欧洲"均势"下的战争与和平

近 400 年前，"国际法之父"荷兰人胡果·格劳秀斯就率先探讨了国家间战争与和平问题，并于 1625 年发表《战争与和平法》。他指出，国际公法产生以前，如果国家双方实力确实平等且对和平充满信心，则会签订和约；如果一方强大，且喜不自胜，"和平也是一种更保险的权益，胜过最大限度的成功"。②格劳秀斯的和平签约法治思想直接支撑了欧洲特色的"均势"（equilibrium）政治秩序，即欧洲只有达成大国权力均衡，才能构成欧洲国际政治的稳定结构。

2. 美国自诩"领导世界"的战略

美国国内政治秩序的特色是"分权制衡"。1787 年《美国宪法》确立"三权分立""分权制衡"的政治秩序有其历史国情。美国后辈政治家和学者直到现在都还在反思和质疑这一秩序，例如威尔逊总统和佛朗西斯·福山教授都认为"分权制衡"下政治秩序的最大缺陷在于：多重权威，责任混淆，否决至上，效率低下。③

70 多年前，《联合国宪章》的制定和联合国的诞生，是战后规划世界和平体制的一项重大成就。它设置了联合国安全理事会（简称"安理会"）和五大常任理事国，塑造出了"均势 + 制衡"的世界政治新秩序。它规定了联合国安理会是唯一有权决策采取行动维护世界和平的联合国机构，同时赋予了安理会理事国以投票权、五大常任理事国以否决权，确立了集体决策与大国否决相结合的世界秩序。

70 多年来，国际社会与联合国 196 个会员国的国际政治秩序实践证明：安理会的否决权机制是世界政治的历史创新。二战的产生，宣告了一战后国际联盟（简称"国联"）一直坚持的"全体一致"世界政治秩序的彻底失败。二战后"大国一致"的政治秩序取代了"全体一致"的"国联"原则，世界和平的"大国道义"实践被全世界认同为和平的保证。实践证

---

① 习近平：《在华盛顿州当地政府和美国友好团体联合欢迎宴会上的演讲》（2015 年 9 月 22 日，西雅图），[N/OL]，http://www.xinhuanet.com//world/2015-09/23/c_1116656143.htm。

② 〔荷〕胡果·格劳秀斯：《战争与和平法》，何勤华等译，上海人民出版社，2013，第 358 页。

③ 美国前总统威尔逊在《国会政府》报告中指出："就目前的美国联邦政府而言，它因为分权而缺少力量，因为多重权威而行动迟缓，因为程序纷繁而举步维艰，因为责任不清、行动缺乏方向性而效率低下……"。而当代著名的美国政治学者佛朗西斯·福山也在美国 2014 年《外交》双月刊 9/10 月号上发表《衰败的美利坚——政治制度失灵的根源》一文，仔细剖析了美国当代政治制度的诸多流弊，"美国的政治制度逐渐衰败，因为其传统的制衡体系愈发强化并日益僵化"，并在该文结尾处感叹改革无望、"死路一条"。

明，这对消弭地区危机、消除发生世界大战的危险起到了极大的推动作用，体现了人类千百年来所希望建立的稳定国际和平体制。

在"冷战"结束后的近30年里，美国自诩这是其"领导世界"的单极霸权时代。美国依照其1947年《国家安全法》并在其历届总统的《国家安全战略》报告中，都自诩有义务和责任"领导世界"。美国是通过"两洋战略"来主导全球治理的，即在大西洋方向通过结盟"北约集团"来遏制俄罗斯、控制中东资源，同时在太平洋方向通过盟国实行所谓"亚太再平衡"战略、来抵消中国崛起和俄罗斯东面的威胁。[①]

自古以来，世界秩序仿佛一直是被一只"无形的手"在统筹着的。它的秩序结构，很长时间内主要取决于地缘关系。

无论是二战前欧洲的"均势"政治秩序、还是二战后美国自诩"领导世界"的两洋战略，世界政治的百年风云表明：世界政治结构处于动态演变的过程中，这一政治结构既含有《联合国宪章》法治导向的秩序，又含有更为浓重的霸权主义权力导向的秩序，这些秩序都表明世界的秩序结构，既非完全的法治均衡、亦非彻底的无序均衡。

从今以后，全球互联网作为人类的新工具，将不断深化自身功能，将越来越影响世界秩序的新趋势。

第三节　功能与网络秩序

节点、结构，赋予系统以本体性的功能。本体性功能自身拥有着优化演进目标。就优胜劣汰、权衡取舍而言，这一秩序优化目标首先是安全、有序，其次是"多、快、好、省"的效率与公平。网络功能的泛化，已经超越了发明时的初衷，逐渐聚焦于安全、高效、正义。

一、安全有序

任何幂律分布的系统本体，其首要的功能需求是越稳定越好、越安全越好、发展越壮大越好。系统稳定、效率提升、过程经济，是幂律分布系统的数学"最优解"。[②]

---

① 〔美〕阿文德·萨勃拉曼尼亚：《大预测：未来20年，中国怎么样，美国又如何？》，倪颖、曹槟译，中信出版社，2012，第236页。

② 夏树涛、鲍际刚、刘鑫吉：《熵控网络——信息论经济学》，经济科学出版社，2015，第14页。

如何衡量并实现幂律分布系统得以做到安全有序的数学"最优解"？这需要分解测定系统本体在空间、时间、能量、物质、信息五个维度上的量化指标，并基于同样量化测定的历史指标来做出最优判断。

要打造"和平"的网络空间，要防止信息技术被用于与维护国际安全和稳定相悖的目的，要共同抵制网络空间军备竞赛、防范网络空间冲突，和平利用网络空间以符合人类的共同利益，就需要一只强有力的网络军队，以有效遏制信息技术的滥用，有效防范网络空间的冲突，有效维护《联合国宪章》确立的世界和平秩序与主权平等原则。

一个和平发展的网络空间，对各国乃至世界都具有重大意义。网络空间不应成为各国角力的战场，更不能成为违法犯罪的温床。各国应该共同努力，有效控制、防范和反对利用网络空间进行的恐怖、淫秽、贩毒、洗钱、赌博等犯罪活动。不论是商业窃密，还是对政府网络发起黑客攻击，都应该根据相关法律和国际公约予以坚决打击。

网络边防，是指在网络空间的国家边界上为保卫国家政治、军事、经济、文化利益所采取的一整套网络防御与攻击反制措施。网络空间是国家主权的新疆域，在网络主权概念被国际社会普遍接受的情况下，网络主权保障能力就成为国家实现有效主权管辖的关键。主权有疆域，有疆必设防。军民共筑网络边防，既是我国当前网络空间主权保障的迫切任务，也是长期维护网络主权的基石。

从世界网络主权保障的实践来看，走军民融合的发展道路是建设网络空间主权保障力量的必经之路。[1] 以美国为例，2009 年 6 月，美国正式成立网络战司令部[2]，统一指挥美军的网络战行动，启动"国家网络靶场"项目。截至 2011 年，美军已研制出两千种以上的网络攻击武器[3]，网络战部队人数达近 10 万人之多[4]，网络战专家就有三到五千人[5]。"棱镜门"曝光后，美军参谋长联席会议主席马丁·登普西（Martin Dempsey）表示，为强化美国对网络攻击的防御能力，计划把网络战司令部在今后四年扩编至

---

① 方滨兴:《论网络空间主权》，科学出版社，2017，第 422-423 页。

② United States Cyber Command, [N/OL] , https://en.wikipedia.org/wiki/United_States_Cyber_Command, 2016-10-1.

③ 《美军加强网络战能力，已研制出 2000 多种病毒武器》，[N/OL] , http://www.china.com.cn/military/txt/2009-06/03/ content_17881319.htm，2016-10-5。

④ 《网络空间已成美军新战场，10 万黑客部队世界最强》，[N/OL] , http://www.china.com.cn/military/2013-03/ 06/content_ 28150970.htm，2016-10-5。

⑤ 《美军网络部队，相当于七个 101 空降师》，[N/OL] , http://news.xinhuanet.com/mil/2013-08/11/c_125148975.htm，2016-10-5。

四千人，为此将投入 230 亿美元 ①。美国国防部在 2011 年《网络空间行动战略》中把网络明确列为继海、陆、空、天之后的"第五战场"，表示将对严重网络攻击行为采取军事行动。美国还持续开展了由国土安全部主导的"网络风暴" ②（Cyber Storm）和由中央情报局主导的"寂静的地平线" ③（Silent Horizon）等网络战演习。

二、多、快、好、省

多。就网络系统而言，系统内节点多、中心节点多、高影响力节点多，是网络主体丰富、功能强大、发展迅猛、有序进步的基础特征。

快。网络主体之间的连接速度快、距离近、层级少、连接稳定性好，是发挥网络系统功能的又一基本特征。

好。网络结构设计好，质密而高效，是网络发挥功能优势的科技基础。反之，例如星形网络的中心节点太过脆弱，目前发展的分布式区块链技术即是网络结构优化设计的良好方向之一。

省。网络系统的建设既要达到功能最优，又要兼顾投资成本边际效应的节省。例如，过快的连接、过多的主体身份、过于密集的设备站点建设，都可能因为不经济而导致系统运行的失败。

打造"安全"的网络空间，要有效控制网络空间安全风险，要做到国家网络安全保障体系健全完善，核心技术装备安全可控，网络和信息系统运行稳定可靠，网络整体实现"多、快、好、省"的发展势头。然而，目前我国是信息技术的进口大国，这与网络霸权国家之间形成了"技术不对称"。信息通信技术（ICT）水平的高低决定了网络主权的维护能力。因此，扭转这种"技术不对称"，就必须加强自主技术的能力建设，积极发展基础技术、通用技术、颠覆性技术，在核心软硬件自主可控开发能力、网络空间防御体系自主构建能力两个方面下大力气。进行"多、快、好、省"的持续建设。

在核心软硬件自主研发方面，要尽快在核心技术上取得突破，就要稳妥、超前地研究制定出国家信息领域核心技术设备的发展战略，掌握竞争和发展的主动权。核心软硬件的开发关乎关键信息基础设施研发能力建设。

① 《网络不应成为美国霸权新工具》，[N/OL]，http://www.qstheory.cn/zxdk/2013/201315/201307/t20130729_253893.htm，2016-10-5。

② Cyber Storm: Securing Cyber Space, [N/OL]，https://www.dhs.gov/cyber-storm, 2016-10-5.

③ CIA's "Silent Horizon" Internet War Games,[N/OL],http://usatoday30.usatoday.com/tech/news/techpolicy/2005-05- 26-cia-wargames_x.htm, 2016-10-5.

关键信息基础设施包括 CPU、操作系统、工控设备、域名系统、大型数据库等，是捍卫国家网络主权的基石。因此，有必要加大国产 CPU、操作系统、工控系统的研发力度，以需求带动市场，以市场带动自主创新，逐步提升我国关键基础设施的自主研发能力。

在网络防御体系建设方面，需要战略支援部队、中央网信办、工信部、公安部、安全部等重点部门齐抓共管，调动国内安全企业和互联网企业的积极性，实现军地协防。要制定国家网络空间防御体系发展战略，更多地利用标准规范网络空间的行为；要做好等级保护、风险评估、漏洞发现等基础性工作，完善网络安全监测预警和网络安全重大事件应急处置机制。同时，有必要抓紧形成强大的网络技术侦查能力，需要大力建设国家情报分析、网络大数据分析、网络空间地址溯源等技术平台[1]，不断地提高网络空间安全的管理能力、法治能力。

第四节　网络与秩序统筹

当把主权作为研究对象的时候，在学术上就必须构筑统筹者的视角。站在统筹者视角上看待网络主权，既须有将中心节点、网络结构、本体功能看作是三位一体的网络观，更须有将信息论、控制论、系统论看作是三位一体的统筹观。因为网络技术天然具有互联性，所以网络治理自然需有统筹性。网络秩序统筹既要基于历史智慧，又要进行现实抉择，才能把自然法则与文明秩序良好地结合在一起。

一、历史的智慧

交换、交流、合作的机制，是人类结成社会网络、创造价值的基础。即使对于最伟大的个人而言，"使各种职业家的才能，形成极显著的差异的，是交换的倾向；使这种差异成为有用的，也是这个倾向"[2]。在东西方地缘版图上，各国历史都或多或少地蕴含了联合、联结、联动的统筹思想与智慧。

1."合纵"与"连横"：中国秦朝的崛起与新国家建构的胜利

中国古代战国七雄并立的格局被打破后，纵横家作为该历史阶段产生的一个特殊群体，在当时的军事外交活动中扮演了重要角色。他们提出了

---

① 方滨兴：《论网络空间主权》，科学出版社，2017，第 419—421 页。
② 〔英〕亚当·斯密：《国富论》（上卷），商务印书馆，2015，第 14 页。

许多军事谋略、权变艺术，具有深邃性、哲理性、实用性等特点①，体现了中华民族特有的历史性统筹智慧。

诸侯谋秦，"合纵缔交，相与为一"，四君子"约纵离衡"，《过秦论》道出了战国纷繁的外交和军事策略，即"合纵"（vertical）与"连横"（horizontal）的统筹博弈战略。

"合纵"就是联合弱国共同抵抗强国的策略，谋划者为苏秦，他提出了"合纵"六国抗秦的战略思想。"连横"就是强国联合弱国、制衡第三国，献策者张仪，他提出了强秦联弱、各个击破的博弈战略。

合纵连横，是战国时代形势使然，也是由不同国家的实力地位所决定的。到了中国的近现代，"合纵连横"的战略思想仍被重视并广泛运用。尽管目的不再是谋求"霸业"，但在反霸斗争中却发挥了重要作用。例如"合众弱以攻一强"的"合纵"战略、"三个世界"的理论，就是中国古代智慧的一种新发展。②

中国历史上秦朝的崛起与胜利，是"连横"战胜了"合纵"。秦朝最终实现了"车同轨、书同文"的大一统。

选择"合纵"还是"连横"？这的确是历史智慧。这种智慧，只能归结为进行了科学的局势判断，做出了有效统筹全部资源的正确抉择。

2. 同盟与轴心：两次世界大战与联合国安理会否决机制

基辛格在《世界秩序》中指出，国际秩序迟早面临两种挑战：要么重新界定合法性，要么"均势"（equilibrium）发生重大变化。从第一次世界大战中的同盟国与协约国，到第二次世界大战中的轴心国与同盟国，中、美、俄等大国或欧洲这样的大型经济体现已成为世界"均势"的枢纽，而二战胜利果实的联合国代表了世界秩序的合法性。

联合国自成立至今已历经 70 多个春秋，是目前世界上最重要、最普遍的政府间国际组织。作为战后捍卫世界和平的最高权力机构，联合国在全球治理中是通过其安理会的否决权机制来具体决定世界和平问题的。

联合国安理会决议是全球治理之中决定战争与和平问题的唯一合法程序。在联合国，安理会由包含五个常任理事国在内的共十五个理事国组成。该五个常任理事国历史性地成了表达世界和平问题上各自实力与意见的"均势"型成员，并受到了《联合国宪章》（下称《宪章》）的法定保护。在实践中，五大常任理事国可以运用否决权阻止那些不利于其本国利益和

---

① 周书灿：《合纵连横：战国中期的军事外交论纲》，《宁波大学学报（人文科学版）》2012年第6期，第68页。

② 刘玉清：《古之"合纵"与"连横"》，《新课程（上）》2012年第8期，第106页。

理念的安理会决议的最终生效。

否决权机制，属于集体表决机制，而非霸权、独裁的绝对统治权体现。在人类决策表决机制中，从民主的提议权、到霸权或独裁的决定权的逐渐递进，可以看到否决权是比霸权或者独裁更加文明的一种决策机制。安理会决策投票的核心机制，就是否决权机制。①穷尽《宪章》中有关否决权的条款可以发现：《宪章》第23条规定了中国、美国、俄罗斯、英国、法国这五大常任理事国是行使否决权的主体；《宪章》第27条赋予了五大常任理事国的投票权有一票压倒多数票的法律效果。对于有关程序性事项决议的表决，《宪章》采取的是理事国中有九个同意票即可通过；而对于实质性事项决议的表决，则要求五大国"全体一致"同意，且包括五大国在内至少有九个理事国投赞成票才可以通过，这又被称为"大国一致原则"；反之，则体现了任何一个常任理事国都享有否决权（Veto）的特权。《宪章》第108～110条规定：五大国对于《宪章》的生效及其修正案的生效也都可以行使否决权。

对于世界和平或平息冲突的决策往往需要最为迅速的表决。同时，横跨世界亚、美、欧三大洲的地缘区域安全，也必须征得区域大国也就是"五大国"的一致同意。中国著名国际法学家梁西先生提出了安理会常任理事国否决权的"三脚架"原理："这三组条文相互为用，像一个'三脚架'一样支撑着整个的联合国体制。"②这一"三脚架"体现了世界和平体制的原则性、灵活性、效率性，也说明在联合国全球治理系统运行中否决权机制有着独特的、历史形成的、不可或缺的全球共识基础。

2015年11月14日，法国巴黎发生了一系列恐怖袭击案件③；同年11月18日，法国时任总统奥朗德呼吁尽快召开联合国安理会会议、打击恐怖组织。该提议将打击极端暴恐主义（法国称之为"战争"），首次上升到联合国安理会的议题层面，展示了联合国安理会"五常否决机制"将在更大层面上决策全球反恐与维和的新趋势。两天后，联合国安理会15票全票通过该决议。截至2015年12月3日，安理会五大常任理事国中的四国（俄、美、英、法）先后投入了针对伊斯兰国（Islamic State，IS）极端暴恐主义的军事行动。

据官方数据显示，至2012年底，五大常任理事国共行使了270多次否决权。其中，俄罗斯（含苏联）共行使过129次否决权，其中与中国联

① 史哲：《安理会否决权——"权力政治"的影像》，《欧洲》2002年第6期，第37页。
② 梁西：《梁著国际组织法》，杨泽伟修订，武汉大学出版社，2011，第147页。
③ 马尧：《法国再次遭受重创，欧洲反恐战争远未结束》，《世界博览》2015年第23期。

手行使过 6 次，这其中也体现了中俄两国受国家利益的驱使，尽力去阻止国际上不负责任的政策发生，以共同维护世界和平与安全；美国共使用过 78 次；英国共使用过 32 次，其中与美国联手高达 22 次；法国使用了 18 次，其中与美、英联手 13 次。中华人民共和国在 1971 年恢复联合国合法席位后，共使用了 9 次否决权。中国是维和派兵最多的国家，但却是当前常任理事国中对否决权的使用次数最少的国家。

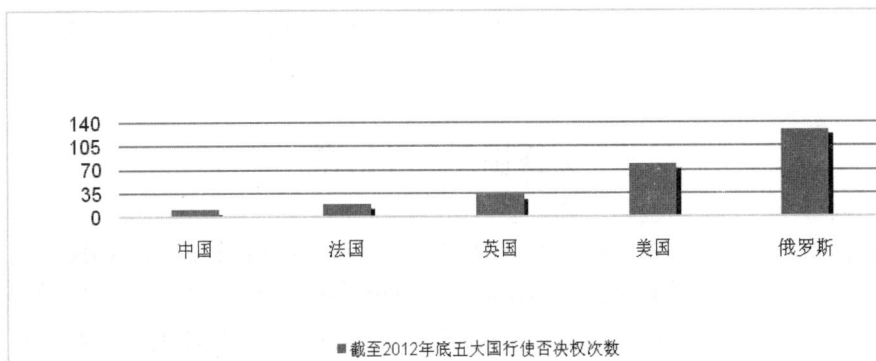

图 8-2：截至 2012 年底常任理事国行使否决权次数概览

五大常任理事国的否决权，虽然是为维护世界和平而设，但各个国家之间相互牵制，联合国多边舞台常常成为实现其国家利益和国家目标的工具①。中国在历史上行使否决权次数之少，体现了中国尊重维护世界和平的主流意愿，也因为中国在国际政治交往中始终坚持独立自主性和大国负责性，秉持国际道义。但随着中国的文明崛起，中国近期行使否决权的次数逐渐攀升，表明了中国参与塑造世界秩序的国际话语权也逐渐清晰、从容。中国当前派出联合国维和士兵人数之多，展现了中国实实在在地为依法践行世界和平意愿所做出的最大努力。

二、现实的抉择

1. 跟跑并跑

互联网发端于美国，普及于世界。美国很自然地将霸权思维带入互联网世界，并将之进一步强化。其主要表现是，美国以互联网自由为名，不承认网络主权。作为网络超级大国，美国如此主张，完全是为了维护美国自身的利益。但从法理上，这是站不住脚的。

回溯人类文明史，伟大发明的所有权往往属于全人类。例如，农业技

---

① 朱建民:《国际组织新论》，正中书局，1986，第 345 页。

术革命带给人类生存安全。各种作物种植的广泛普及，该技术的发明者都没有向使用者收取专利费。蒸汽机是带来工业革命的伟大发明，它源于冶炼技术的热力学革命，它带来了动力学的产能进步，它推动了人类进入工业文明，它的发明者瓦特也没有向使用者收取专利费。电力革命的伟大发明使人类进入了电气时代。电力的发、输、配、送为人类带来了天翻地覆的能源变革。其中在局部的光电转化部分，例如电灯、光纤，发明者爱迪生创办的美国康宁公司虽拥有一些现代专利技术的法律保护，但整体而言，世界超过 70 亿人口仍然在免费使用电力革命带来的伟大成果。

2. 共享共治

网络技术，在全球已有超过 70 多亿地球人口一半的使用者。这个发明的整体所有权，也是全体专家与网民共同缔造的结果。有如中国历史上的四大发明，都给人类文明的传承、世界航海技术的发展带来巨大便利。它们在法律上的所有权也不能够说是专属于中国。

上述发明都被证明无法被法律制度下的所有权、知识产权所"局限"，更不能够在国际政治上被看作是霸权的永久工具。每一次伟大发明的推广确实为人类文明的进步带来了普惠价值，这些普惠的价值，也不应被某一国的政治霸权所垄断。

在由 196 个成员国组成的联合国框架内，现代国际社会一样可以坦然分享人类伟大技术的发明。网络主权，依然是框定在《联合国宪章》中的界定各国土地、人民、政府三位一体的主权管辖范围，它天然地具有属地、属人、属政府的特性。网络自由，即便超越国界，它本身也被《国际人权公约》《国际公民权利公约》等人类共识所辖制，也不能突破《联合国宪章》第 1 条、第 59 条关于主权平等、和平自卫这样的一些现代国际关系准则。

很显然，网络主权要大于网络自由。各国需要友好磋商各自网络主权的边界、合作、共治，新兴国家与互联网发明国在这一磨合过程中，应从更高的视野上看到全世界互联网使用者在各自的网络主权下，会共同享受、推进这一崭新的文明成果。所以，有序、可控、自主、合作这些发展主题，要大于网络垄断、监听这些早期的技术模式。作为带来第四次产业革命的伟大发明，网络技术必将在网络主权的保护下以及在网络自由的推动下，进一步为人类带来福祉。其法理基础在于，网络主权大于网络自由。

总体判断下来，网络正义秩序将会在人类历史上呈现出波动发展的曲线——从初期的垄断到技术竞赛，最后走向文明的共享，理性的共治。

第九章　网络与统筹熵论

整体等于部分之和——这是简单的物理"总量认知"。然而，在卡尔·马克思那里，整体大于部分之和[①]——这是人类觉醒、认知、自觉、自为的非物质意识加诸物质性"总量认知"之上的意识性"总量"。这些觉醒了的意识，马克思称之为"阶级意识""革命意识""自由意识"。这些意识在当代的主权国家里，体现为全体人员在国家安全这一"头等大事"上的"统筹意识"。统筹学的视野，即是研究阐释"整体大于部分之和"的多出的部分。

第一节　统筹的思想渊源

中国三千多年前"大一统"的思想与实践，本质上是人类有记载以来最早的统筹。"王者受命，制正月以统天下，令万物无不一一皆奉之以为始，故言大一统也。"大，指重视、尊重；一统，指天下诸侯皆统系于周天子，周制封建即为"大一统"。"所以大一统者，六合同风，九州共贯也。""大一统"不是"大统一"，"大统一"是基于地域的主权或霸权，"大一统"指的是国家政治、经济、人民、社会乃至文化思想上整体秩序的有序均衡。

半个世纪以来，统筹的学术思想在东西方几乎同时萌芽、开花、试验、成长。在中国，统筹的概念源于毛泽东、华罗庚，应用于中国独立与发展的关键范畴；在西方，统筹的概念源于美国军方，也源于工业，尤其是计算机的发展，特别是经由美国1947年《国家安全法》，在技术、军事、经济等领域得到实践和发展。在当今的网络时代，中西方学界不约而同地开始了思考将统筹法上升为统筹学，将统筹学运用于网络世界的建设、运营、

---

① 〔美〕温迪·林恩·李：《马克思》，陈文庆译，中华书局，2014，第74页。

管理、统辖之中。

一、统筹与统筹法

毛泽东 1956 年在《论十大关系》一文中提出"统筹兼顾，各得其所"的社会主义建设基本方针①，1957 年在《正确处理人民内部矛盾》一文中提出了"统筹兼顾，适当安排"的处理方法。②

1. 统筹的含义

中国历史文献中大多讲"运筹"，很少讲"统筹"，但毛泽东在不同场合、有公开文字记载情况下就讲过三十几次"统筹"。在其《实践论》《矛盾论》《人的正确思想是从哪里来的》等哲学著作中，都体现出了"统筹"的思想，毛泽东可能是中国历史上最早重视"统筹"、倡导"统筹"的思想家。

（1）统筹的政策含义

2003 年 10 月十六届三中全会提出了科学发展观，在全面、协调、可持续发展观方面提出了统筹城乡、统筹区域、统筹经济社会、统筹人与自然、统筹国内发展和对外开放"五个统筹"的具体方面。③

2007 年 10 月十七大报告提出："必须坚持统筹兼顾"的要求，即统筹中央与地方的关系，统筹个人和集体、局部和整体、当前和长远的利益，统筹国内国际两个大局。④

2012 年 11 月十八大报告提出："把统筹兼顾作为深入贯彻落实科学发展观的根本方法"，要"统筹改革发展稳定、内政外交国防、治党治国治军各方面工作，统筹城乡发展、区域发展、经济社会发展、人与自然和谐发展、国内外发展和对外开放，统筹各方面利益关系"，要"统筹双边、多边、区域次区域开放合作"，要"统筹推进城乡社会保障体系建设，实现基础养老金全国统筹"，要"统筹经济建设和国防建设""统筹推进各类人才队伍建设"。⑤

2013 年 11 月十八届三中全会《关于全面深化改革若干重大问题的决

---

① 毛泽东：《论十大关系》，《人民日报》1976 年 12 月 26 日；毛泽东：《毛泽东文集》（第 7 卷），人民出版社，1999。

② 毛泽东：《毛泽东选集》（第 5 卷），人民出版社，1977，第 387-402 页。

③ 中国共产党新闻，人民网，[N/OL]，http://www.people.com.cn/GB/shizheng/1024/2133923. html，2016-5-29。

④ 《十七大报告解读：科学发展观根本方法是统筹兼顾》，[N/OL]，http://www.gov.cn/jrzg/2007-11/14/content_805327.htm，2016-5-29。

⑤ 《十八大报告》，[N/OL]，http://news.sina.com.cn/z/sbdbg/，2016-5-29。

定》提出要"统筹谋划""统筹协调",要"统筹党政群机构改革""统筹城乡基础设施建设和社区建设""统筹服务设施网络建设""统筹城乡义务教育资源均衡配置",要"坚持社会统筹和个人账户相结合的基本养老保险制度,实现基础养老金全国统筹,推进城乡最低生活保障制度统筹",要"统筹推进医疗保障、医疗服务、公共卫生、药品供应、监管体制综合改革",要"建立陆海统筹的生态系统保护修复和污染防治区域联动机制"。[①]

（2）统筹的法律含义

在中国的法律里,"依法规划"法意上的统筹（作为方法的统筹),主要表现在领土统筹（例如《中华人民共和国城乡规划法》《中华人民共和国土地管理法》《中华人民共和国海域使用管理法》《中华人民共和国民用航空法》《中华人民共和国航道法》等)、财税统筹（例如《中华人民共和国预算法》《中华人民共和国社会保险法》《中华人民共和国保险法》《中华人民共和国清洁生产促进法》等)、人口统筹（例如《中华人民共和国劳动法》《中华人民共和国就业促进法》《中华人民共和国中小企业促进法》《中华人民共和国高等教育法》等)。

另外,"依法集权"法意上的统筹（作为本体的统筹),主要表现在主权统筹。例如,2015年《中华人民共和国国家安全法》第五条规定:"中央国家安全领导机构负责国家安全工作的决策和议事协调,研究制定、指导实施国家安全战略和有关重大方针政策,统筹协调国家安全重大事项和重要工作";"国家安全工作应当统筹内部安全和外部安全、国土安全和国民安全、传统安全和非传统安全、自身安全和共同安全"。又如,《中华人民共和国立法法》第五十二条规定:"全国人民代表大会常务委员会通过立法规划、年度立法计划等形式,加强对立法工作的统筹安排"。再如,《中华人民共和国反恐怖主义法》第四十三条规定:"国家反恐怖主义工作领导机构……统筹反恐怖主义情报信息工作",等。

（3）统筹的学术含义

"统筹"是由两个字构成的。"统"在这里是指主事者对所辖范围内的信息进行全面收集、分析、择取、选用;"筹"是指主事者为达目标进行判断、决策、组织实施的思维活动。[②]

---

① 《十八届三中全会〈决定〉、公报、说明》,[N/OL],http://www.ce.cn/xwzx/gnsz/szyw/201311/18/t20131118_1767104.shtml,2016-5-29。

② 朱国林:《统筹学》,时事出版社,2010,第4-5页。

2. 统筹法研究

统筹法包含了统计系统的"统"和"运筹"的"筹"，它既是一种量化方法，也是一种数学方法。据华罗庚的学生刘天禄教授回忆，华罗庚在提出"统筹法"的时候即是按照毛泽东"统筹兼顾"原则起名的。[①]

有感于20世纪50年代国际上出现了网络技术（网络法），华罗庚"敏锐地觉察到网络技术与我国统筹传统的内在联系"，进而提出了"统筹法"。他把"统筹兼顾、适当安排"概括为十二个字："大统筹，理数据，建系统，策发展"，力图使之发展成为一门学科——统筹学。[②]

中国电力行业专家对于电网安全也曾专注于统筹法的研究。华北电力大学的乞建勋教授及其团队就长期从事统筹法研究，并引入了熵概念，定义了"资源熵"，作为"经典统筹法中资源均衡问题的新方法"。[③]

在乞建勋教授看来，运筹学仅仅解决了决策优化的"大概率原则"、体现（电网的）"平安功能"，即按照成功可能性大的原则去做事，但这是常人的做事之法。美国麻省理工学院曾有一条"不为原则"，即不去做那些只要努力就能成功的课题，因为大家都能做到的事情创新性就小，而真正卓越、原创的事情都是小概率事件。所以，他提出统筹学除了"统筹兼顾"、还需要"抓主要矛盾"，是既要解决"平安功能"、又要解决"卓越功能"的学术。在这一点上，它区别了只解决"平安功能"的运筹学的学科分野。[④]

二、中外的统筹学

基于中国古代丰富的统筹思想，中国的统筹学在政治统筹学方面由毛泽东提出，在数学统筹学上由华罗庚提出[⑤]，在工程统筹学上有刘天禄、乞建勋等推进，在军事统筹学上有朱国林等的深化研究[⑥]，在法治统筹学上有2015年《国家安全法》为代表提出了主权统筹的立法思想。

---

① 刘天禄：《统筹学概论》，中国商业出版社，2004，第31页。
② 刘天禄：《统筹学概论》，中国商业出版社，2004，第17页。
③ 乞建勋：《统筹法的发展及前沿问题》，科学出版社，2010，第190-200页。
④ 乞建勋：《统筹法的发展及前沿问题》，科学出版社，2010，第206-207页。
⑤ 中国科学技术情报研究所：《统筹方法国内资料汇编》，1965；广西师范学院系应用数学组：《华罗庚优选法与统筹法》，1976；华罗庚：《统筹方法话本》，湖南省革委会推广优选法领导小组，1973；四川省邮电管理局科技处：《统筹法应用初步》，人民邮电出版社，1981。
⑥ 朱国林：《军事统筹学》，国防大学出版社，1999；朱国林：《军事统筹学》，解放军出版社，2004。

1. 美国统筹法的沿革

20世纪60年代，中美不约而同地开始研究"优选法统筹法"（华罗庚）、"关键路线法"（CPM，或称节点网络法，用于美国阿波罗登月计划）[①]。美国军方的CPM研究，一定程度上构成其互联网技术垄断的理论渊源。

认识网络世界的本体与要素，即使像美国这样的国家都经历了百年法治的凝练。在网络认知过程中，相应的技术发展、法治发展、思想发展，都有其相应的阶段性特征。这说明网络本体与要素的认知，尚没有上升到哲学高度，也没有达到稳定而清晰的共识程度。

世界其他国家认知网络，都体现了对科技更迭的跟随性，无论是技术的跟随、思想的跟随、还是法治的跟随，直到网络主权的提出。提出网络主权后的这种跟随，逐渐显现出了立场博弈的差异性。

尽管美国的网络法学思想家们已经提出了若干理论，但这些理论都是解决阶段性问题，缺乏整体性哲学基础，更缺乏科学性的理论基础及相应的治理方案。如果要把这些不够完善的思想改造成一个具有划时代意义的思想体系，那么就必须研究和夯实其科学基础、特别是其哲学基础。只有达成了科学认知的共识，进而构造出网络科学的思想体系，才能据此提出标本兼治的法治与政策操作体系。同样，网络科学的思想体系依旧不能离开数学公式的表达。

联合国本身并不"生产"网络认知的共识，而是要求各国上报，公开自己的立场与观点。美国拒绝上报自己的立场观点，各国公布的也是其阶段性认知。目前，各国关于网络本体认知的思想体系是不清晰的、碎片化的、局部性的、阶段性的、基于技术的、难有共识的，因而也是难以统筹的。故此，如何提出一个整体性网络认知、进而原创网络治理的理论体系，就变得至关重要。

2. 中国统筹学的提炼

华罗庚的学生刘天禄教授在梳理了我国统筹法、统筹学、统筹科学三阶段研究的历程后，得出了"鲜明的统筹科学化研究几乎集中在我国开展"的结论，用以提炼中国特色的统筹学研究、区别并对比国外开创的管理科学、系统工程、运筹学研究。[②]

在统筹科学的层面，能否找到一个用于衡量统筹状态的公式，进而去

---

① 〔美〕J.D.惠斯特、〔美〕F.K.莱维:《统筹方法管理指南》，机械工业出版社，1983，第3-8页。

② 刘天禄:《统筹学概论》，中国商业出版社，2004，第3页。

构建提出一种以科学统筹论为特征的新学说？即能否在既有的信息论、控制论、系统论"三论"之上延伸构建这样的一个"统筹论"？目的是把它作为网络认知与网络主权思想体系的数学基础、哲学基础。这对于推动网络主权治理体系的理论奠基与共识构筑非常重要。

第二节　统筹的机制运用

人类的各项事业发展，通常离不开统筹学的运用。无论是社会生活的方方面面还是国家主权的各个范畴，人类的统筹优化智慧都广泛地、历史地运用其中。在国家主权的三个范畴中，领土（空间）、人民（社会）、政权（政体）的安全维护和有序发展，都仰仗着统筹原则的优化与运用。

1. 统筹空间

空间统筹，一直是人类思考的永恒主题。围绕城市规划与建设，从古埃及、古巴比伦、古印度、古希腊、古罗马文明，到中世纪、近现代，直到所谓"未来城市"，有较为完整的城市建设史记载[①]。中国从商周、秦汉以下，城市规划与建设的数量、类型不断丰富演进，具足自身的文明特色。[②]

城市规划，是一个国家人口集中的自然结果。最新的研究显示，这其中隐藏着"有序复杂性"。而传统经典的城市规划常常流于认知肤浅，往往漏洞百出、难达美意。国外有学者基于深入思考，开始抨击美国的"城市规划"。例如，简·雅各布斯（Jane Jacobs）通过重新认知人行道的用途——安全、交往、同化，反思了老街区和小街段的城市功能必要性，重新提出统筹规划的一些原则，以求避免"城市成为牺牲品"。[③]

区域规划统筹，其必要性目前也为中国学者认同，同时传统空间规划的历史局限也被认知到了。中国在经历了苏联版的"五年计划"（"一规"）、城市规划与土地利用规划并存（"二规"）、经济社会发展规划与城规和土规并存（"三规"）、提出生态文明建设和生态发展规划（"四规"）后，于2014年通过《国家新型城镇化规划》提出了"多规合一"。清华大学顾朝林教授称之为"多规融合的空间规划"时代的到来，旨在综合解决自然、经济、制度、市场层面的区域发展失衡，进而步入"多规融合"发展的新

---

① 沈玉麟：《外国城市建设史》，中国建筑工业出版社，2008。

② 庄林德、张京祥：《中国城市发展与建设史》，东南大学出版社，2002；董鉴泓：《中国城市建设史》（第3版），中国建筑工业出版社，2008。

③ 〔加〕简·雅各布斯：《美国大城市的死与生》，金衡山译，译林出版社，2005，第29-122页。

常态。①

　　陆海统筹在中国的提出，则是更大、更新的空间统筹概念。从本质上看，中国学者不同意美国马汉"海权论"（海洋霸权优于大陆霸权），而是倾向"依陆向海、协调统筹"的空间发展布局。在 2003 年 10 月十六届三中全会提出"五个统筹"（统筹城乡、统筹区域、统筹经济社会、统筹人与自然、统筹国内发展和对外开放）后，有国内学者在 2004 年北京大学"郑和下西洋 600 周年"报告会上提出"海陆统筹，兴海强国"的主张。中国主张的管辖海域达 300 万平方千米左右，占本国陆地面积近三分之一。关于陆海统筹，国家发展改革委员会宏观经济研究院曾于 2013 年设立重点课题进行研究，提出了"依陆向海""协调陆海""陆海一体""陆海双向""陆海统筹"等空间优化观点，并就渤海、黄海、东海、南海分别提出了空间统筹的初步考虑。②

　　2. 统筹人口

　　统筹人口以使之获得安全与秩序，是空间统筹的终极目的和追求目标。在西方，以人的安全为核心的"社交工程学"（或称"社会工程学"）正在创新起步，它强调了"信息并非知识"③，信息更不是智慧，它仅是生产知识的元素之一。进攻者的思维方式与信息采集迥异于防御者或普通人，进攻者会采用绕、钻、翻、骗等诸多方式侵犯他人安全，所以，需要政权和政府就人民安全在各个方面做出统筹。

　　人口统筹是主权统筹的重要方面。中华人民共和国自成立之后，经历了反对马尔萨斯人口论、实施计划生育、鼓励二胎的三个历史阶段，相应选择了不同的人口统筹法治与政策。④以人的安全为中心的社会保障（有些学者称之为社会建设）成为当前中国人口统筹努力的新方向。统筹社会保障涉及养老保障、医疗保险、劳动就业、慈善福利、收入分配、低保救济等子课题⑤，它们都共同地指向了社会公平正义、人民安全和谐的人口统筹要义。

　　3. 统筹治理

　　中华文明五千年历史，一定程度上就是实现了"大一统"以后有效地

---

① 顾朝林：《多规融合的空间规划》，清华大学出版社，2015，第 2-61 页。
② 曹忠祥、高国力：《我国陆海统筹发展研究》，经济科学出版社，2015，第 2-28、256 页。
③ Christopher Hadnagy, *The Art of Human Hacking* (John Wiley & Sons, Inc.)
④ 张维庆：《统筹解决人口问题读本》，中国人口出版社，2007。
⑤ 樊小钢、陈薇：《公共政策：统筹城乡社会保障》，经济管理出版社，2009；郑造桓：《社会保障：统筹、协调、持续发展》，浙江大学出版社，2012。

统筹中央与地方关系的历史。先秦以来的集权与分权、分封与征战、设藩与削藩、割据与平乱，成为困扰历代工朝的历史必答题。央地关系统筹得好，该历史王朝就易于安内攘外；央地统筹出现了问题，往往意味着该历史王朝出现了内忧外患。

城乡统筹是央地统筹下的一个政治经济命题。有学者研究地方政府"逆向而动"的机理、宏观调控的行为断裂[①]；也有学者分析城乡统筹与西方城市规划中城乡空间关系与经济关系的统筹对应性[②]。总之，城乡统筹得好，是健全央地统筹总体秩序的关键前提。

秩序从混沌、冲突到有序、和谐，有赖于统筹学的科学认知与实践。无论从科技实践还是从社会实践上看，发现和提炼切实有效的统筹学认知，是现实需求中的重大历史命题。

第三节　统筹熵的提出

"熵"（entropy）一词，来源于希腊语 εντροπία，意为（能量的）转换、转化、变化。1824 年，法国热力学创始人萨迪·卡诺（Sadi Carnot）在分析热力学效率时发现，在高温热源与低温热源之间工作的可逆性和不可逆性热力机器分别经历可逆和不可逆的循环过程，在孤立隔绝系统中热能守恒，若要提高热机效率，只能是加大热源和减少冷源，这被称作"卡诺定律"。

一、统筹熵的公式

1850 年，德国物理学家鲁道夫·克劳修斯（Rudolf Clausius）指出："热量不能自动地从低温物体传导到高温物体；热量总是从高温一端不可逆地向低温一端移动，逐渐降低热分布。热系统由有序分布渐变为无序分布，最终实现系统的均匀化。"这被称作"热力学第二定律"。

1. 传导惯性与熵增原理

1865 年，鲁道夫·克劳修斯发明了状态与过程函数"熵"。它是"在孤立系统中实际发生的过程，总是使整个系统的熵值增大，它是不可逆的"，即孤立系统中以"熵"所表达的活动、状态、过程（其温度）总是增加的，这就是"熵增原理"。还有另一种方法证明孤立系统的熵增原理，

---

① 张勇：《统筹协调》，知识产权出版社，2015。
② 李惟科：《城乡统筹规划方法》，中国建筑工业出版社，2015。

即假设一个孤立系统的两端有温差，在没有与外界能量物质交换情况下，温度高一端的热量必然自发地向低端传递。于是两端的温差逐渐减少，直到两端温度相等，热量传递停止，系统处于平衡状态，系统中的气体分子从有序变成无序。由于热量不可能从低温传向高温，同样也证明孤立系统中的"熵减现象"不可能出现。

物理学把"系统"分成三类：开放系统（系统与外界环境存在能量交换与物质交换）、封闭系统（系统与外界环境有能量交换而没有物质交换）、孤立系统（系统与外界既没有能量交换又没有物质交换）。熵增原理表明，孤立系统的"熵"总是处于增加的态势，直到熵值达到最大，也即系统达到最为紊乱、无序时，"熵增"就停止了。

2. 熵的度量与熵减有序

从 1877 年玻耳兹曼首次提出熵可以同时用于研究微观分子运动与宏观热力分布，到 1900 年普朗克等人对"熵"做出科学界定，"熵"的概念变成了一个系统稳定程度的科学度量：在由大量粒子（分子、原子）构成的系统中，熵就表示粒子之间排列的无序程度（紊乱程度），系统越'乱'，熵就越大；系统越有序，熵就越小。

从此，"熵"概念就具备了科技哲学含义："熵"可以代表能量或系统中的"质"，"熵增"代表了能量的贬值、退化、失效，表达了能量转为无效部分的增加和可利用部分的减少，标示了状态紊乱程度或能量不可用性的度量。它突破了能量只代表"量"的刻度，它创新了系统内部治理优劣程度的状态性数学表达。

从"熵"度量理论出现后，熵的研究不断发展，应用领域日渐拓宽，据不完全统计，目前至少有 70 ～ 80 种"熵"应用于农业、资源、经济、生命以及社会各个领域中，如信息熵、资源熵、地貌熵、生物熵、土壤熵、经济熵等。特别是针对当今的信息社会和网络时代，能不能运用"熵"度量理论与思维方式来衡量网络世界的有序程度？能不能运用"熵"度量理论的数学方法来衡量网络主权治理的统筹效果？

"熵"概念的科技哲学价值，可以归纳如下：

（1）"熵"是表示系统稳定的函数。

系统"熵"具有可相加性。当·个系统由若干子系统组成时，该系统熵值即为各子系统熵值之和，这为网络系统中用熵值囊括全部网络要素的总和提供了依据。

（2）"熵"标示了系统稳定的程度。

熵增，意味着无序、紊乱、活跃；熵减，意味着有序、稳定、寂静。

在网络世界中，既存在可逆过程也存在不可逆过程。过程可逆时熵值可减，过程不可逆时永远处于熵增态势。

空间分布的网络要素之"活动"（视为能量）越集中，则熵值越小；相反地，空间分布的网络"活动"越均匀、越分散，则熵值越大。

熵增与熵减，辩证地代表了网络系统的多要素均衡动态，在囊括网络全部要素时，"熵"概念在理论上可以用来衡量网络空间分布上要素活动的紊乱度（活跃度）或寂静度（有序度）。

3. 统筹熵的网络安全刻度

熵值，度量了能量系统中"不可利用能量"或"无效能量"的大小；相反地，熵值愈高，其"有效能量"愈低。运用熵值衡量网络系统，在熵值愈高、"有效能量"愈低的时候，就代表了网络系统的稳定程度、有序程度、安全程度、治理程度就愈高。当然，辩证地看，这也可能隐藏着积聚已久的风险或有爆发的可能。放在时间轴上总结熵变的历史曲线，则可以取得安全或风险的历史经验。因此，熵概念引入到网络空间时，有必要更加复杂地设定如下两个客观条件：

（1）变量对象，必须要囊括网络系统的全要素、而非单一能量要素；

（2）衡量刻度，必须要用电磁空间下的工作时间度量，取代温度的度量。

4. 统筹熵公式的原创提出

在这里，从历史上的热力熵、信息熵、数理熵、资源熵的基础理论出发，本书原创提出"统筹熵"的概念和公式，旨在量化求得衡量信息网络世界从混乱到有序的数学"唯一解"，用以作为构筑网络安全，监测网络威胁，评估网络治理，张弛网络监管的客观尺度。

在这里提出的"统筹熵"公式，涵盖了网络主权中的主体、客体、平台、活动，因应网络世界的超线性、超平面的立体传播方式，它采用"要素总量、立方占比、时间衡量"方法，来标示衡量网络系统中或称网络主权疆域内多要素的均衡动态。

"统筹熵"公式既要衡量空间分布上网络要素"活动"的紊乱度（活跃度），也要衡量其寂静度（有序度）；在加上时间轴的动态连续计量时，它要整体地反映全部网络四大要素中"活动"要素（视为能量）在各个区域子系统中的空间集聚情况与要素活跃程度。

"统筹熵"公式的数学表达提出如下：

$$统筹熵 = \frac{活动^3}{主体^3 + 客体^3 + 终端（平台）^3}$$

$$ENTROPY(DOMINATING\ AS\ A\ WHOLE) = \frac{ACTIVITIES^3}{SUBJECTS^3 + OBJECTS^3 + TERMINALS^3}$$

$$E = \frac{A^3}{S^3 + O^3 + T^3}$$

"统筹熵"公式把"活动"要素凸显出来，因为"活动"要素的空间分布程度或者整体活跃程度，是总体判断网络秩序、网络安全的核心指标，是衡量网络主权治理结果的量化呈现。"统筹熵"公式中，熵值的趋势减少时，表示"活动"要素的空间分布很均匀或者整体不活跃；相反地，熵值的趋势增大时，表示"活动"要素空间分布很集中，或者整体很活跃。

二、统筹学的价值

统筹，是对本体之中各个范畴、子系统的有效统领、驾驭，以达到整体安全与秩序和谐的目的。在 2000 多年前，亚里士多德就在其逻辑学开山著作《范畴篇》中描述了八种"思想对象的范畴"[①]（scope, domain, category）：表示数量的范畴、性质的范畴、关系的范畴、地点的范畴、时间的范畴、状态的范畴、动作的范畴、形势的范畴。这些范畴表示的是一个事物本体的各个方面。所以，能够统率本体的各方面、对本体做到全面了解、全面筹划、全面控制、全面部署的行为，称之为统筹。

1. 统筹的两种法意："依法规划"和"依法集权"

统筹的法律含义，包含"依法规划"和"依法集权"两种法意。前者是"作为方法的统筹"（planning as a whole），大量地使用在领土、人口、政府财税这些专门的领域；后者是"作为本体的统筹"（dominating as a whole），一般都使用在有关国家主权整体安全的领域，例如 1947 年美国《国家安全法》、1991 年俄罗斯《联邦宪法》、2015 年中国《中华人民共和国国家安全法》。

2. 统筹：信息是依据、控制是方法、系统是对象

从近现代的信息论来看，统筹包括全部对象的信息；从控制论来看，统筹包括实体内全部层级、权力、行为、方向的控制；从系统论来看，统筹的对象即是某一系，统筹的过程横贯系统的全部构造、全部运行。统筹论恰是把信息论、控制论、系统论"三论"的对象统筹为"一盘棋"

[①] 〔古希腊〕亚里士多德：《范畴篇，解释篇》，商务印书馆，1959。

（As a Whole），从而实现人类社会"存在、安全、正义三位一体"[①]的时代进步性。统筹论的地位如图 9-1 所示：

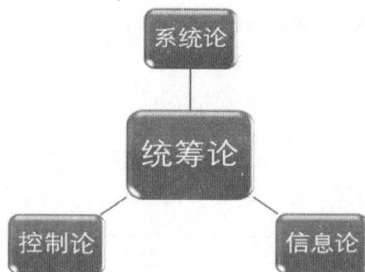

图 9-1：统筹论与系统论、控制论、信息论的关系

如果将信息论、控制论、系统论视为现代科学技术的生长点，那么，我们完全有理由认为这"三论"也为丰富和发展马克思主义哲学提供了大量素材，为辩证唯物主义的进一步丰富和发展提供了现代自然科学基础。而辩证唯物主义不是一成不变的，它要随着自然科学的发展而改变自己的形式。[②] 而"三论"的出现，正是为在关键时刻促动质变、实现统筹、达成本体目标创造了重要条件。

3. 统筹：目标、范畴、工具、要素、哲学体系

（1）目标

统筹论的目标，不仅仅局限于信息论中研究的信息处理和信息传递、控制论中研究的信号通信和控制规律、系统论中研究的客观事物现象关系及特征，而是站在"三论"之上，针对本体、基于判断、甄别质变、调控秩序的新飞跃。它是在涉及国家主权安危的层面、在国际关系中重大生死存亡问题和人类的终极命运问题上，进行的通盘思考、规划、协调、指挥、掌控、执行。

（2）范畴

统筹论的范畴，是以人民为中心、以秩序为主题。信息论主要应用于研究通讯和控制中普遍存在着的信息传递的共同规律；控制论主要应用于研究生物、机器、社会中的通讯和控制的共同规律；系统论主要适用于一切综合系统或子系统的模式、原则和规律，例如盖高楼、修铁路、三峡工程等系统工程；统筹论基于对人类终极命运、国家生死存亡等问题的考虑

---

① 赵宏瑞：《世界文明总量论：中国的文明崛起与国安法治原理》，中国法制出版社，2015。
② 魏宏森：《系统论、信息论、控制论给哲学提出了新课题》，《编创之友》1981 年第 4 期，第 16 页。

目标，而确立相应的定位。例如，国家安全是国家的根本问题，涉及生死存亡，统筹的"过去时"是对历史的总结，"现在时"是生死存亡问题，"将来时"是国家将向何处去的问题，它被归结为人类的终极命运问题之一。

（3）工具

统筹论作为工具，是本体的工具，是主权者的工具，是驾驭"三论"的工具。统筹论通过对"三论"的结构性设置的借鉴，以"三论"为统筹工具，在宏观层面是对"存在、安全、正义三位一体"的"一盘棋"式的体系性协调，是通过相互制约的手段的运用，在整体层面做到统筹兼顾。

（4）要素

被统筹的要素，是本体中的全部要素。统筹论要求树立服务大局的意识。系统论中的系统工程只有客体，缺少主体要素；而统筹论包含了主体要素，要求在主体、方向、意识、行动、组织上都做到统筹协调。

（5）对象与哲学体系

在本体论层面，主权是一种统筹本体；在认识论层面，统筹是内外安全局势的认知与判断，网络即可以成为其认识论的对象；在方法论层面，统筹论是将信息论、控制论、系统论作为统筹工具，用以解决人类社会的历史总结、现实安全、未来发展方向等终极问题。故此，统筹论是一种全新的信息时代的科技哲学体系。

4. 统筹理论的历史、现实与未来

统筹在历史上起着重要的作用——司马迁撰写了中国史学上第一部统筹千年的纪传体通史；《四库全书》是在乾隆皇帝的亲自主持之下，编纂的统筹中国古代经、史、子、集四部的大型丛书；黑格尔提出的"绝对观念的辩证发展"思想统筹了他自己的全部哲学理论。

统筹在现实层面有着重要意义，例如，《中华人民共和国国家安全法》就是在领导、领域、条块、体系以及措施五大方面做到统筹，把"军事、外交、情报"统筹为"一盘棋"。立足国家全局观，《中华人民共和国国家安全法》在法治层面确立了中国国家安全统筹领导体系。我国当代的"一带一路"思想以及中华民族伟大复兴的宏伟目标都是立足现实的战略统筹。

统筹对于未来的作用表现在它会涉及人类的终极命运，社会的发展导向以及人类将向何处去的大问题。

5. 统筹理论的价值、特征、作用

统筹论的特征是解决终极根本问题，建立顶级统筹体系。它统筹的是信息中的顶级信息、控制中的终极控制、系统中的高级系统、法律中的上位法律、思想中的统一认识、行动中的优先选项。

统筹论的"一盘棋"理论特色，是基于把信息论、系统论、控制论通盘地作为统筹工具。它与"三论"在互相协调、互相借鉴的同时，须树立全局观念进行统筹。这将推动马克思主义哲学在新的历史条件下的进步，为现代唯物主义理论研究奠定理论根基，以求推动并能最终实现"存在、安全、正义三位一体"的文明进步。

出于解决终极根本问题和实现民族伟大复兴的历史需要，科学地在"三论"之上建立"统筹论"非常必要。中国学者曾有把信息论、控制论、系统论三者考虑在一起的想法。钱学森曾谈道："我认为系统概念就包括了控制与信息，没有系统组成各部分之间的控制作用和信息交流，就不成为其系统。所以'三论'应统一于系统论，而不是统一于任何其他两论。"①所以，在中华民族伟大复兴时刻，全盘应对海、陆、空、天、网等诸多传统与非传统领域的安全威胁，构建"统筹论"恰逢其时。

第四节　网络统筹熵论

在统筹熵公式提出以前，传统的信息通信学说是着重于解决网络客体（信息）的度量、控制、传递等问题，而无法总体地衡量和描述全部网络要素的动态变化。这种传统理论或者这些理论的简单叠加和修订，是不能达到和满足网络主权的统筹需求的。

一、总括网络要素

在历史上，以系统论、控制论和信息论为基础的传统理论虽然为现代信息科学的研究提供过新思路和新方法，也在生物学、物理学、心理学、社会学等方面都得到了广泛的应用，但在信息论、控制论、系统论"三论"之上，如何采用"一盘棋"的思路、用以统筹地描述网络整体要素"存在、安全、正义三位一体"的运动规律？要回答和解决这一根本性问题，相应的新公式在此前还尚未被提出过，相应的新学说也没有出现过。

---

① 钱学森:《钱学森书信选》(上卷)，国防工业出版社，2009。

1. 信息论、控制论、系统论的缘起

人类结成社会网络，信息是联结要素之一。回溯现代世界一百多年来关于"信息"的认知可以发现，在人类不断的技术进步中，人们对于信息定义的认知一直在不断地加深，包括信息物理关联说[①]、信息电子传输说[②]、信息确定识别说[③]、信息内外交互说[④]、信息数据处理说[⑤]以及信息传输应用说[⑥]。其中，提出信息论（information theory）这一概念的鼻祖，是美国数学家克劳德·艾尔伍德·香农（Claude Elwood Shannon）。1948年他在其《通信的数学原理》一文中提到"信息是用来消除随机不确定性的东西"，他的这一论断成为信息论的起源。

1948年，美国应用数学家、控制论创始人诺伯特·维纳（Norbert Wiener）认为"信息是人们在适应外部世界，并使这种适应反作用于外部世界的过程中，同外部世界进行互相交换的内容和名称"。由此，他建立了控制论。前东德哲学家格·克劳斯赞扬其理论："就其革命影响而言，控制论可以同哥白尼、达尔文与马克思的发现相媲美。"[⑦]

系统论（system theory）中的"系统"一词，在古希腊语中有部分构成整体的意思，即是由相互联系、相互作用的若干部分（要素）组成的具有确定功能的有机整体。系统论最初被称作"一般系统论"，是美籍的奥地利生物学家冯·贝塔朗菲（L.V. Bertalanffy）于1948年在其著作《一般系统论基础发展和应用》中最先阐述的。他将系统定义为"由互相作用着的若干要素组成的复合体"。简单来说就是系统中包含若干要素，它们之间存在着相互关系，并且要素之间的相互作用是不同的。

苏联的控制论哲学家伊·茹可夫指出：控制论和系统论是继相对论和量子力学之后，又一次"彻底地改变了世界的科学图景和当代科学家的思

---

① 美国物理学家J.W.吉布斯1889年在其著作《统计力学的基本原理》中提及。

② 美国通信学家拉尔夫·哈特利提出了现代的信息理论，即电子霍荡与电子传输（Transmission of Information）。

③ 由美国数学家克劳德·艾尔伍德·香农（Claude Elwood Shannon）提出。

④ 由美国应用数学家、控制论创始人诺伯特·维纳（Norbert Wiener）提出。

⑤ 美国管理学者霍顿（F.W. Horton）1985年在其著作《信息资源管理》中曾给信息下定义："信息是为了满足用户决策的需要而经过加工处理的数据。"即主张信息是经过加工的数据，是数据处理的结果。

⑥ 我国教科书中定义信息是指音讯、信息、通信系统传输和处理的对象，泛指人类社会传播的一切内容。信息是一种普遍联系的形式，人类通过信息区别不同事物，认知和改造世界。

⑦ 〔美〕冯·贝塔朗菲：《一般系统论基础发展和应用》，林康义等译，清华大学出版社，1987，第1页。

维方式"。① 从数学"集合"（即关于穷尽的数学原始概念之一，通常是指按照某种特征或规律结合起来的事物的总体）的角度看，有学者为了描述系统要素及其要素间的信息关联，就把信息论、控制论、系统论、集合论统称为系统理论。

2. 统筹熵与"三论"的区别

统筹熵有别于传统"三论"单纯的信息识别、信息控制、信息系统的学理描述，它旨在描述以人类活动为中心的本体运动的客观规律，进而针对以人类活动为中心的本体运动趋势，达成科学优化的统筹引领。

为了实现统筹引领，恩格斯曾指出："我们现在不仅能够指出自然界中各个领域内的过程之间的联系，而且总的说来，也能指出各个领域之间以近乎系统的形式描绘出一幅自然界联系的清晰图画。"② 所以说，统筹熵公式的提出，恰是穷尽内部联系、描绘整体图画的崭新数学工具。

为了实现统筹引领，有学者创新提出了"信息熵"概念，用以度量国家经济的整体安全③；提出"管理熵"概念，用以评价企业知识系统的管理绩效④；提出"博弈熵"的概念，用以量化均衡博弈状态下的理性程度⑤。这些学者都自觉地看到了"熵理论"的数学优势——正如爱因斯坦所言"熵理论对于整个自然科学来说是第一法则"，又如诺贝尔奖获得者亚瑟·爱丁顿（Arthur Eddington）1946 年所说"熵概念的科学思想是人类的伟大贡献"，以及王彬在 1994 年评价熵理论可以与生物"进化"相媲美。

然而，目前简单套用"三论"体系中的熵公式，存在的问题在于不能概括穷尽体系中的全部要素（要素片面性）、不能认知整体系统的运动规律而是"假设再假设"的学说（学说假设性）、不能发现系统中真实存在的动态数据（均值修订性）、不能界定系统要素之间的总量占比关系而人为地为数据赋值、人为设定数据权重（赋权主观性）——此四点公式套用中容易出现的问题在于，对于目标体系的本体认知不确切、不科学、不准确、不全面。由于缺失本体认知，常常导致公式失效。

---

① 魏宏森:《系统论、信息论、控制论给哲学提出了新课题》,《编创之友》1981 年第 4 期,第 12 页。

② 〔德〕马克思、〔德〕恩格斯:《马克思恩格斯选集》（第 4 卷）,人民出版社,2012,第 241-242 页。

③ 姜茸、钱泓澎:《基于信息熵的国家经济安全风险度量与预警》,经济管理出版社,2015。

④ 邱菀华:《管理决策熵学及其应用》,中国电力出版社,2011；熊学兵:《基于管理熵理论的组织知识管理绩效综合集成评价研究》,四川大学出版社,2011。

⑤ 姜殿玉:《带熵博弈论及其应用》,科学出版社,2008。

二、维护网络主权

随着国家经济社会的发展和信息科技时代的不断进步，人类社会正在逐渐地进入网络时代。

1. 网络活动的复杂性

人们不得不相信，互联网就像空气和水一样，虽然并不容易被一窥全貌，但是其却在不断影响并改变着人们的生活。互联网上的新闻媒体正在越来越广泛地受到世人的关注，网络问政也被形象地喻为公民参与国家和社会政治的有效形式和途径。互联网已经成为继报纸、广播和电视后的"第四媒体"。这个媒体的特点是可以集报纸、广播、电视三家之长，更加完美地实现了文本、图片、音频、视频等多种信息的有机结合，并使受众在全球任何一个角落都能够看到，这也是大众传播领域中一次深刻的革命性变革。

互联网的迅速发展和广泛应用，与它的特点是密不可分的。更加开放的互联网网络结构，可以说是互联网的核心技术思想，即可以通过网络互联结构与其他网络连接。这种"无疆界"的优势得益于它所采用的 TCP/IP 协议开放结构。每个网络都可以根据特定的环境和用户特点自行设计和发展，而且可以有自己向用户提供内容的单独接口，因而能够使其具有高度的开放性。

互联网具有互动性和个性化的特点，使其能够更广泛地得到应用，它可以将网络技术、多媒体技术以及超文本技术融合为一体，因而同时具有发布和交流的功能。互联网不仅是一种信息通信技术，也是一种社会交往技术，对于创新和个性的崇尚经过信息网络的互联与渗透，已经成为现代公众的一种价值取向。虽然网络技术的发达使复制和模仿变得轻而易举，同时也更突显出科技创新的价值。互联网上最有价值的信息和最有特色的服务是遵从"只有第一"的法则，这一法则的背后是人类创新活动更加活跃的技术基础。

互联网所连接的终端存储器拥有任何信息库所无法比拟的庞大信息资源，其强大的信息储存能力在理论上能够容纳一切信息和知识，并能使这些资源实现人类共享。从互联网上人们已经可以充分利用科研领域的最新文献和现实工作中的所需数据，信息遍及日常生活中的天气情况、交通情况、旅游资源的共享。这些网络上的信息已经初步实现了科学的分类，这对于使用者来说查找更容易，检索更方便，缩短了信息交流的周期，推动了社会发展和文明交流。[①]

2. 网络主权的统筹性

由于网络信息在人类发展与技术革命中的重要性，它对网络主权在维护国家的网络安全与秩序方面提出了划时代的新要求。

网络主权和网络安全的统筹基础理论研究，必须同时竞合网络理论、信息理论、主权理论。网络主权是国家安全的法治保障，因此需要研究利用信息技术以数字形式规制网络信息的生成、获得、加工、处理、传播、存储，以全方位地维护国家主权与国家安全。

网络主权和网络安全的统筹基础理论研究，必须要认知清楚网络主权的新特征，必须要从网络主权与国家安全的角度认清网络本体的即时性、边界性、秩序性。

网络主权统筹的即时性——区别于传统的信息交换模式，数学化信息的发出过程和接收过程在时间上基本同步，基本没有传统信息在时间上的滞后性。这就决定了在维护网络主权的过程中，既要适用传统信息传递过程的审查模式，更要进行顶层的安全设计，全面围绕网络四要素来维护网络信息的国家"边防"。

网络主权统筹的边界性——网络信息不仅处于时间上的瞬时状态，还处于空间上的虚拟状态。由于互联网的全球互联，使得各国一时难于刻画出明晰的网络主权边界。只有全面把握网络四要素并具有相应的技术能力，一国的网络主权才能从顶层逻辑的自主、物理芯片的自主、信息存储的自主、用户管辖的自主四个方面来建立法治的边界。上述四大技术能力缺一不可，否则网络主权的边界将无可厘清、维护。

网络主权统筹的秩序性——基于认知网络四要素的技术特征，在统筹治理网络主权所辖事务方面就需要做到尊重地缘人口的秩序传统与伦理法则，才能避免不正义、不公平现象的出现，进而在国家之间避免争端与冲突升级，最终使得第四次工业革命真正为人类带来益处。

在一个宏大的系统中实现统筹，目的在于实现要素和谐、秩序增效、系统升级。网络主权和网络安全的统筹基础理论研究，本质上是系统秩序优化的宏观研究。发现要素、厘清秩序，是为了实现宏观统筹。平行于热力熵、信息熵的既有科学理论，统筹熵的提出标示出了秩序统筹的量化效用，并借此在信息论、控制论、系统论"三论"之上，构筑出了统筹论的体系与模型。

---

① 张慧影：《互联网的特点及其发展趋势分析研究》，《现代交际》2013年第12期，第32页。

第十章 统筹网络正义

网络既是新工具，又是新方法。人类劳动创造了全部的世界文明，构成了世界文明总量。有研究表明，自人类产生起，地球上至少存在过 1.15 万亿"人年"的文明历程。现有约 70 亿人生活在各个大洲，每年诞生人口 1.4 亿、每年去世人口 0.57 亿。历史上存在过的人类，同我们一样创造了世界文明总量。所以，面向网络时代的未来，有必要从世界历史人口视角，通过交流、对比来总结出国与国之间基于历史形成的各类国家关系，力求发现、界定、阐释清楚那些能够促进文明发展的网络社会国际治理的正义的方向、公正的方案。[①]

第一节 唯物史观

人口安全是世界上各个国家最基本的安全，人口安全与国家社会经济发展密切相关，并成为国家安全其他范畴的基础。

一、人口繁衍

处理好人口问题不仅关系到一个国家或者地区的人民生活以及人口与资源环境的协调，而且深刻影响到一个国家的国家主权、外交政策、综合国力乃至一个民族的兴盛和崛起。西方的马尔萨斯、凯恩斯以及我国的马寅初等学者都曾研究过控制人口与经济增长的关系。但是，从历史上看，并没有哪个大国因为人口减少而变得富强。

人口安全与发展既遵从生物进化规律也因循社会文化传承。达尔文在其著作《物种起源》一书中指出，"大多数生物都会繁衍出比只是再生产

[①] 赵宏瑞:《世界文明总量论：中国的文明崛起与国安法治原理》，中国法制出版社，2015。

自身数量多得多的后代"①，即"自然选择，优胜劣汰，适者生存"的进化原则。达尔文的物种起源论可以适用到人类社会中，而人类社会也因不同的社区文化和语言特征而分成不同的人群。关于社区文化，吴文藻先生认为"是某一社区内的居民所形成的生活方式……也可以说是一个民族应付环境——物质的、象征的、社会的和精神的环境的总成绩。"②通过语言的方式，人类实现了社会信息的交流，完成了社会地位的宣传或认同，实现了社会文化与社会规则的传递与传承。③

二、语系多元

当今世界语系多元，世界人口的安全与发展问题有时可以归结为语言差异。从《物种起源》这本书来说，物种之后就是人种，族群、人口、社区形成了差异化的人际秩序。当前世界有 70 亿人口、过半的网民。网民作为网络主体一定程度上是按国别来区分的，但即使按国别区分，比如像布鲁塞尔的常住人口就有五种常用语言，而语言是交流的核心工具。中国在 2000 多年前就实行了"书同文、车通轨"的国家治理建构，这使得当前中国约 14 亿人口成了有着历史共识的网络主体。

世界上现存 5000 多种语言，每一种语言又常常包含着多种方言。不同的语言或方言一方面表征着不同的民族与区域文化，另一方面又为不同语言区域之间的群体隔阂埋下伏笔，因而语言又对文化沟通与民族政策有影响。④每一种语言在传播交流的外壳下，都蕴藏着丰富、独特的人文知识，完整而全面地记录着一个国家、民族的深刻的人文底蕴，是决定一个国家在世界之林是否能够长久立足的重要因素。语言在人们的日常生活中必不可少，它是人们进行情感交流、信息传递等生活行为的重要传播媒介。语言同时也是构成文化的重要组成部分，是文化的有效传播者和记录者。它还是一个民族的象征，是衡量该民族是否高度发达的重要标准。语言的广泛传播和使用被看作是一国软实力的重要体现。

以欧洲为例，欧洲联盟的创始成员国有 6 个，分别为法国、德国、意大利、荷兰、比利时和卢森堡。截至 2014 年，该联盟拥有 28 个成员国，共使用 24 种官方语言，分别为：英语、法语、德语、意大利语、西班牙

---

① 〔英〕达尔文:《人类的由来》，潘光旦等译，商务印书馆，1983。

② 吴文藻:《文化表格文明》，《社会学界》1939 年第 10 期。

③ 岳天明、高永久:《民族社区文化冲突及其积极意义》，《西北民族研究》2008 年第 2 期，第 3-4 页。

④ 陈志宇:《当代汉语变迁与中国社会发展——基于汉语变化的实证研究》，博士学位论文，武汉大学，2013，第 1 页。

语、葡萄牙语、荷兰语、丹麦语、瑞典语、芬兰语、希腊语、波兰语、斯洛伐克语、马耳他语、匈牙利语、立陶宛语、拉脱维亚语、斯洛文尼亚语、捷克语、爱沙尼亚语、爱尔兰语、保加利亚语、罗马尼亚语、克罗地亚语。上述语言均享有同等权利。欧盟所有官方文件、出版物、重要会议以及官方网站，均须同时使用这些语言。成员国发送给欧盟的通信可使用任何一种官方语言，欧盟多语种翻译所需的费用，在 2005 年约为 112.3 亿欧元，约占欧盟年度财政开支的 1%。语言的多样性往往增加了网络交流的翻译成本，大大降低了欧洲网络的沟通效率。例如，在 2013 年 11 月于德国法兰克福召开了欧元区国际金融会议，有成员国的央行行长、商业银行领导人、学者共计 200 余人参加，就只能采用英语（英国由于不是欧元区国家而未参会），而不是当时欧元区 17 国语言混杂交流。也就是说，欧盟各国均无法以母语实现欧盟层面政治、经济、文化的直接交流，实现的仅是"翻译"交流或非母语交流。欧盟语言的多样性在网络时代中增大了利用网络的成本，特别是英国脱欧后，英语是否能够保留欧盟官方语言地位将成为"悬案"，因此，欧洲人口和语言的现实因素要求欧洲积极建立共享网络平台，加强彼此之间以及与世界各国之间的联系，倡导网络的共享和共治。

再以美国为例。美国的全球霸权并不是一个偶然发生、孤立出现的历史现象，它是近现代以来英语民族从英伦三岛走向全世界的一个环节，它的基石是英语民族在全球的强势扩张和话语体系。从今天的现实情况来看，以美国为代表的西方媒体在全世界的"信息博弈"中暂时占据着主导地位，而非西方国家的民众长期面临着西方媒体的"灌输"和隐形的"思想控制"。西方媒体利用互联网和新媒体技术，将各种披着"普世价值"外衣的意识形态强制性传播到世界的每一个角落。从中东到北非、从乌克兰到埃及、从叙利亚到泰国，最近一段时期以来许多国家的政治乱局都与西方媒体的介入有关，其中起主导作用的就是美国媒体。诸多主权国家的民众都被以美国媒体为代表的西方媒体实施"疲劳轰炸"并走上街头搞"颜色革命"，推翻本国的现有政府之后陆续建立一系列的亲美政权。美国媒体的全球信息霸权还表现在对全球各国的信息监控上，斯诺登事件就是这方面的典型案例，这为美国颠覆别国政府和破坏别国稳定提供了便利，可以说是"指到哪里，就打到哪里"。近年以来，诸多非西方国家都出现了所谓"第 N 波民主化浪潮"，国内政治对立、族群撕裂，内战频频出现，表明美国媒体通过信息霸权进行的全球政治煽动已经达到了"谈笑间，对手灰飞烟灭"的地步。如果说苏联的宣传部门是对全苏联的民众进行"思想控制"，那美国今天的信息霸权就是对全人类进行"政治洗脑"。"美苏两国的意识形态和社会制度截然对立，他们又都有一种神圣的使命感，都认为自己的社会制度是人类最美好最合理的社会制度，都企图把本国的社会制度推广到全世界"。不难看出，美国媒体通过对全球民众的"思想政治工作"牢牢掌控着世界的信息霸权，构成了美国全球霸权的第一大支柱。[1]

世界人口中以英语为母语的大概有 4 亿人口。从互联网和语言这个角度来说，未来网民的"语言集中度"将会构成世界最终的网络交流便利性版图。这不是"代码是法律"的问题，而是主体客体决定论，即人口文化决定论在网络时代将要展现出来的历史趋势。

第二节　科技文明

美国在网络世界的技术垄断不见得长久，其网络优势可能持续得比较短暂。目前在网络世界的技术竞争中，其他国家的量子通信、区块链、可信计算、高性能计算机、人工智能等科技研发打破美国技术垄断的局面不断闪现。

一、文明发展

人类文明发展往往是以颠覆性科技进步为标志。面对科技进步扰动和打破既有秩序，预研、防范、化解重大网络安全风险至关重要。2015 年，中国工程院方滨兴等多位院士领导并开展了"网络安全战略"研究。通过研究网络安全的国际战略与主权保障、要素模块与法治完善、核心技术与学科优化、行政措施与审查效用、用户认证与数据保护等，以反制网络霸权为重点的网络空间安全学科逐渐丰富并发展起来。其研究目的在于总体赶超作为互联网发明国的美国同类研究、全面制定出中国特色网络安全对策体系。其总体框架拟由一个中心与五大模块组成，以形成基础串列、内涵关联、目标突出的总体研究架构。如图 10-1 所示：

---

[1] 《当代美国全球霸权的历史缘起与重新审视》，[N/OL]，http://bbs.tianya.cn/post-worldlook-1364157-1.shtml。

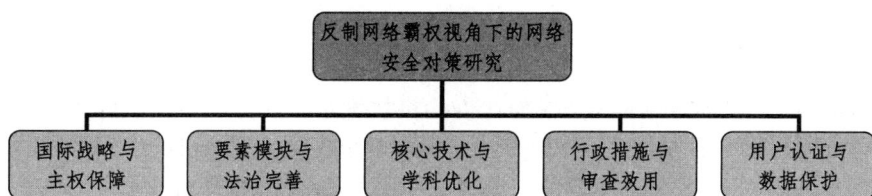

图 10-1：网络安全战略总体框架

为了明确网络安全在全球非传统安全领域中的战略定位，科学判断网络科技与规则理念的战略谋划；把技术实力转化为法律主张，落实《中华人民共和国国家安全法》"维护国家网络空间主权"的原则，研究反制网络霸权措施的机制与体系；积极推进我国"网络空间安全"新学科的建设，助力推动我国迈向网络强国的前瞻研究与顶层设计；通过研究，努力弘扬我国创新、协调、绿色、开放、共享的发展新理念，沿着网络安全要素界定、网络主权边界研究、学科范式优化、对策体系构建、网络共治推动的脉络，次第推进，形成了研究成果。

引领性、颠覆性的科技进步常常成为人类文明率先发展的"先手棋"与"主动战"。2016 年 3 月 16 日，中国科学技术大学郭光灿院士领导的中科院量子信息重点实验室郭国平研究组在量子芯片开发领域取得了一项重要进展，首次在砷化镓半导体量子芯片中成功实现了量子相干特性好、操控速度快、可控性强的电控新型编码量子比特。成果发表在国际权威物理学杂志《物理评论快报》上。实验结果表明，该新型量子比特在超快操控速度方面与电荷量子比特类似，而其量子相干性却比一般电荷编码量子比特提高近十倍。同时，该新型多电子轨道杂化实现量子比特编码和调控的方式具有很强的通用性，对探索半导体中极性声子和压电效应对量子相干特性的影响提供了新思路。

芯片是现代计算机的核心，"量子芯片"则是未来量子计算机的"大脑"。郭国平研究组多年来致力于半导体量子芯片的开发，他们此次利用半导体量子点多电子态轨道的非对称特性，首次在砷化镓半导体系统中实现轨道杂化的新型量子比特，巧妙地将电荷量子比特超快特性与自旋量子比特的长相干特性融为一体，实现了"鱼"和"熊掌"的兼得。[1]

---

[1] 《中国科大半导体量子芯片开发取得重要进展》，[N/OL]，http://www.cnstock.com/v_industry/sid_cyqb/201603/3737272.htm，2016-4-23。

二、主权扩容

当前，以人工智能和 5G 为代表的科技进步，一方面形成国际竞争的焦点，另一方面丰富了主权理论的内涵。方滨兴曾于 2012 年 4 月 28 日在《光明日报》发表学术主张，认为网络主权极其重要，他是中国最早系统提出"网络主权"研究的学者。2015 年 12 月 16 日习总书记的乌镇讲话，2015 年出台的《中华人民共和国国家安全法》中的第 25 条，2016 年颁布的《中华人民共和国网络安全法》等，是此学术主张的政策化、立法化延伸，这是一个从学术前瞻到政策落地的过程。美国劳伦斯·莱斯格（Lawrence Lessig）于 2007 年对"网络主权冲突论"的研究则是从美国视角出发进行的此类探讨，莱斯格在《代码 2.0：网络空间中的法律》一书中提及，法国也曾反对英语文化侵蚀法语文化；在其《迷失的共和：平等的衰落与防范》（Republic, Lost：The Corruption of Equality and the Steps to End It）一书中，有他关于网络主权的最新观点。相比较而言，二者在思考深度上有共同点，但在政策落脚处上却有差异性。

美国将其主权延伸到了国际网络空间，而不是将之当作全球共商的"全球公域"。事实上，全球互联网上总是会出现各种冲突与犯罪，只有政府权力才能出面解决。世界上没有哪个国家能够作为世界警察摆平全球互联网上的所有问题。只能是通过网络主权来分而治之，而分而治之的基础只能是网络主权。对于网络主权，美国的《爱国者法案》授权执法部门有权要求美国互联网企业给予情报方面的配合，这就是其行使网络主权的具体表现。由此可见，各国打击网络犯罪依靠的就是国家主权。

网络主权的国际共识，指的是主权国家对于网络四要素"怎么看、怎么用、怎么连"的问题。其中，传统的主权网络，指的是电话、电报、路网、电网等等有着明确主权边界和跨国连接规则的网络，这是由地理因素和人口因素决定了的，已经是由国际法治达成了和平世界秩序的一部分。非传统的主权网络，指的就是互联网以及类似技术所衍生的物联网、社交网、区块链等等。这须有一个技术深化的过程，尚须经过技术垄断、技术竞争、实力博弈、协商共治的演进过程。这一演进过程将交织出现霸权导向和协商导向的世界网络秩序博弈。

国际法治常常对网络战与网络犯罪束手无策。面对黑客攻击、有组织的网络犯罪（例如洗钱、诈骗、贩毒、贩卖人口等）、网络恐怖主义乃至国家参与的网络战，迄今为止，联合国的国际法中仍没有一个专门针对网络空间治理的国际条约，全球网络治理尚停留在国内法治、诸边主义、区域安排、联合国关注的层面。

在诸边层面，2001 年 11 月，欧洲理事会成员国以及美、加、日、南非等 30 个国家在布达佩斯达成一项国际公约，即号称全球第一部也是唯一的一部反对网络犯罪的区域性国际公约——布达佩斯《网络犯罪公约》，但其管辖范围仅局限于针对网络犯罪的国家间法律合作与协调，尚不足以应对全部或主要的网络威胁。有学者认为该条约是"西方大合唱"，因为俄罗斯未加入，中国是观察员国。

第三节　反制霸权

美国《时代周刊》于 2016 年 2 月 22 日刊发的题为《互联网在削弱美国的力量》的文章指出，中国正在开发与美国对抗的新技术；印度、欧洲及其他友邦在如何管理互联网和保护隐私的问题上持有不同看法；谷歌、苹果、脸书网站和亚马逊等美国技术企业与华盛顿之间的利益差距越来越大；全球性的、开放性的互联网是美国经济、政治和军事力量的源泉，如今随着中国、俄罗斯、伊朗及其他很多国家维护网络主权的行动逐渐碎裂。

互联网作为一把"双刃剑"，既创造了自由表达的公共空间，又打开了传播不良信息的方便之门。互联网管制已引起各国政府的普遍关注，并逐渐成为全球性共识。但是，各国管制互联网的具体做法不尽相同，就是在一国之内对互联网管制的声音也常常是不同的。这引发了对管制的标准和限度的争执，其中尤为突出的是有关互联网管制是否侵犯人权，以及如何保障人权的讨论。以"网络人权保障"作为互联网管制的标准，可以合理地限定互联网管制的范围，为国际间有关互联网管制的争议提供对话的平台，也为指导我国互联网管制提供理论支持，同时也应警惕和避免落入完全以西方人权观为标准的"网络帝国主义"的圈套。各国有关网络主权的实践如表 10-1 所示。

表 10-1：各国的网络主权实践

网络主权实践	各国的具体做法
网络空间主权冲突	基于跳板的攻击 钓鱼网站 中国机构失去了 CNNers.com 域名 数据权利的归属 大数据带来的问题 合法性鉴别原则不同带来的问题
各国网络主权对域名的管理	美国司法体系施加在位于美国境内的域名注册服务商之上 美国通过没收域名来打击盗版 ICANN 接受政府的管理
打击网络煽动谣言	英国打击网上散布的有害谣言 新加坡打击网上散布的有害言论 德国打击网络恐怖言论
打击网络人身攻击	德国法院判决谷歌违法 美国用法律制裁人身攻击者
打击散布网络谣言	韩国打击网络谣言散布行为
对网站进行监管	印度对网络服务平台进行监管 印度屏蔽有害的网站
阻止有害信息传播	英国将侵权网站封锁掉 德国对互联网传播非法信息的过滤要求 俄罗斯阻止对特定网页进行访问 法国屏蔽恐怖主义的网站 澳大利亚要求安装过滤器 日本阻断儿童色情网站 韩国设立防火墙阻断朝鲜国家官网 印度政府电信部（Department of Telecom，DoT）下令互联网服务提供商屏蔽了 39 家网站
对虚假电子商务进行打击	英国打击非法电子商务行为 英美联手打击非法电子商务行为
打击垃圾邮件的传播	澳大利亚处罚垃圾邮件传播行为
打击黑客行为	澳大利亚打击网络信用卡盗用行为 美国打击僵尸网络的"清理行动"计划 国际打击僵尸网络的"托瓦行动"计划
打击网络欺诈	韩国对网络诈骗分子进行刑事处罚
打击网络隐私窃取	美国对窃取个人隐私的行为进行法律制裁
打击网络色情	美国打击网络儿童色情的"雪崩行动" 英国打击网络儿童色情的"矿石行动" 加拿大打击网络儿童色情的"雪球行动" 德国打击跨国儿童色情网络
打击网络恐怖主义信息	英国删除网络恐怖主义信息

网络主权实践	各国的具体做法
打击网络偏见与歧视，尤其是种族歧视	法国打击网络种族歧视行为 德国判决逮捕支持大屠杀言论的网站负责人
打击网络盗版	打击网络盗版的 "Operation Site Down" 国际联合行动 瑞典打击电影盗版行动
打击网络赌博	以色列打击网络赌博
打击网络欺诈	韩国对网络诈骗分子进行刑事处罚

以人权反制霸权已成为世界共识。人权的主体既是自然人的个体又是全体人类，人权的内容必须体现自由和平等。人权是应有权利、实有权利和法定权利的统一，人权是国家权力的根本目的；人权是法治追求的根本价值；人权具有国家法保护的一面。[1] 我们可以把网络人权概括为：公民在使用和利用互联网过程中所享有的一系列公民基本人权或公民人权保护。[2]

谈到人权，就需要探讨国际法理依据《世界人权宣言》（联合国大会第 217 号决议，A/RES/217）。这是联合国大会于 1948 年 12 月 10 日通过的一份旨在维护人类基本权利的宣言。该文件并非是强制性的国际公约，但是它为之后的两份具有强制性的联合国人权公约《公民权利和政治权利国际公约》和《经济、社会及文化权利国际公约》做了铺垫。而 1966 年通过的《公民权利和政治权利国际公约》是 "国际人权宪章"[3] 的重要组成部分，自生效以来已经有超过 160 个国家批准或加入，对于国际人权保护产生了深远、广泛的影响。中国于 1998 年签署该公约。《公民权利和政治权利国际公约》所确立的一系列刑事诉讼国际准则如何与中国国内立法和司法相协调，以及如何参考这些准则推进中国刑事诉讼制度的改革与完善，已经成为当前中国政府和广大群众普遍关注的热点和难点问题。与人权相关的另外一项《经济、社会及文化权利国际公约》于 1966 年 12 月 16 日由第 21 届联合国大会通过，1976 年 1 月 3 日生效。该《公约》第一次以法律形式对个人的经济、社会及文化权利加以确认，突破了以往片面强调公民及其政治权利的传统人权观局限，反映了广大发展中国家要求同等重视两类人权的呼声，是一项惠及民生的具有积极意义的国际人权法律。上述三个国际公约与各国网络主权法治实践，应当成为国际网络共治进程之

---

① 张晓玲：《人权理论基本问题》，中共中央党校出版社，2006，第 62 页。

② 林喆：《公民基本人权法律制度研究》，北京大学出版社，2006，第 12 页。

③ "国际人权宪章" 包括《经济、社会及文化权利国际公约》《世界人权宣言》和《公民权利和政治权利国际公约》。

中反制霸权、维护主权、保护人权的共识基础。

第四节　正义前瞻

早在冷战刚结束的 1993 年，美国兰德公司就发布报告警告称"网络战即将到来"[①]。该报告将现实的网络威胁进行归类，分为网络信息窃密、系统瘫痪、远程控制、战前打击、复合打击五类，这些都是有关 DNS、软件、硬件以及用户方面的非传统网络安全威胁问题。

一、正义需前瞻

"存在、安全、正义"，是文明发展与维护主权的永恒主题。约瑟夫·奈认为："人们刚刚开始看到网络战的样子。与国家行为体相比，非国家行为体更有可能发动网络攻击，'网络 911'的威胁恐怕要比'网络珍珠港'事件的重演更可能发生。现在是各个国家坐下来探讨如何防范网络威胁、维持世界和平的时候了。"[②]

世界网络安全之所以堪忧，是由于其还未达到像"核平衡"一样的世界安全秩序，还没有获得一个安全的"平衡点"。因而，国际学术界需要尽快确立"网络用户及网络信息"法定权益的学理共识。中国作为美洲、欧洲、亚洲三大经济体中快速崛起的发展中大国，需要秉承"互联网用户维权与信息维权"的国际立场，发挥自身用户总量与信息总量的优势，在网络空间国际博弈中发出正义声音。

对于网络主权，还有一种呼声——不能要网络主权，否则影响信息自由流动。这是一个次序颠倒的错误观念。在欧盟及申根国家，国家间没有边境管制，人员可以自由流动，这并不表明只有"欧盟主权"，没有国家主权。当美国允许某个国家的公民免签入境的时候，只是表明美国行使了放行的权力，而非失去了主权。同样，信息自由流动应该遵循什么样的"秩序"，取决于政府的公共政策，而非表明所谓是否放弃主权。事实上，网络主权的客观存在，是不以人的意志为转移，只在于是否、什么时候、以什么方式、对什么情况施加主权罢了。英国首相特丽莎·梅曾指出，自

---

① John Arquilla ,David F. Ronfeldt, "Cyberwar is Coming! ", *Comparative Strategy*, 12(1993):141-165.

② Joseph S. Nye, E-Power to Rise up the Security Agenda, NATO Review, [N/OL], http://www.nato.int/docu/review/2012/2012-security-predictions/e-Power-cybersecurity/EN/index.htm.

2010年起的5年里，英国政府从互联网上删除了7.5万份和恐怖主义相关的材料，其中70%的内容和ISIS、叙利亚和伊拉克相关。这就是主权行为构建确立的"信息秩序"。

网络主权施加于网络疆域之内，网络疆域也需要有网络主权的保护。领海有海防、领土有边防、领空有空防，同样，领网也需要有"网防"，这既是网军守护领网、拒敌于境外的依托点，也是维护国内网络信息基础设施安全的第一防线，更是捍卫国家网络主权的重要标志。因此，维护网络主权，应该建设网络边防。

习近平总书记多次在国际场合阐释我国的治网立场和主张，特别是在第二届世界互联网大会发表的重要讲话，旗帜鲜明地提出"推进全球互联网治理体系变革""构建网络空间命运共同体"①的目标。中国是网络主权的坚定倡导者和有力维护者，坚持正确处理网络空间自由与秩序、安全与发展、开放与自主的关系，探索走出了中国特色社会主义治网之道。中国将进一步推进全球互联网治理体系变革，推动制定更加平衡地反映绝大多数国家意愿和利益的网络空间国际规则，共同推动互联网健康发展。

网络主权植根于现代法理，是现代国家主权在网络空间的延伸。网络空间的法律制定与政策出台、政府管理与行政执法、司法管辖与争议解决、全球治理与国际合作等，都是网络主权的行使方式。对内，美国把网络安全纳入国土安全管理范畴，相继出台网络安全信息共享法案等一系列法律法规，突出地体现了网络主权；对外，2013年美国政府公开宣称，对美国实施网络攻击将被视为战争行为并予以武力还击。美国对他国实施网络攻击、网络监听，叫"网络自由""信息共享"，美国的网络被攻击，则视为"发动战争"。这就是美国的网络主权观，其实质是网络霸权。对于这种只要自己的主权、无视他国的主权，只要自己的安全而无视他国安全的强权行径，国际社会强烈愤慨，普遍呼吁尊重网络主权、反对网络霸权，推进全球互联网治理体系变革，构建网络空间新秩序。这是全球互联网发展与治理的客观规律和必然要求。

尊重网络主权是反对网络霸权的历史必然。自1648年威斯特伐利亚和会确立国家主权原则以来，坚持主权、反对霸权就是国际体系实践中的重要内容。现在，已经不是几个国家凑在一起就能决定世界大事的时代了，世界上的事情越来越需要各国商量着办。当前一些无视他国网络主权的行为，本质上是现实世界霸权主义行径在网络空间的投射与反映，是冷战思

---

① 习近平：《在第二届世界互联网大会开幕式上的讲话》（2015年12月16日，乌镇），新华网，[N/OL]，http://www.xinhuanet.com/politics/2015-12/16/c_1117481089.htm。

维的新变种，已经成为全球互联网治理体系变革的最大障碍。只有尊重网络主权，不搞网络霸权，不干涉他国内政，不从事、纵容或支持危害他国国家安全的网络活动，才能推进全球互联网治理体系朝着更加公正合理的方向变革。

网络主权原则是支撑"多利益攸关方"和"多边"两大网络治理模式的核心支柱。发达国家曾长期依据"多利益攸关方"原则，试图扩大私营部门在网络治理上的地位。实质上，这只能更多满足发达国家的需求，因为大多数私营信息、通信和技术（ICT）巨头来自发达国家。发展中国家则坚持多边原则，坚定支持联合国在 ICT 政策制定上的主导地位。因为他们面临着经济对外依赖、政府失能、社会混乱、甚至文化迷失的风险。在颜色革命、乌克兰危机、叙利亚内战，甚至包括伊斯兰国组织的崛起、恐怖主义全球蔓延之中，都会发现网络霸权与 ICT 负面影响的阴影。当前，网络主权原则已经逐渐开始被发达国家所接受。在 2011 年占领华尔街运动和英国暴乱、2015 年恐怖主义在全球蔓延之后，西方国家也认识到了控制互联网对确保社会稳定、保障国家安全的意义。中国认为，主权国家仍然会占据网络治理的核心地位，但这并不意味着必定要削弱私营部门的角色和作用。中国倡导的网络主权在策略上是既基于"多利益攸关方"模式，又借助国际多边手段，来共同推进网络空间国际治理。中国倡导的网络主权不会也不可能是像传统国家主权一样，全面的、排他性的绝对主权。事实上，虽然网络主权在法律上来源于国家主权，但对网络主权的界定过程，更像是权力与利益在全球范围内的再分配过程，是个动态发展的演化进程。当然，在这一进程中必须要考虑两个深层的问题：第一是如何在"确保国家安全、保障人权、促进创新、繁荣社会"之间做出平衡，既保证传统国家主权，又利于全球治理；第二是如何实践网络主权，各国该建设何种网络能力来保障网络主权，或者该遵循什么原则实现网络主权。这两个问题应该成为网络主权原则框架下，未来国际双边、诸边或多边网络外交的重要议题。①

"利益攸关模式"（stake-holders）是从霸权到协商共治的中间过渡。stake 意思是"筹码"，holders 指的是"攸关"关系。21 世纪的美国政治中出现过两次"stake-holders"的政策表述：一次是提出跟中国达成 G2 的关系（即中美共治的大国关系），第二次是在 ICANN 根域共治改革之中提出了"多利益攸关方模式"。这与美国对华的"接触"（engagement）政

① 温百华，《网络治理主权原则的三大支柱》，[N/OL]，http://m.zaobao.com/story/598434，2016-5-29。

治理论是一脉相承的，与美国对俄的"遏制"（containment）政治理论是有区别的。但是，历史地看，中、美、俄三大国，依然是一战和二战中一起站在正义一方（协约国、同盟国）的盟友关系，这是一个前瞻世界秩序的出发点问题。

网络主权是权利，同时也是责任。只有各国达成了网络主权共识，才能厘清网络世界的国际责任，便于推动全球网络公正秩序的建立，便于树立网络正义。易言之，网络主权作为法治理念，由于没有国际网络公约，那么，各国先进行网络主权立法，是补充国际网络公约缺位的有效法治手段，便于把原有传统网络世界中的法律文明平移到非传统的网络世界中去，并为国际网络互联与法治合作筑牢底线、消除法外之地。网络主权的立法原则应当是"既要确保国家安全，又要保障公众隐私"的良法善治。中国倡导网络主权原则的最基本动因，是想从国内法上为保护自身国家安全利益提供法治依据。而美国视网络为实现自身国家利益的手段，任由其无节制的发展，包括针对其盟友的全球网络监控项目、不负责任地建设攻击性军事网络作战力量，只会导致网络空间军事化。

同时，承认网络主权还意味着接受相应的国际责任，它为不同国家在网络空间合作铺平道路。在此原则之上，国家可以最大程度上联合起来，更好地应对全球性的网络威胁。这是中国承诺加强与各国进行网络合作，共同打击国际网络犯罪的法治逻辑。

二、治网靠统筹

网络治理，无论在国际还是在国内，都需要依靠统筹的方法。在网络主权问题上，通过比较国内外研究和相关法治可以发现：只有在总体上跳出既有主权理论的束缚，跳出单纯"网络安全学"的视野，跳出美国"网络超主权"的理论模式，提出统筹的新方法，才有可能真正构建出公正合理的世界网络秩序与本国网络安全秩序。网络统筹方法论的提出，为服务网络主权的法治实践与社会实践提供了理论指引。

依靠统筹，是《中华人民共和国网络安全法》立法规定"统筹规划、统筹协调"的理论诠释。该法特别规定了维护网络主权意义上"统筹领导"——它把既有的工业信息化以及电信法治、知识产权和信息法治、民刑法治和主权法治结合了起来，在网络主权理论指导下，共同构建出了"国家网络安全法治体系"，体现出了网络主权辖制力具有了统筹领导、统筹规划、统筹协调的理论价值与法理正义。

统筹治理，是网络法治对症下药的"良方"。网络主权作为置基于传统"国家主权"之上的一种"新主权",天然地针对网络互联并具有"可统筹性"。其客观基础是由于"网络科学性"与"网络社会性"在全时空领域中融合、深化了人们的普遍联系。只有甄别了网络主体、客体、平台、活动的"四要素"再施以统筹治理,才能发挥好网络主权的管辖效用,才能在网络时代维护传统国家主权的安危。研究发展传统的主权理论、延伸构建出网络主权的新理论,必须经由"统筹"方法来满足应对网络安全挑战的现实需求。如果做不到统筹,就实现不了全方位的网络安全、网络治理。统筹治理,才能惩恶扬善。依靠统筹治理的方法来依法治网,应当成为一条维护国家网络安全的全新战略。

统筹治网,一旦站到维护国家主权的高度上看,就体现出网络主权的正当性。"网络有主权""主权辖网络""治网靠统筹"三者合为一体,成为政治哲学的新理论、主权法学的新发展、国际法学的新进步。反观网络霸权,它是依靠技术垄断来辖制网络秩序。而网络主权的提出,则是为了依靠统筹的方法来依法治网。

对治网络虚拟性,决定依法治网,必须通过统筹的方法。传统的主权领域主要在领土、领海、领空等疆域。而网络作为新的领域,看不见,摸不着,但它客观存在于现实生活之中。网络空间本无疆界,但为维护国际网络秩序和各国网络安全与国家安全,只有坚持统筹治理的方法,才能维护"领网"疆界、维护网络主权、推进国际合作。本书提出"统筹熵"公式,即是为了采用极简的总量数学公式来表达网络安全程度,以科学提供网络主权的法治依据,也是为了求得从混乱到有序的网络数学"唯一解",用以检测网络威胁,评估网络秩序,完善网络法治。

构建网络命运共同体,既是政治哲学、法学领域"主权相对化"理论的新发展,又是网络主权统筹、网络主权合作的新目标。网络空间不可能脱离国家而存在。这是由于全球信息网络的物质性、疆域性、领网性、人民性、社会性所客观决定的。本书在研究范式上采用"内涵外延总括式",把科技视角上的网络上层结构转换为哲学上网络的主体、客体、平台、活动四要素,实现了总体认知,从"本体论—认识论—方法论"三个维度论证网络主权,运用了国际法学、科技哲学、国际政治学、网络安全学、信息熵数学的交叉研究,提出了新统筹学和"统筹熵"公式,目的就在于通过本体认知、要素认知,达到方法认知,为网络主权的运用找到科学准确的方法论。

附录一

关于从国际安全的角度看信息和电信领域的
发展政府专家组的报告

[联合国第七十届会议文件（A/70/174）]

摘要：

信息和通信技术（信通技术）提供了广阔的机会，对国际社会的重要性不断增加。然而，同时也出现了对国际和平与安全构成威胁的这一令人不安的趋势。各国必须进行有效合作，才能减少这些风险。

2015 年关于从国际安全的角度看信息和电信领域的发展政府专家组审查了各国利用信通技术而产生的现有威胁和潜在威胁，审议了消除这些威胁的行动，包括制定规范、规则、原则和建立信任措施。专家组还审查了国际法如何适用于国家使用信通技术的问题。本专家组在前专家组工作的基础上再接再厉，在这些领域取得了重大进展。

本报告大大扩大了对各项规范的讨论范围。专家组建议各国进行合作，防止有害的信通技术行为，并且不应故意允许他人利用其领土使用信通技术实施国际不法行为。专家组呼吁加强信息交流和提供更多援助，以起诉利用信通技术的恐怖分子和罪犯。为此，专家组强调各国应保证充分尊重人权，包括隐私权和表达自由。

一项重要的建议是，各国不应从事或故意支持蓄意破坏或以其他方式损害关键基础设施的利用和运行的信通技术活动。各国还应采取措施，保护本国关键基础设施不受信通技术的威胁。一国不应危害另一国获授权的应急小组的信息系统，或利用这些小组参与恶意的国际活动。各国应鼓励负责任地报道信通技术的脆弱性，采取合理步骤确保供应链的完整性，并防止恶意的信通技术工具、技术或有害隐藏功能扩散。

建立信任措施可增强合作和透明度，并降低冲突风险。专家组确认了若干用于提高透明度的自愿的建立信任措施，并建议各国考虑采取进一步措施加强合作。专家组呼吁在联合国主持下定期举行广泛参与的对话，并通过双边、区域和多边论坛进行定期对话。虽然国家负有维持一个安全与和平的信通技术环境的首要责任，但如果私营部门、学术界和民间社会能适当参与，将有利于开展国际合作。

能力建设对于合作和建立信任至关重要。专家组 2013 报告（见A/68/98）呼吁国际社会协助加强关键信通技术基础设施的安全，帮助培养技能，并建议制定适当的立法、战略和规章。本专家组重申这些结论意见，并强调所有国家可以相互学习如何认识和有效应对这些威胁。

专家组强调国际法、《联合国宪章》和主权原则的重要性，它们是加强各国使用信通技术安全性的基础。专家组指出各国拥有采取与国际法相符并得到《宪章》承认的措施的固有权利，同时有必要进一步研究这一问题。专家组还提到既定国际法原则，包括适用情况下的人道原则、必要性原则、相称原则和区分原则。

专家组在思考今后的工作时，建议大会考虑于 2016 年召集一个新的政府专家组。

专家组请会员国积极审议其建议，并评估如何接受这些建议，以进一步发展和予以落实。

秘书长的前言

很少有技术像信息和通信技术（信通技术）那样对重塑经济、社会和国际关系具有如此大的威力。网络空间触及我们生活的方方面面。好处是巨大的，但也不是没有风险。只有通过国际合作，才能实现网络空间的稳定与安全，而国际法和《联合国宪章》宗旨必须成为这一合作的基石。

本报告所载建议是来自 20 个国家的政府专家提出的，为的是应对由于国家和非国家行为体利用信通技术而存在的和新出现的可能危及国际和平与安全的各种威胁。专家们借鉴了 2010 年和 2013 年的共识报告，提出了制定规范、建立信任、进行能力建设和适用国际法的构想。

在已出现的各种复杂问题中，就存在极端分子、恐怖分子和有组织犯罪集团日益恶意利用信通技术的问题。本报告提出的建议可帮助应对这一令人不安的趋势，并有助于拟定我即将提出的防止暴力极端主义行动计划。

增加网络空间的安全性符合各国的切身利益。我们在这一领域开展工作时必须坚守全球承诺，即促进一个开放、安全与和平的因特网。本着这一精神，我将本报告推荐给大会和全球广大受众，报告为竭尽努力确保信通技术环境的安全做出了重要贡献。

一、导言

1. 根据关于从国际安全的角度看信息和电信领域的发展的大会第68/243 号决议，秘书长按公平地域分配设立了一个政府专家组，继续研究信息安全领域的现存威胁和潜在威胁、为对付这些威胁可能采取的合作措施，包括国家负责任行为的规范、规则或原则和建立信任措施、在冲突中使用信息和通信技术（信通技术）问题及国际法如何适用于国家使用信通技术的问题，以及旨在加强全球信息和电信系统安全的概念，以期促进取得共同的理解。

2. 一个开放、安全、稳定、无障碍、和平的信通技术环境对于所有人都非常重要，需要各国切实合作，减少国际和平与安全所面临的风险。本报告反映了关于从国际安全的角度看信息和电信领域的发展政府专家组的建议，并借鉴了前专家组的工作（见 A/65/201 和 A/68/98）。专家组审查了与其任务有关的国际概念和可能的合作措施。专家组重申，推动信通技术用于和平目的，并防止因使用信通技术而出现冲突，符合所有国家的利益。

二、现有威胁和新出现的威胁

3. 信通技术为社会和经济发展提供了广阔的机会，对国际社会的重要性不断增加。但是，在全球信通技术环境中存在着国家和非国家行为体恶意利用信通技术的事件急剧增加等令人不安的趋势。这一趋势给所有国家带来风险，不当使用信通技术可能危害国际和平与安全。

4. 一些国家正在为军事目的发展信通技术能力。将信通技术用于未来国家间冲突的可能性越来越大。

5. 利用信通技术进行最具破坏性的攻击中包括针对一国的关键基础设施和相关信息系统发动这样的攻击。针对关键基础设施发动破坏性信通技术攻击的风险是真实存在的，并且非常严重。

6. 将信通技术用于除招募、资助、训练和煽动以外的恐怖主义目的，包括对信通技术或离不开信通技术的基础设施发动恐怖袭击，这种可能性已越来越大。如果放任不管，可能威胁到国际和平与安全。

7. 邪恶的非国家行为体（包括犯罪集团和恐怖分子）五花八门，揣着不同的动机，可以极快的速度发生恶意的信通技术行动，并且在出现信通技术事件后很难找到事件的源头，所有这些都增加了风险。国家有理由担心可能存在不利于稳定的误解，有可能发生冲突，并有可能危害本国国民、财产和经济。

8. 国家间确保信通技术安全的能力处于不同水平，将增加一个相互关联世界的脆弱性。

三、国家负责任行为的规范、规则和原则

9. 信通技术环境对于国际社会确定如何将规范、规则和原则适用于国家开展与信通技术有关的活动，既是机遇，又是挑战。目标之一就是为负责任的国家行为确定更多自愿的非约束性规范，并加强对增强信通技术环境的稳定性与安全的共同理解。

10. 对负责任的国家行为进行自愿的非约束性规范，可降低国际和平、安全与稳定所面临的风险。因此，做出规范并无意要限制或禁止符合国际法的行动。制定规范反映了国际社会的愿望，确立了负责任的国家行为标准，使国际社会能够评估国家的活动和意图。规范有助于防止信通技术环境中的冲突，促进和平利用信通技术，以便充分实现将信通技术用于加强全球社会和经济发展。

11. 专家组以往的报告反映了根据现有国际规范和承诺就国家在信通技术安全性和使用方面负责任行为达成的新的共识。本专家组的任务是继续研究国家负责任行为规范，决定拟定哪方面的现有规范适用于信通技术环境，鼓励更大程度地接受各项规范，并确定需要在哪方面制定考虑到信通技术复杂性和独特属性的更多规范，以期促进达成共同理解。

12. 专家组注意到中国、哈萨克斯坦、吉尔吉斯斯坦、俄罗斯联邦、塔吉克斯坦和乌兹别克斯坦提出的关于信息安全国际行为准则的建议（见A/69/723）。

13. 考虑到现有的和新出现的威胁、风险和脆弱性，并借鉴前专家组2010年7月和2013年6月报告中的评估和建议，本专家组为促进一个开放、稳定、安全、无障碍、和平的信通技术环境，提出关于自愿的非约束性国家负责任行为规范、规则或原则建议如下，供各国审议：

(a) 各国应遵循联合国宗旨，包括维持国际和平与安全的宗旨，合作制定和采用各项措施，加强信通技术使用的稳定性与安全性，并防止发生被公认有害于或可能威胁到国际和平与安全的信通技术行为；

(b) 一旦发生信通技术事件，各国应考虑所有相关信息，包括所发生事件的更大背景，信通技术环境中归属方面的困难，以及后果的性质和范围；

(c) 各国不应蓄意允许他人利用其领土使用信通技术实施国际不法行为；

(d) 各国应考虑如何以最佳方式开展合作，交流信息，互相帮助，起诉利用信通技术的恐怖分子和犯罪者，并采取其他合作措施对付这种威胁。各国也许需要考虑是否有必要在这方面制定新的措施；

(e) 各国在确保安全使用信通技术方面，应遵守关于促进、保护和享有因特网人权的人权理事会第 20/8 和 26/13 号决议，以及关于数字时代的隐私权的大会第 68/167 和 69/166 号决议，保证充分尊重人权，包括表达自由；

(f) 各国不应违反国际法规定的义务，从事或故意支持蓄意破坏关键基础设施或以其他方式损害为公众提供服务的关键基础设施的利用和运行的信通技术活动；

(g) 各国应考虑到关于创建全球网络安全文化及保护重要的信息基础设施的大会第 58/199 号决议和其他相关决议，采取措施，保护本国关键基础设施免受信通技术的威胁；

(h) 一个国家应适当回应另一国因其关键基础设施受到恶意信通技术行为的攻击而提出的援助请求。一个国家还应回应另一国的适当请求，减少从其领土发动的针对该国关键基础设施的恶意信通技术活动，同时考虑到适当尊重主权；

(i) 各国应采取合理步骤，确保供应链的完整性，使终端用户可以对信通技术产品的安全性有信心。各国应设法防止恶意信通技术工具和技术的扩散以及使用有害的隐蔽功能；

(j) 各国应鼓励负责任的报道信通技术的脆弱性，分享有关这种脆弱性的现有补救办法的相关资料，以限制并可能消除信通技术和依赖信通技术的基础设施所面临的潜在威胁；

(k) 一个国家不应进行或故意支持开展活动，危害另一国授权的应急小组（有时称为计算机应急小组或网络安全事件应对小组）的信息系统。各国不应利用经授权的应急小组从事恶意的国际活动。

14. 专家组指出，虽然这些措施对于促进一个开放、安全、稳定、无障碍、和平的信通技术环境可能是至关重要的，然而，特别是对发展中国家而言，在他们获得适足能力之前，也许不能立即付诸实施。

15. 鉴于信通技术的独特属性，可能需要在一段时间后制定更多规范。

四、建立信任措施

16. 建立信任措施可加强国际和平与安全。它们能够加强国家间合作、透明度、可预测性和稳定性。各国在建立信任和确保一个和平的信通技术环境的工作中，应考虑到裁军审议委员会 1988 年通过的并经大会第 43/78(H) 号决议核可的建立信任措施的指导方针。为加强信任与合作，减少冲突风险，专家组建议各国考虑采取以下各项自愿的建立信任措施：

(a) 在政策和技术层面确定对付严重的信通技术事件的联络点，并建立联络点目录；

(b) 酌情建立和支持双边、区域、次区域和多边协商机制和程序，以加强国家间的建立信任措施，减少可能因信通技术事件而产生的误解、事件升级和冲突风险；

(c) 鼓励酌情在自愿基础上在双边、次区域、区域和多边层面建立透明度，以增强信心，为今后的工作提供指导。这可包括自愿分享下列方面的国家意见和信息：信通技术及其使用所面临的国家和跨国威胁的各个方面；信通技术产品的脆弱性和已发现的有害隐藏功能；确保信通技术安全的最佳做法；区域和多边论坛制定的建立信任措施；与信通技术安全有关的国家组织、战略、政策和方案；

(d) 各国就本国自认为关键的基础设施类别及国家为保护这些基础设施所做的努力自愿提供看法，包括提供信息说明关于保护数据和靠信通技术带动的基础设施的国家法律和政策。各国应力求促进跨界合作，解决关键基础设施存在的超国界脆弱性问题。这些措施可包括：

㈠ 建立保护数据和靠信通技术带动的基础设施的国家法律和政策信息库，出版被认为适合发行的关于这类国家法律和政策的材料；

㈡ 建立关于保护靠信通技术带动的关键基础设施的双边、次区域、区域和多边协商机制和程序；

㈢ 在双边、次区域、区域和多边基础上，建立处理与信通技术有关的请求的技术、法律和外交机制；

㈣ 通过国家自愿做出的安排，视事件的规模和严重程度对信通技术事件进行分类，为交流有关事件的信息提供便利。

17. 各国应考虑采取更多的建立信任措施，在双边、次区域、区域和多边基础上加强合作。这可包括国家自愿达成的协议，以便：

(a) 加强相关机构之间处理信通技术安全事件的合作机制，建立更多的技术、法律和外交机制，以处理与信通技术基础设施有关的请求，包括酌情考虑进行应对事故和执法领域人员的交流，并鼓励研究机构和学术机构之间进行交流；

(b) 加强合作，包括建立协调中心交流关于恶意使用信通技术的信息，并为调查提供协助；

(c) 建立国际计算机应急小组和（或）网络安全应急小组或官方指定履行这一职能的组织。国家不妨考虑在其关键基础设施定义内设立这类机构。各国应支持和协助这些国家应急小组和其他获授权机构的运作与相互间合作；

(d) 酌情扩大和支持计算机应急小组和网络安全应急小组的做法，如交流关于脆弱性、袭击规律和减少攻击的最佳做法，包括协调反应、组织演习、协助处理信通技术相关事件和加强区域及部门合作等方面的信息；

(e) 针对其他国家的请求，以符合国家和国际法的方式合作调查涉及信通技术的犯罪或将信通技术用于恐怖主义目的，或减轻从本国领土发起的恶意信通技术活动的影响。

18. 专家组重申，鉴于信通技术的发展速度和威胁程度，有必要加强共同理解和增强合作。在这方面，专家组建议在联合国主持下定期举行广泛参与的对话，并通过双边、区域和多边论坛及其他国际组织进行定期对话。

五、信通技术安全和能力建设方面的国际合作和援助

19. 各国负有维护国家安全、保障公民安全，包括信通技术环境安全的首要责任，但有些国家可能缺乏足够的能力来保护本国的信通技术网络。国家若缺乏能力可能使公民和关键基础设施容易受到恶意行为体的攻击，或使其无意间成为恶意行为者的避风港。国际合作与援助可发挥重要作用，使各国能够保证信通技术的安全性，确保将其用于和平用途。通过加强国家开展合作与集体行动的能力，为信通技术安全领域的能力建设提供援助，对于国际安全也至关重要。专家组一致认为，能力建设措施应设法促进将信通技术用于和平目的。

20. 专家组赞同 2010 年和 2013 年报告中关于能力建设的建议。2010年报告建议各国确认支持欠发达国家能力建设的措施。2013 年报告呼吁国际社会共同努力提供援助，以便加强关键信通技术基础设施的安全性；开发技能并拟订适当立法、战略和监管框架，以履行职责；弥合信通技术安全及其使用方面的鸿沟。本专家组还强调指出，能力建设不仅仅关系到发达国家对发展中国家的知识和技能转让，而是所有国家都可以相互学习，认识他们所面临的威胁及如何有效应对这些威胁。

21. 各国应在通过以往的联合国决议和报告（包括题为"创建全球网络安全文化以及评估各国保护关键信息基础设施的努力"的大会第64/211号决议）开始的工作的基础上再接再厉、考虑自愿采取下列措施，为确保需要援助和提出援助请求的国家的信通技术安全提供能力建设方面的技术和其他援助：

(a) 协助加强与计算机应急小组和其他获授权机构的合作机制；

(b) 向发展中国家提供援助和培训，以加强使用信通技术（包括关键基础设施）的安全性，以及交流法律和行政最佳做法；

(c) 协助获取被视为对信通技术安全至关重要的技术；

(d) 建立应对网络安全事件和解决这方面短期问题的互助程序，包括快捷援助程序；

(e) 促进跨界合作，解决关键基础设施的超国界脆弱性问题；

(f) 制定信通技术安全能力建设工作的可持续性战略；

(g) 将信通技术安全意识和能力建设作为国家计划和预算的优先重点，并使其在发展和援助规划中获得适当位置。这可包括为教育和指导各机构和每个公民而设计的信通技术安全意识方案。可以与国际组织，包括联合国及其机构、私营部门、学术界和民间社会组织共同努力实施这样的方案；

(h) 鼓励进一步开展关于法证或合作措施等方面的能力建设工作，严防犯罪分子或恐怖分子使用信通技术。

22. 发展区域性的能力建设做法是有益的，因为这种做法能够考虑到具体的文化、地理、政治、经济或社会层面，还可以因地制宜。

23. 为了信通技术安全能力建设，各国可以考虑在既有伙伴关系的基础上制订双边和多边合作举措。这些举措将有助于改善国家之间应对信通技术事件的有效互助环境，有关国际组织，包括联合国及其机构、私营部门、学术界和民间社会组织可进一步发展这类举措。

六、国际法如何适用于信通技术的使用

24. 2013年报告指出，国际法，尤其是《联合国宪章》，对维护国际和平与稳定以及促进一个开放、安全、稳定、无障碍、和平的信通技术环境是适用的和不可或缺的。根据其任务规定，本专家组审议了国际法如何适用于国家使用信通技术的问题。

25. 各国遵守国际法，特别是《宪章》规定的义务，是它们使用信通

技术以及促进一个开放、安全、稳定、无障碍、和平的信通技术环境的重要行动框架。履行这方面的义务是关于国际法适用于国家使用信通技术的审查工作的核心。

26. 在审议国际法适用于国家使用信通技术问题时，专家组确认至关重要的是各国承诺下列《宪章》宗旨和国际法原则：主权平等；以不危及国际和平与安全和正义的方式，通过和平手段解决国际争端；在国际关系中不对任何国家的领土完整或政治独立进行武力威胁或使用武力，或采用不符合联合国宗旨的任何其他方式；尊重人权和基本自由；不干涉他国内政。

27. 国家主权和源自主权的国际规范和原则适用于国家进行的信通技术活动，以及国家在其领土内对信通技术基础设施的管辖权。

28. 在前专家组工作的基础上，以及在《宪章》和大会第 68/243 号决议规定的任务指导下，本专家组就国际法如何适用于国家使用信通技术的问题提供了如下非详尽无遗的意见：

(a) 各国对其领土内的信通技术基础设施拥有管辖权；

(b) 各国在使用信通技术时，除其他国际法原则外，还必须遵守国家主权、主权平等、以和平手段解决争端和不干涉其他国家内政的原则。国际法规定的现有义务适用于国家使用信通技术。各国必须遵守国际法规定的义务，尊重和保护人权及基本自由；

(c) 专家组强调了国际社会对和平利用信通技术促进人类共同利益的愿望，回顾《宪章》全部内容的适用性，指出各国拥有采取符合国际法和得到《宪章》承认的措施的固有权利。专家组认识到需要进一步研究这一事项；

(d) 专家组提到既定的国际法律原则，包括适用情况下的人道原则、必要性原则、相称原则和区分原则；

(e) 各国不得使用代理人利用信通技术犯下国际不法行为，并应力求不让非国家行为体利用其领土实施这类行为；

(f) 各国必须就按照国际法归咎于它们的国际不法行为履行国际义务。但是，如果迹象表明信通技术活动由某国发起或源自其领土或信通技术基础设施，可能这件事本身并不足以将此活动归咎于该国。专家组指出，须经证实后才能对国家组织和实施不法行为提出指控。

29. 专家组指出，取得对国际法如何适用于国家使用信通技术问题的共同理解对于促进一个开放、安全、稳定、无障碍、和平的信通技术环境，具有重大意义。

七、结论和今后工作建议

30. 对于恶意使用信通技术对国际和平与安全造成风险的认识已有显著提高。专家组认识到信通技术可以加速驱动发展，并且符合保持全球连通性和信息自由安全流动的需求，认为确定今后工作的可能措施很有助益，其中包括但不限于以下内容：

(a) 各国在法律、技术和政策层面共同和单独地进一步发展使用信通技术促进国际和平与稳定的概念；

(b) 在区域和多边两级加强合作，提高对恶意使用信通技术对国际和平与稳定构成的潜在威胁和靠信通技术带动的关键基础设施安全性的共同理解。

31. 虽然各国对维持一个安全、和平的信通技术环境负有首要责任，但是，确定私营部门、学术界和民间社会组织适当参与的机制将有利于开展有效合作。

32. 可能有用的进一步学习和研究领域包括与国家利用信通技术有关的概念。为所有会员国提供服务的联合国裁军研究所正是这样一个可以请来进行相关研究的实体，也可以请其他相关智囊团和研究组织进行研究。

33. 联合国可以发挥主导作用，促进各国就使用信通技术的安全性问题开展对话，并对将国际法、规范、准则和原则适用于负责任的国家行为达成共同理解。在进一步工作中，可以考虑就信通技术安全问题的国际对话与交流采取举措。这些工作不应重复其他国际组织和论坛正在开展的工作，即处理罪犯和恐怖分子利用信通技术的问题以及人权和因特网治理等问题。

34. 专家组指出大会考虑在 2016 年召集一个关于从国际安全的角度看信息和电信领域的发展政府专家组，具有重要意义，以便继续研究信息安全领域的现存威胁和潜在威胁、为对付这些威胁可能采取的合作措施，以及国际法如何适用于国家使用信通技术的问题，包括国家负责任行为的规范、规则和原则，建立信任措施和能力建设，以期促进取得共同理解。

35. 专家组赞扬各国际组织和区域集团为信通技术安全做出了宝贵的努力。各国就使用信通技术的安全问题开展的工作，应考虑到这些努力。会员国应酌情鼓励建立新的双边、区域和多边对话、协商和能力建设平台。

36. 专家组建议会员国积极审议本报告所载建议，即如何帮助创建一个开放、安全、稳定、无障碍、和平的信通技术环境，并评估如何接受这些建议，以进一步发展和加以落实。

附录二

参考书目

一、政治哲学

1. 〔古希腊〕亚里士多德：《雅典政制》，日知、力野译，商务印书馆，1959。

2. 〔古希腊〕亚里士多德：《政治学》，颜一、秦典华译，中国人民大学出版社，2003。

3. Aristotle, *Politics a Treatise on Government* (Book Jungle, 2008).

4. 〔古希腊〕柏拉图：《柏拉图全集》（套装 1-4 卷），王晓朝译，人民出版社，2003。

5. 〔古罗马〕西塞罗：《国家篇，法律篇》，沈叔平、苏力译，商务印书馆，2013。

6. 〔法〕让·博丹：《主权论》，李卫海等译，北京大学出版社，2008。

7. 〔荷〕胡果·格劳秀斯：《战争与和平法》，何勤华等译，上海人民出版社，2013。

8. 〔德〕康德：《永久和平论》，何兆武译，上海人民出版社，2005。

9. 〔英〕托马斯·莫尔：《乌托邦》，戴镏龄译，商务印书馆，2008。

10. 〔英〕休谟：《人性论》，关文运译，商务印书馆，1980。

11. 〔英〕洛克：《政府论》（上篇），瞿菊农、叶启芳译，商务印书馆，1982。

12. 〔英〕洛克：《政府论》（下篇），叶启芳、瞿菊农译，商务印书馆，1964。

13. 〔英〕伯特兰·罗素：《权力论》，吴友三译，商务印书馆，2012。

14.〔法〕孟德斯鸠：《论法的精神》，许明龙译，商务印书馆，2011。

15.〔英〕霍布斯：《利维坦》，黎思复、黎廷弼译，商务印书馆，1985。

16.〔英〕霍布豪斯：《自由主义》，朱曾汶译，商务印书馆，1996。

17.〔德〕尼采：《查拉图斯特拉如是说》，生活·读书·新知三联书店，2014。

18.〔法〕卢梭：《社会契约论》，何兆武译，商务印书馆，1982。

19.〔法〕托克维尔：《旧制度与大革命》，冯棠译，商务印书馆，1992。

20.〔德〕马克斯·韦伯：《新教伦理与资本主义精神》，马奇炎等译，北京大学出版社，2012。

21.〔英〕亚当·斯密：《国富论》（上卷），商务印书馆，2015。

22.〔英〕梅特兰：《欧陆法律史概览：事件，渊源，人物及运动》，屈文生译，上海人民出版社，2015。

23.〔英〕伯特兰·罗素：《权威与个人》，储智勇译，商务印书馆，2012。

24.〔德〕叔本华：《作为意志和表象的世界》，商务印书馆，1982。

25.〔印〕泰戈尔：《民族主义》，谭仁侠译，商务印书馆，1982。

26.〔美〕肯尼恩·华尔兹：《国际政治理论》，信强译，上海人民出版社，2008。

27.〔美〕桑德尔：《自由主义与正义的局限》，万俊人等译，译林出版社，2011。

28.〔英〕斯蒂芬·霍尔盖特：《黑格尔导论：自由、真理与历史》，丁三东译，商务印书馆，2013。

29.〔美〕保罗·卡恩：《政治神学：新主权概念四论》，郑琪译，译林出版社，2015。

30.〔美〕史蒂芬·B.斯密什：《政治哲学》，贺晴川译，北京联合出版公司，2015。

31.〔日〕篠田英朗：《重新审视主权》，戚渊译，商务印书馆，2015。

32.〔美〕汉娜·阿伦特：《极权主义的起源》（第2版），林骧华译，生活·读书·新知三联书店，2014。

33.〔美〕汉娜·阿伦特：《论革命》，译林出版社，2011。

34.〔美〕惠顿：《万国公法》，丁韪良译，中国政法大学出版社，2003。

35.〔美〕约翰·H.威格摩尔：《世界法系概览》，何勤华等译，上海人民出版社，2004。

36.〔英〕马尔科姆·N.肖：《国际法》（第6版），白桂梅等译，北京大学出版社，2011。

37.〔意〕马基雅维利：《君主论》，潘汉典译，商务印书馆，2009。

38.〔美〕诺奇克：《无政府、国家和乌托邦》，姚大志译，中国社会科学出版社，2008。

39.〔美〕理查德·莱克曼：《国家与权力》，郦菁、张昕译，上海世纪出版集团，2013。

40.〔委〕莫伊塞斯·纳伊姆：《权力的终结：权力正在失去，世界如何运转》，王吉美等译，中信出版社，2013。

41.〔美〕弗朗西斯·福山：《政治秩序与政治衰败：从工业革命到民主全球化》，毛俊杰译，广西师范大学出版社，2015。

42.〔美〕弗朗西斯·福山：《大断裂：人类本性与社会秩序的重建》，唐磊译，广西师范大学出版社，2015。

43.〔美〕哈罗德·D.拉斯韦尔、〔美〕亚伯拉罕·卡普兰：《权力与社会：一项政治研究的框架》，王菲易译，上海世纪出版集团，2012。

44.〔美〕贾雷德·戴蒙德：《枪炮、病菌与钢铁：人类社会的命运》，谢延光译，上海译文出版社，2006。

45.〔澳〕辛普森：《大国与法外国家：国际法律秩序中不平等的主权》，朱利江译，北京大学出版社，2008。

46.〔意〕安格鲁·帕尼比昂科：《政党：组织与权力》，周建勇译，上海世纪出版集团，2013。

47.〔英〕大卫·马什等：《欧洲的未来》，许钏颖译，中国经济出版社，2014。

48.〔英〕西蒙·蒙蒂菲奥里：《耶路撒冷三千年》，张倩红译，民主与建设出版社，2015。

49.〔美〕杰克逊：《国家主权与WTO》，赵龙跃等译，社会科学文献出版社，2009。

50.〔美〕迈克尔·J.奎因：《互联网伦理：信息时代的道德重构》，王益民译，电子工业出版社，2016。

51.〔美〕罗伯特·达尔：《现代政治分析》，王沪宁译，上海译文出版社，1987。

52.毛泽东：《论十大关系》，《人民日报》1976年12月26日。

53.王沪宁：《国家主权》，人民出版社，1987。

54.王沪宁：《民主政治》，人民出版社，1990。

55.王沪宁：《比较政治分析》，上海人民出版社，1987。

56. 王沪宁：《当代西方政治学分析》，四川人民出版社，1988。

57. 王沪宁：《从〈理想国〉到〈代议制政府〉：西方政治学名著释评》，四川人民出版社，1990。

58. 王沪宁：《反腐败——中国的实验》，三环出版社，1989。

59. 王沪宁：《腐败与反腐败——当代国外腐败问题研究》，上海人民出版社，1990。

60. 王沪宁：《行政学导论》，上海三联书店，1987。

61. 王沪宁：《行政生态分析》，复旦大学出版社，1989。

62. 王沪宁：《政治的逻辑：马克思主义政治学原理》，上海人民出版社，2012。

63. 王沪宁：《当代中国家族村落文化》，上海人民出版社，1991。

64. 王沪宁：《政治的人生》，上海人民出版社，1995。

65. 王沪宁：《王沪宁集：比较·超越》，黑龙江教育出版社，1989。

66. 王沪宁：《中国近代史纲要》，高等教育出版社，2008。

67. 王沪宁：《马克思基本原理概论》，高等教育出版社，2008。

68. 王沪宁、逄先知：《毛泽东思想、邓小平理论和三个代表重要思想概论》，高等教育出版社，2007。

69. 王沪宁、逄先知：《十七大党章修正案学习问答》，党建读物出版社，2007。

70. 王沪宁、郑必坚、金冲及：《思想道德修养与法律基础》，高等教育出版社，2006。

71. 黄颂杰、尹伯成、王沪宁、林骧华：《当代西方学术思潮》，浙江人民出版社，1987。

72. 黄仁伟、刘杰：《国家主权新论》，时事出版社，2004。

73. 任丙强：《全球化、国家主权与公共政策》，北京航空航天大学出版社，2007。

74. 张千帆：《国家主权与地方自治》，中国民主法制出版社，2012。

75. 李翀：《超主权国际货币的构建：国际货币制度的改革》，北京师范大学出版社，2014。

76. 龙骁：《国家货币主权研究》，法律出版社，2013。

77. 任孟山：《国际传播与国家主权：传播全球化研究》，上海交通大学出版社，2011。

78. 肖佳灵：《国家主权论》，时事出版社，2003。

79. 方建中：《超越主权理论的宪法审查——以法国为中心的考察》，法律出版社，2010。

80.刘凯：《国家主权自主有限让渡问题研究》，中国政法大学出版社，2013。

81.马呈元：《国家领土主权与海洋权益协同创新文集》，中国政法大学出版社，2015。

82.沈桥林：《从世贸组织看国家主权》，法律出版社，2008。

83.麻争旗：《媒介与主权：全球信息革命及其对国家权力的挑战》，中国传媒大学出版社，2008。

84.艺衡：《文化主权与国家文化软实力》，社会科学文献出版社，2009。

85.李锐：《政治中国：面向新体制选择的时代》，今日中国出版社，1998。

86.厉以宁：《跨世纪对话》，四川人民出版社，1992。

87.张巨成：《人民民主专政理论的历史稽考和当代价值阐释》，《马克思主义研究》2014年第9期。

88.赵曜、王伟光等：《马克思列宁主义基本问题》，中共中央党校出版社，2001。

89.王芳：《"新特里芬难题"与人民币国际化战略》，中国人民大学出版社，2015。

90.霍伟东：《人民币区研究》，人民出版社，2015。

91.中国人民大学国际货币研究所编：《人民币国际化报告2015："一带一路"建设中的货币战略》，中国人民大学出版社，2015。

92.李平：《"一带一路"战略：互联互通、共同发展——能源基础设施建设与亚太区域能源市场一体化》，中国社会科学出版社，2015。

93.蔡翠红：《网络时代的政治发展研究》，时事出版社，2015。

94.冯骊：《创造性劳动与劳动价值论——对马克思劳动价值公式的补充》，《河南师范大学学报（哲学社会科学版）》2008年第5期。

95.刘玉清：《古之"合纵"与"连横"》，《新课程（上）》2012年第8期。

二、科技哲学

96.〔古希腊〕柏拉图：《智者》，詹文杰译，商务印书馆，2012。

97.〔古希腊〕亚里士多德：《范畴篇，解释篇》，商务印书馆，1959。

98.〔古希腊〕亚里士多德著：《〈范畴篇〉笺释：以晚期希腊评注为线

索》，溥林译笺，华东师范大学出版社，2014。

99.〔古希腊〕亚里士多德：《形而上学》，商务印书馆，1981。

100.〔古罗马〕提图斯·卢克莱修·卡鲁斯：《物性论》，方书春译，译林出版社，2014。

101.〔古罗马〕奥勒留：《沉思录》，何怀宏译，2008。

102.〔意〕乔尔丹诺·布鲁诺：《论无限、宇宙与众世界》，商务印书馆，2015。

103.〔法〕笛卡尔：《谈谈方法》，王太庆译，商务印书馆，2000。

104.〔法〕笛卡尔：《第一哲学沉思集：反驳和答辩》，庞景仁译，商务印书馆，1986。

105.〔英〕马尔萨斯：《人口原理》，朱泱、胡企林、朱和中译，商务印书馆，2014。

106.〔英〕达尔文：《物种起源》，舒德干等译，北京大学出版社，2005。

107.〔英〕赫胥黎：《人类在自然界的位置》，蔡重阳等译，北京大学出版社，2010。

108.〔德〕莱布尼茨：《人类理智新论》，陈修斋译，商务印书馆，1982。

109.〔法〕柏格森：《时间与自由意志》，商务印书馆，1958。

110.〔英〕牛顿：《自然哲学的数学原理》，商务印书馆，2006。

111.〔英〕伯特兰·罗素：《意义与真理的探究》，贾可春译，商务印书馆，2012。

112.〔英〕阿尔弗雷德·诺思·怀特海：《自然的概念》，张桂权译，译林出版社，2011。

113.〔英〕阿尔弗雷德·诺思·怀特海：《过程与实在》，李步楼译，商务印书馆，2011。

114.〔奥〕恩斯特·马赫：《能量守恒原理的历史和根源》，李醒民译，商务印书馆，2015。

115.〔德〕海德格尔：《形而上学导论》，熊伟等译，商务印书馆，1996。

116.〔法〕拉·梅特里：《人是机器》，商务印书馆，2011。

117.〔美〕罗伯特·诺齐克：《苏格拉底的困惑》，郭建玲等译，商务印书馆，2015。

118.〔德〕弗里德里希·尼采：《查拉图斯特拉如是说》，钱春绮译，生活·读书·新知三联书店，2007。

119.〔德〕马丁·海德格尔：《存在与时间》，陈嘉映等译，生活·读书·新知三联书店，2006。

120.〔法〕萨特：《存在与虚无》，陈宜良等译，生活·读书·新知三联书店，2007。

121.〔美〕威廉·佩伯雷尔·蒙塔古：《认识的途径》，吴士栋译，商务印书馆，2012。

122.〔法〕亨利·柏格森：《创造进化论》，肖聿译，译林出版社，2014。

123.〔奥〕埃尔温·薛定谔：《生命是什么：活细胞的物理观》，商务印书馆，2015。

124.〔德〕恩格斯：《自然辩证法》，人民出版社，2015。

125.〔德〕马克斯·韦伯：《社会科学方法论》，韩水法等译，商务印书馆，2013。

126.〔德〕马克斯·韦伯：《学术与政治》，钱永祥等译，广西师范大学出版社，2010。

127.〔德〕H. 赖欣巴哈：《量子力学的哲学基础》，商务印书馆，2015。

128.〔美〕阿尔伯特·爱因斯坦：《相对论》（全新修订版），易洪波、李智谋译，江苏人民出版社，2011。

129.〔美〕阿尔伯特·爱因斯坦：《狭义与广义相对论浅说》，杨润殷译，北京大学出版社，2006。

130.〔英〕布莱恩·阔克斯、〔英〕杰夫·福肖：《为什么 E=mc^2：人人都能读懂的相对论》，李琪译，长江文艺出版社，2010。

131.〔意〕马西姆·利维巴茨：《繁衍：世界人口简史》（第 3 版），郭峰、庄瑾译，北京大学出版社，2005。

132.〔美〕哈瑞·丹特：《人口峭壁》，中信出版社，2014。

133.〔美〕德内拉·梅多斯、〔美〕乔根·兰德斯、〔美〕丹尼斯·梅多斯：《增长的极限》，李涛、王智勇译，机械工业出版社，2013。

134.〔英〕迪·菲利普斯、〔英〕布莱恩·阿尔科恩、〔英〕凯瑟琳·钱伯斯：《世界人口》，王子夏译，上海科学技术文献出版社，2010。

135.〔英〕W.C. 丹皮尔：《科学史》，李珩译，中国人民大学出版社，2010。

136.〔法〕布封：《自然史》，陈筱卿译，译林出版社，2013。

137.〔美〕比尔·布莱森：《万物简史》，陈邕译，接力出版社，2005。

138. 〔以〕尤瓦尔·赫拉利：《人类简史：从动物到上帝》，林俊宏译，中信出版社，2014。

139. 〔意〕阿尔图罗·卡斯蒂廖尼：《医学史》（上中下册），程之范、甄橙译，译林出版社，2014。

140. 〔英〕斯科特：《数学史》，侯德润、张兰译，中国人民大学出版社，2010。

141. 〔美〕弗·卡约里：《物理学史》，范岱年、戴念祖译，中国人民大学出版社，2010。

142. 〔英〕J.R. 柏廷顿：《化学简史》，胡作玄译，中国人民大学出版社，2010。

143. 〔法〕G. 伏古勒尔：《天文学简史》，罗玉君译，中国人民大学出版社，2010。

144. 〔奥〕恩斯特·马赫：《力学及其发展的批判历史概论》，李醒民译，商务印书馆，2014。

145. 〔英〕史蒂芬·霍金：《时间简史》，许明贤、吴忠超译，湖南科学技术出版社，2015。

146. 〔英〕史蒂芬·霍金：《果壳中的宇宙》，吴忠超译，湖南科学技术出版社，2015。

147. 〔英〕史蒂芬·霍金、〔英〕列纳德·蒙洛迪诺：《大设计》，吴忠超译，湖南科学技术出版社，2015。

148. 〔美〕贾雷德·戴蒙德：《第三种黑猩猩：人类的身世与未来》，王道还译，上海译文出版社，2012。

149. 〔美〕伊恩·莫里斯：《文明的度量：社会发展如何决定国家命运》，李阳译，中信出版社，2014。

150. 〔英〕李约瑟：《中华科学文明史》，〔英〕罗南改编，上海交通大学科学史系译，上海人民出版社，2014。

151. 〔美〕温迪·林恩·李：《马克思》，陈文庆译，中华书局，2014。

152. 〔美〕马克·布尔金：《信息论：本质·多样性·统一》，王恒君等译，知识产权出版社，2015。

153. 〔美〕诺伯特·维纳：《控制论（或关于在动物和机器中控制和通信的科学）》（第二版），郝季仁译，科学出版社，2009 年。

154. 〔美〕冯·贝塔朗菲：《一般系统论基础发展和应用》，林康义等译，清华大学出版社，1987。

155. Thomas Kuhn, *Copernican Revolutions: Planetary Astronomy in the*

Development of Western Thought (Cambridge: Mass Harvard University Press, 1957).

156. Thomas Kuhn, *The Road Since Structure* (Chicago: The University of Chicago Press, 2000).

157. H.F. Cohen, *The scientific Revolution: A Historiographical Inquiry* (Chicago: The University of Chicago Press, 1994).

158. Steve Fuller, *Kuhn vs. Popper: The Struggle for the Soul of Science* (New York: Columbia University Press, 2004).

159. Steve Fuller, *Thomas Kuhn: A Philosophical History for Our Time* (Chicago: The University of Chicago Press, 2000).

160. Thomas Nickels, *Thomas Kuhn* (Cambridge: Cambridge University Press, 2003).

161.〔美〕托马斯·库恩：《哥白尼革命》，吴国盛等译，北京大学出版社，2003。

162.〔美〕托马斯·库恩：《科学革命的结构》（第 4 版），金吾伦、胡新和译，北京大学出版社，2012。

163.〔美〕托马斯·库恩：《必要的张力》，范岱年、纪树立译，北京大学出版社，2004。

164.〔美〕詹姆斯·格雷克：《信息简史》，高博译，人民邮电出版社，2013。

165.〔美〕Abbas El Gamal，〔韩〕Young-Han Kim：《网络信息论》，张林译，清华大学出版社，2014。

166.〔美〕美国国家标准和技术研究院：《智能电网信息安全指南：美国国家标准和技术研究院 7628 号报告》，中国电力科学研究院译，中国电力出版社，2013。

167.〔美〕达纳·麦肯齐：《无言的宇宙：隐藏在 24 个数学公式背后的故事》，李永学译，北京联合出版公司，2015。

168. 傅祖芸：《信息论：基础理论与应用》（第 4 版），电子工业出版社，2015。

169. 龚育之：《自然辩证法在中国》，北京大学出版社，2012。

170. 自然辩证法通讯杂志社：《科学精英：求解斯芬克斯之谜的人们》，世界图书出版公司，2015。

171. 李世雁：《自然辩证法：科学技术哲学基础》，北京师范大学出版社，2014。

172. 胡春风：《自然辩证法导论》，上海人民出版社，2016。

173. 吴国林、肖峰、陶建文：《自然辩证法概论》，清华大学出版社，2014。

174. 王立柱、张伟：《马克思主义箴言：自然辩证法》，天津人民出版社，2012。

175. 范秀山：《数学辩证法》，光明日报出版社，2015。

176. 郭贵春：《自然辩证法概论》，高等教育出版社，2013。

177. 张国安：《自然辩证法概论》，贵州大学出版社，2015。

178. 王国聘：《科学技术哲学论：江苏自然辩证法研究 30 年纪念文集》，江苏人民出版社，2015。

179. 于光远：《中国的科学技术哲学·自然辩证法》，科学出版社，2013。

180. 李明祥：《广播的直播与录播》，《新闻大学》1996 年第 2 期。

三、网络安全

181.〔美〕特南鲍姆、〔美〕韦瑟罗尔：《计算机网络》（第 5 版），严伟、潘爱民译，清华大学出版社，2012。

182.〔美〕戴维·A. 帕特森、〔美〕约翰·L. 亨尼斯：《计算机组成与设计：硬件/软件接口》（原书第 5 版），王党辉等译，机械工业出版社，2015。

183.〔美〕阿麦肯尚尔·拉姆阿塔德兰、〔美〕小威廉·D. 莱希：《计算机系统：系统架构与操作系统的高度集成》，陈文允等译，机械工业出版社，2015。

184.〔美〕斯托林斯：《网络安全基础：应用与标准》（第 5 版），白国强译，清华大学出版社，2014。

185.〔加〕道格拉斯·R. 斯廷森：《密码学原理与实践》（第三版），冯登国译，电子工业出版社，2016。

186.〔美〕P.W. 辛格，〔美〕艾伦·弗里德曼：《网络安全：输不起的互联网战争》，中国信息通信研究院译，电子工业出版社，2015。

187.〔美〕戴维·卡门斯：《美军网络中心战：案例研究 2》，航空工业出版社，2012。

188.〔美〕戴维·卡门斯：《美军网络中心战：案例研究 3（网络中心战透视）》，航空工业出版社，2012。

189.〔美〕理查德·A. 拉克，〔美〕罗伯特·K. 科奈克：《网电空间战·美国总统安全顾问：战争就在你身边》，刘晓雪译，国防工业出版社，2012。

190.〔美〕安东尼·雷耶斯：《网络犯罪侦查：在安全专家、执法人员和检察官之间架起沟通的桥梁》，李娜译，中国人民公安大学出版社，2015。

191.〔美〕阿尔伯特·J.马塞拉、〔美〕弗雷德里克·吉罗索：《网络取证：从数据到电子证据》，高洪涛译，中国人民公安大学出版社，2015。

192.〔美〕Travis Russell：《电信协议》，王喆等译，清华大学出版社，2003。

193.〔美〕博登海默：《法理学法律哲学与法律方法》，邓正来译，中国政法大学出版社，2004。

194.〔英〕哈特：《法律的概念》，许家馨、李冠宜译，法律出版社，2011。

195.〔美〕布雷恩·Z.塔玛纳哈：《论法治：历史、政治和理论》，李桂林译，武汉大学出版社，2010。

196.〔美〕凯瑟琳·德林克·鲍恩：《民主（费城）的奇迹：美国宪法制定的127天》，郑明萱译，新星出版社，2013。

197.〔英〕霍布斯：《法律要义：自然法与民约法》，张书友译，中国法制出版社，2010。

198.〔美〕乔尔·范伯格：《刑法的道德界限（第一卷）·对他人的损害》，方泉译，商务印书馆，2013。

199.〔美〕乔尔·范伯格：《刑法的道德界限（第二卷）·对他人的冒犯》，商务印书馆，2014。

200.〔德〕托马斯·莱赛尔：《法社会学基本问题》，王亚飞译，法律出版社，2014。

201.〔德〕齐佩利乌斯：《法学方法论》，金振豹译，法律出版社，2009。

202.〔德〕考夫曼：《法律哲学》（第2版），刘幸义译，法律出版社，2011。

203.〔德〕古斯塔夫·拉德布鲁赫：《法哲学》，王朴译，法律出版社，2013。

204.〔美〕马克·A.莱姆利：《软件与互联网法》（上），张韬略译，商务印书馆，2014。

205.〔美〕尤查·本科勒：《企鹅与怪兽：互联时代的合作、共享与创新模式》，浙江人民出版社，2013。

206.中央网络安全和信息化领导小组办公室、国家互联网信息办公室政策法规局：《中国互联网法规汇编》，中国法制出版社，2015。

207.中央网络安全和信息化领导小组办公室、国家互联网信息办公室政策法规局：《外国网络法选编》（第1辑），中国法制出版社，2015。

208.北京互联网信息办公室：《互联网接入服务现状及管理对策研究》，中国社会科学出版社，2014。

209.北京市互联网信息办公室：《国内外互联网立法研究》，中国社会科学出版社，2014。

210.马民虎：《互联网安全法》，西安交通大学出版社，2003。

211.皮勇、高铭暄、马克昌、陈光中：《网络安全法原论》，中国人民公安大学出版社，2008。

212.马民虎：《欧盟信息安全法律框架——条例、指令、决议和公约》，法律出版社，2009。

213.马民虎、果园：《网络通信监控法律制度研究》，法律出版社，2013。

214.马民虎：《网络通信监控法律与技术标准导读》，法律出版社，2013。

215.寿步、蔡海宁：《信息网络与高新技术法律前沿》（第6卷），上海交通大学出版社，2013。

216.齐爱民：《大数据时代个人信息保护法国际比较研究》，法律出版社，2015。

217.齐爱民：《捍卫信息社会中的财产：信息财产法原理》，北京大学出版社，2009。

218.齐爱民：《拯救信息社会中的人格：个人信息保护法总论》，北京大学出版社，2009。

219.齐爱民：《个人资料保护法原理及其跨国流通法律问题研究》，武汉大学出版社，2004。

220.崔聪聪、巩姗姗、李仪、杨晓波、王融：《个人信息保护法研究》，北京邮电大学出版社，2015。

221.崔聪聪：《日本电子记录债权法研究》，北京邮电大学出版社，2015。

222.沈逸：《美国国家网络安全战略》，时事出版社，2013。

223.黄爱武：《战后美国国家安全法律制度研究》，法律出版社，2011。

224.中国人民解放军西安政治学院：《中国军事法学研究前沿》（2012

年卷），法律出版社，2013。

225. 方兴东：《IT 史记 1（网络英雄篇、软件英雄篇及华人英雄篇）》，中信出版社，2004。

226. 方兴东：《IT 史记 2（创业先驱篇、技术天才篇）》，中信出版社，2004。

227. 方兴东：《IT 史记 3（电脑英雄篇、芯片英雄篇及通讯英雄篇）》，中信出版社，2004。

228. 方兴东：《IT 史记 4（思想英雄篇、科学精英篇）》，中信出版社，2004。

229. 蒋平、杨莉莉：《电子证据》，清华大学出版社，2007。

230. 刘浩阳、李锦、刘晓宇、韩马剑：《电子数据取证》，清华大学出版社，2015。

231. 廖根为：《电子数据真实性司法鉴定研究》，法律出版社，2015。

232. 郑永年：《技术赋权：中国的互联网、国家与社会》，邱道隆译，东方出版社，2014。

233. 虞红芳、孙罡、狄浩、廖丹：《虚拟网络映射技术》，科学出版社，2014。

234. 魏亮、魏薇：《网络空间安全》，电子工业出版社，2016。

235. 仲昭川：《互联网黑洞：史无前例的互联网忧虑》，电子工业出版社，2014。

236. 方兴东、胡怀亮：《网络强国：中美网络空间大博弈》，电子工业出版社，2014。

237. 吕晶华：《美国网络空间战思想研究》，军事科学出版社，2014。

238. 东鸟：《2020：世界网络大战》，湖南人民出版社，2012.

239. 〔美〕达格拉斯·洛西科夫：《当下的冲击：当数字化时代来临，一切突然发生》，中信出版社，2013。

240. 〔美〕迈克尔·塞勒：《移动浪潮：移动智能如何改变世界》，邹韬译，中信出版社，2013。

241. 〔美〕米勒：《群的智慧：向蚂蚁、蜜蜂、飞鸟学习组织运作绝技》，天下远见出版股份有限公司，2010。

242. 〔美〕凯斯·桑斯坦：《网络共和国：网络社会中的民主问题》，黄维明译，上海人民出版社，2009。

243. 〔美〕戴维·温伯格：《知识的边界》，山西人民出版社，2014。

244. 〔美〕阿伦·拉奥、〔美〕皮埃罗·斯加鲁菲：《硅谷百年史：伟大的科技创新与创业历程（1900—2013）》，人民邮电出版社，2014。

245.〔白俄罗斯〕叶夫根尼·莫罗佐夫：《技术至死：数字化生存的阴暗面》，电子工业出版社，2014。

246.段永朝：《互联网思想十讲》，商务印书馆，2014。

247.〔美〕约翰·希利·布朗、〔美〕保罗·杜奎德：《信息的社会层面》，商务印书馆，2003。

248.〔英〕维克托·迈尔、〔英〕舍恩伯格、〔英〕肯尼思·库克耶：《大数据时代：生活、工作与思维的大变革》，浙江人民出版社，2013。

249.〔美〕保罗·莱文森：《手机：挡不住的呼唤》，中国人民大学出版社，2004。

250.〔美〕尼葛洛庞帝：《数字化生存》，胡泳、范海燕译，海南出版社，1995。

251.〔美〕戴维·温伯格：《小块松散组合》，中信出版社、辽宁教育出版社，2003。

252.〔美〕里克·列文、〔美〕克里斯托弗·洛克、〔美〕戴维·瑟尔斯、〔美〕戴维·温伯格：《市场就是谈话》，中信出版社，2002。

253.陈世鸿：《裂变：看得见的未来》，机械工业出版社，2010。

254.〔美〕艾伯特 - 拉斯洛·巴拉巴西：《链接：网络新科学》，徐彬译，湖南科学技术出版社，2007。

255.〔美〕艾伯特 - 拉斯洛·巴拉巴西：《链接：商业、科学与生活的新思维》（十周年纪念版），浙江人民出版社，2013。

256.〔美〕卡尔·夏皮罗、〔美〕哈尔·瓦里安：《信息规则：网络经济的策略指导》，中国人民大学出版社，2000。

257.〔美〕迈克·布隆布格：《信息就是信息：布隆伯格自述》，顾矾译，工商出版社，1998。

258.胡泳：《众声喧哗：网络时代的个人表达与公共讨论》，广西师范大学出版社，2008。

259.〔德〕埃利亚斯·卡内提：《群众与权利》，中央编译出版社，2003。

260.〔美〕克里斯·安德森：《长尾理论》，乔江涛译，中信出版社，2006。

261.〔美〕克莱·舍基：《认知盈余：自由时间的力量》，胡泳等译，中国人民大学出版社，2011。

262.〔美〕约翰·巴特利：《搜》，中信出版社，2006。

263.〔美〕大卫·柯克帕特里克：《Facebook 效应：看 Facebook 如何打造无与伦比的社交帝国》，沈路译，华文出版社，2010。

264.〔美〕莱恩·霍利得：《被出卖的新闻界：相信我，我在说谎，一个媒体操纵者的告白》，脸谱出版社，2013。

265.〔美〕简·麦格尼柯尔：《游戏改变世界：游戏化如何让现实变得更美好》，闾佳译，浙江人民出版社，2012。

266.〔美〕斯蒂文·约翰逊：《坏事变好事：大众文化让我们变得更聪明》，中信出版社，2006。

267. James Boyle, *Public Domain: Enclosing the Commons of the Mind* (Yale University Press, 2008).

268.〔美〕吴修铭：《总开关：信息帝国的兴衰变迁》，中信出版社，2011。

269. Yochai Benkler, *Board and Advisory* (Board Sunlight Foundation, 2011).

270. Yochai Benkler, *The Wealth of Networks: How Social Production Transforms Markets and Freedom* (Yale University Press, 2006).

271. Yochai Benkler, "The unselfish gene", *Harvard business review*89 (2011).

272. Yochai Benkler, "Coase's Penguin, or, Linux and the Nature of the Firm", *The Yale Law Journal*429 (2002) .

273. Josiah Willard Gibbs, *Elementary Principles in Statistical Mechanics: Developed with Especial Reference to the Rational Foundation of Thermodynamics* (New York: Scribner's sons, 1902).

274. Lawrence Lessig, *REPUBLIC, LOST: The Corruption of Equality and the Steps to End It* (Grand Central, 2015).

275. 中国电子信息产业发展研究院：《2014—2015 年中国网络安全发展蓝皮书》，人民出版社，2015。

276. 赖英旭、田果、刘静、李健、刘丹宁：《网络安全协议分析与案例实践》，清华大学出版社，2015。

277.〔日〕三轮贤一：《图解网络硬件》，盛荣译，人民邮电出版社，2015。

278.〔日〕竹下隆史、〔日〕村山公保、〔日〕荒井透、〔日〕苅田幸雄：《图解 TCP/IP》，乌尼日其其格译，人民邮电出版社，2013。

279.〔日〕上野宣：《图解 HTTP》，于均良译，人民邮电出版社，

2014。

280.国务院发展研究中心课题组：《国务院发展研究中心研究丛书2015：信息化促进中国经济转型升级》（上下册），中国发展出版社，2015。

281.陈运清等：《构建运营级 IPv6 网络》，电子工业出版社，2012。

282.〔美〕Joseph Davies：《深入解析 Ipv6》（第 3 版），汪海霖译，人民邮电出版社，2014。

283.〔加〕大卫·戴岑豪斯：《合法性与正当性：魏玛时代的施米特、凯尔森与海勒》，刘毅译，商务印书馆，2013。

284.沈逸：《网络安全与网络秩序》，上海人民出版社，2015。

285.周贤伟：《网电空间与安全》，国防工业出版社，2015。

286.胡传平、邹翔、杨明慧：《全球网络身份管理的现状与发展》，人民邮电出版社，2014。

287.〔德〕卡尔·施米特：《合法性与正当性》，冯克利、李秋零、朱雁冰译，上海人民出版社，2015。

288.陆培敏：《浅析邮政网络的特性和经济效应》，《邮政研究》2011年第 2 期。

289.李振福等：《世界海运网络演变及未来发展趋势研究》，《太平洋学报》2014 年第 5 期。

290.俞桂杰：《复杂网络理论及其在航空网络中的应用》，《复杂系统与复杂性科学》2006 年第 1 期。

291.刘军：《网络结构与权力分配：要素论的解释》，《社会学研究》2011 年第 2 期。

292.徐海滨：《有线传输的技术特点和发展方向分析》，《信息通信》2013 年第 7 期。

293.王德全：《试论 Internet 案件的司法管辖权》，《中外法学》1998 年第 2 期。

294.李南君，〔德〕维纳·措恩：《中国接入互联网的早期工作回顾》，《中国网络传播研究》2007 年第 00 期。

四、统筹熵学

295.华罗庚：《统筹方法平话及补充》，中国工业出版社，1965。

296.广西师范学院系应用数学组：《优选法与统筹法》，1976。

297.华罗庚：《统筹方法话本》，湖南省革委会推广优选法领导小组，

1973。

298.四川省邮电管理局科技处：《统筹法应用初步》，人民邮电出版社，1981。

299.〔美〕J.D.惠斯特、〔美〕F.K.莱维：《统筹方法管理指南》，机械工业出版社，1983。

300.〔美〕彼得·蒂尔、〔美〕布莱克·马斯特斯：《从0到1开启商业与未来的秘密》，高玉芳译，中信出版社，2015。

301.刘天禄：《统筹学概论》，中国商业出版社，2004。

302.朱国林：《军事统筹学》，国防大学出版社，1999。

303.朱国林：《军事统筹学》，解放军出版社，2004。

304.朱国林：《统筹学》，时事出版社，2010。

305.乞建勋：《统筹法的发展及前沿问题》，科学出版社，2010。

306.张勇：《统筹协调》，知识产权出版社，2015。

307.庄林德、张京祥：《中国城市发展与建设史》，东南大学出版社，2002。

308.董鉴泓：《中国城市建设史》（第3版），中国建筑工业出版社，2008。

309.沈玉麟：《外国城市建设史》，中国建筑工业出版社，2008。

310.吴志强、李德华：《城市规划原理》（第4版），建筑工业出版社，2010。

311.冯晓英：《由城乡分治走向统筹共治》，中国农业出版社，1970。

312.张维庆：《统筹解决人口问题读本》，中国人口出版社，2007。

313.樊小钢、陈薇：《公共政策：统筹城乡社会保障》，经济管理出版社，2009。

314.郑造桓：《社会保障：统筹、协调、持续发展》，浙江大学出版社，2012。

315.曹忠祥、高国力：《我国陆海统筹发展研究》，经济科学出版社，2015。

316.李惟科：《城乡统筹规划方法》，中国建筑工业出版社，2015。

317.夏树涛、鲍际刚、刘鑫吉：《熵控网络——信息论经济学》，经济科学出版社，2015。

318.鲍际刚、夏树涛、刘鑫吉：《信息·熵·经济学：人类发展之路》，经济科学出版社，2013。

319.邱菀华：《管理决策熵学及其应用》，中国电力出版社，2011。

320. 熊学兵：《基于管理熵理论的组织知识管理绩效综合集成评价研究》，四川大学出版社，2011。

321. 姜茸、钱泓澎：《基于信息熵的国家经济安全风险度量与预警》，经济管理出版社，2015。

322. 〔加〕简·雅各布斯：《美国大城市的死与生》，金衡山译，译林出版社，2005。

323. Christopher Hadnagy, *The Art of Human Hacking* (John Wiley & Sons, Inc.)

324. 张继国、〔美〕V. P. 辛格：《信息熵——理论与应用》，中国水利水电出版社，2012。

325. 〔美〕约翰·圣弗德：《退化论：基因熵与基因组的奥秘》，繁星等译，山东友谊出版社，2010。

326. 顾朝林：《多规融合的空间规划》，清华大学出版社，2015。

327. 姜殿玉：《带熵博弈论及其应用》，科学出版社，2008。

328. 汤甦野：《熵：一个世纪之谜的解析》，中国科学技术大学出版社，2008。

329. 冯端、冯少彤：《渊源探幽：熵的世界》，科学出版社，2016。

330. 〔美〕杰里米·里夫金、〔美〕特德·霍华德：《熵：一种新的世界观》，上海译文出版社，1987。

331. 牛博文：《信息主权的法律界定探析》，《北京邮电大学学报》2014年第26期。

332. 崔聪聪：《后棱镜时代的国际网络治理》，《河北法学》2014年第7期。

333. 王保云：《物联网技术研究综述》，《电子测量与仪器学报》2009年第12期。

334. 巴曙松：《国际金融网络及其结构特征》，《海南金融》2015年第9期。

335. 石岩：《ICANN的背景资料与最新动态》，《新闻大学》2002年第4期。

336. 程群：《互联网名称与数字地址分配机构和互联网国际治理未来走向分析》，《国际论坛》2015年第1期。

337. 于新奇：《OSI参考模型与TCP/IP模型的异同及关联》，《中国西部科技》2007年第27期。

338. 魏宏森：《系统论、信息论、控制论给哲学提出了新课题》，《编创之友》1981年第4期。

339.张慧影：《互联网的特点及其发展趋势分析研究》，《现代交际》2013年第12期。

340.《国家版图知识读本》编纂委员会：《国家版图知识读本》，中国地图出版社，2015。

341.白泊、喻沧：《中国版图知识：维护国家主权和领土完整》，中国地图出版社，2012。

342.王庸：《中国地图史纲》，商务印书馆，1959。

343.谭其骧：《中国历史地理地图集》，中国地图出版社，1982。

344.谭其骧：《简明中国历史地图集》，中国地图出版社，1991。

345.喻沧、廖克：《中国地图学史》，测绘出版社，2010。

346.廖克、喻沧：《中国近现代地图学史》，山东教育出版社，2008。

347.清华大学国学研究院：《清华国学书系：王庸文存》，江苏人民出版社，2013。

348.许宏：《何以中国：公元前2000年的中原图景》，生活·读书·新知三联书店，2014。

349.黄桂蓉：《试论中国地图的起源与发展》，《南方文物》1997年第4期。

350.李亚凡：《世界历史年表》，中华书局，2014。

351.孙占铨、孙天元：《中国历史图谱》，《吉林文史》2010年。

352.肖东发：《中国出版图史》，广东南方日报出版社，2009。

353.陈会颖：《中外历史对比年表》，中华书局，2016。

354.陆运高：《看版图学中国历史》，中国地图出版社，2013。

355.陆运高：《看版图学美国历史》，中国地图出版社，2013。

356.陆运高：《中国与世界帝国历史版图大PK》，中国地图出版社，2014。

357.陆运高：《看版图学英国历史》，中国地图出版社，2014。

358.陆运高：《看版图学俄罗斯历史》，中国地图出版社，2014。

359.费孝通：《中华民族多元一体格局》（修订本），中央民族大学出版社，2003。

360.费孝通、方李莉：《全球化与文化自觉：费孝通晚年文选》，外语教学与研究出版社，2013。

五、国际关系

361.〔意〕伽利略：《关于托勒密和哥白尼两大世界体系的对话》，北京大学出版社，2015。

362.〔美〕艾尔弗雷德·塞耶·马汉：《海权论》，一兵译，同心出版社，2012。

363.〔美〕艾尔弗雷德·塞耶·马汉：《海权对法国大革命和帝国的影响（1793—1812）》（全译本），李少彦、肖欢等译，海洋出版社，2013。

364.〔美〕艾尔弗雷德·塞耶·马汉：《海权与1812年战争的关系》（全译本），李少彦、姜代超等译，海洋出版社，2013。

365.〔美〕艾尔弗雷德·塞耶·马汉：《海军战略》，商务印书馆，2012。

366.〔英〕杰弗里·帕克：《二十世纪的西方地理政治思想》，李亦鸣等译，解放军出版社，1992。

367.〔英〕哈·麦金德：《历史的地理枢纽》，商务印书馆，1984。

368.〔英〕哈·麦金德：《陆权论（民主的理想与现实）》，欧阳瑾译，石油工业出版社，2014。

369.〔德〕魏格纳：《海陆的起源》，李旭旦译，北京大学出版社，2006。

370.〔意〕杜黑：《空权论》，刘清山、孟莹莹译，石油工业出版社，2014。

371.〔美〕斯皮克曼：《边缘地带论》，林爽喆译，石油工业出版社，2014。

372.〔德〕斯宾格勒：《西方的没落》（全译本），吴琼译，上海三联书店，2014。

373.〔英〕阿诺德·约瑟夫·汤因比：《历史研究》（套装上下卷），〔英〕D.C.萨默维尔编，郭小凌、杜挺广等译，上海人民出版社，2010。

374.〔英〕阿诺德·约瑟夫·汤因比：《历史研究》（插图本），刘北成、郭小凌译，上海人民出版社，2005。

375.〔英〕阿诺德·约瑟夫·汤因比：《人类与大地母亲》（套装共2册），徐波等译，上海人民出版社，2012.

376.〔英〕阿诺德·约瑟夫·汤因比：《历史的话语：现代西方历史哲学译文集》，张文杰编，中国人民大学出版社，2012。

377.〔英〕阿诺德·约瑟夫·汤因比：《一个历史学家的宗教观》，上海人民出版社，2014。

378.〔美〕汉斯·摩根索、〔美〕肯尼思·汤普森、〔美〕戴维·克林顿：《国家间政治：权力斗争与和平》（第七版），徐兴、郝旺、李宝平译，北京大学出版社，2006。

379.〔法〕雷蒙·阿隆：《和平与战争：国际关系理论》，朱孔彦译，中央编译出版社，2013。

380.〔美〕肯尼恩·华尔兹：《国际政治理论》，信强译，上海人民出版社，2008。

381. C. P. Kingdleberger, *The World in Depression: 1929—1931* (Berkeley: University of California Press, 1973).

382.〔美〕约翰·罗尔斯：《正义论》，何怀宏、何包钢、廖申白译，中国社会科学出版社，1988。

383. Robert Gilpin, *War and Change in World Politics* (Cambridge University Press, 1981).

384. Andrew Walter, *World Power and World Money: the Role of Hegemony and International Monetary Order* (New York: St. Martin's Press, 1991).

385. *The Constitution of the Russian Federation* (Amendment) (adopted on December 12, 1993, Moscow, 2007).

386. Tsygankov, *Russia's Foreign Policy: Change and Continuity in National Identity* (Oxford: Rowman and Littlefield Publishers, 2006).

387. Abdurakhmanov, Barishpolets, Manilov, Pirumov, *Basics of Russia's national security*.

388. Elov, *Security of Russia: Problems and Solutions* (Anthology / Ed-status 2006).

389. Project Manager Savelyev AG, *The military, political and economic problems of Russia's national security in the modern world* (IMEMO, 2007).

390. Charles Krauthammer, "The Putin Doctrine II", *The Washington Post* 2 (2007).

391. Daniel J. Kaufman, *U.S. National Security Strategy for the 1990s* (Johns Hopkins University Press, 1991).

392. H. Oorgenthau , *Politics in the twentieth century* (Chicago, 1964).

393.〔德〕赫尔穆特·史密特：《均势战略——德国的和平政策和超级大国》，上海人民出版社，1975。

394.〔美〕罗伯特·基欧汉：《霸权之后》，苏长和等译，上海人民出版社，1999。

395.〔美〕罗伯特·基欧汉、〔美〕约瑟夫·奈：《权力与相互依赖》（第四版），门洪华译，北京大学出版社，2012。

396.〔美〕亚历山大·温特：《国际政治的社会理论》，秦亚青译，上海人民出版社，2014。

397. William Kaufman, "The Requirements of Deterrence", in *Military Policy and National Security* (Princeton University Press, 1956).

398. Alexander Wendt, *Anarchy is what state make of it: the social construction of power politics* (International Organization, 1992).

399.〔美〕约翰·米尔斯海默：《大国政治的悲剧》，王毅为、唐晓松译，上海人民出版社，2008。

400.〔美〕彼得·J.卡赞斯坦：《国家安全的文化：世界政治中的规范与认同》，宋伟、刘铁娃译，北京大学出版社，2009。

401.〔美〕彼得·J.卡赞斯坦：《地区构成的世界：美国帝权中的亚洲和欧洲》，秦亚青、魏玲译，北京大学出版社，2007。

402.〔美〕彼得·J.卡赞斯坦、〔美〕罗伯特·基欧汉：《世界政治中的反美主义》，朱世龙、刘利琼译，中国人民大学出版社，2012。

403.〔美〕彼得·J.卡赞斯坦、〔日〕白石隆：《日本以外东亚区域主义的动态》，王星宇译，中国人民大学出版社，2012。

404.〔美〕彼得·J.卡赞斯坦、〔美〕罗伯特·基欧汉、〔美〕斯蒂芬·克拉斯纳：《世界政治理论的探索与争鸣》，秦亚青、苏长和、门洪华、魏玲译，上海人民出版社，2006。

405.〔美〕彼得·J.卡赞斯坦：《世界政治中的文明：多元多维的视角》，秦亚青、魏玲、刘伟华、王振玲译，上海人民出版社，2011。

406.〔美〕温都尔卡·库芭科娃、〔美〕尼古拉斯·奥鲁夫、〔美〕保罗·科维特：《建构世界中的国际关系》，萧峰译，北京大学出版社，2006。

407.〔美〕唐纳德·E.戴维斯、〔美〕尤金·P.特兰尼：《第一次冷战：伍德罗·威尔逊对美苏关系的遗产》，徐以骅等译，北京大学出版社，2007。

408.〔美〕肯尼斯·沃尔兹：《现实主义与国际政治》，张瑞壮、刘峰译，北京大学出版社，2012。

409.〔美〕斯蒂芬·沃尔特：《联盟的起源》，周培起译，北京大学出版社，2007。

410.〔美〕玛莎·芬尼莫尔：《干涉的目的：武力使用信念的变化》，袁正清、李欣译，上海人民出版社，2009。

411.〔美〕玛莎·芬尼莫尔：《国际社会中的国家利益》，袁正清译，上海人民出版社，2012。

412.〔美〕迈克尔·巴尼特、〔美〕玛莎·芬尼莫尔：《为世界定规则：全球政治中的国际组织》，薄燕译，上海人民出版社，2009。

413.〔英〕苏珊·斯特兰奇：《权力流散：世界经济中的国家与非国家权威》，萧红羽、庚协风译，北京大学出版社，2005。

414.〔法〕蒂埃里·德·蒙布里亚尔：《行动与世界体系》，庄晨燕译，北京大学出版社，2007。

415.〔俄〕奇干科夫：《当代俄罗斯国际关系学》，冯玉军、徐向梅译，北京大学出版社，2008。

416. Joseph S. Nye, E-Power to Rise up the Security Agenda, NATO Review, [N/OL], http://www.nato.int/docu/review/2012/2012-security-predictions/e-Power-cybersecurity/EN/index.htm.

417. John J. Mearsheimer, "Taiwan's Dire Straits", *THE NATIONAL INTEREST* 130 (2014).

418. John J. Mearsheimer, "America Unhinged", *THE NATIONAL INTEREST* 129 (2014).

419. Alastair Iain Johnston, "How New and Assertive Is China's New Assertiveness?", *International Security* 37 (2013).

420.〔美〕Alastair Iain Johnston（江忆恩）：《中美关系的稳定性和不稳定性——回应阎学通的"假朋友"理论》，《国际政治科学》2012 年第 2 期。

421. 李靖云、李宇轩、〔美〕约翰·米尔斯海默：《米尔斯海默：中国崛起之路还很漫长》，共识网，[N/OL]，http：//www.21ccom.net/articles/qqsw/zlwj/article_2012061161605.html.

422. Peter Mangold, *National Security and International Relations* (Routledge, 1990).

423. David L. Sills. , *International of the Social Science, Vol. 11* (Macmillan, 1968).

424. John Baylis, "British and the Formation of NATO", *International Politics Research Paper No. 7*, Department of International Politics, University College of Wales (Aberystwyth, 1989).

425. David Mayers, *George Kennan and the Dilemmas of U.S. Foreign Policy* (Oxford University Press, 1988).

426. Deborah Larson, *Origins of Containment: A Psychological Explanation* (Princeton University Press, 1985).

427. Wu Baiyi, "The Chinese Security Concept and its Historical Evolution", *Journal of Contemporary China* 10 (2001).

428.〔美〕安东尼·N. 彭纳：《人类的足迹：一部地球环境的历史》，张新、王兆润译，电子工业出版社，2013。

429.〔美〕狄·约翰：《气候改变历史》，王笑然编译，金城出版社，2014。

430.〔美〕约翰·奈斯比特、〔奥〕多丽丝·奈斯比特：《大变革：南环经济带将如何重塑我们的世界》，张岩、梁济丰、迟志娟译，中华工商联合出版社，2015。

431.〔日〕滨下武志：《中国、东亚与全球经济：区域和历史的视角》，王玉茹、赵劲松、张玮译，社会科学文献出版社，2009。

432.〔美〕阿里吉、〔日〕滨下武志、〔美〕塞尔登：《东亚的复兴：以500年、150年和50年为视角》，社会科学文献出版社，2006。

433.〔美〕王国斌：《转变的中国：历史变迁与欧洲经验的局限》，李伯重、连玲玲译，江苏人民出版社，2010。

434.〔美〕彭慕兰：《大分流：欧洲、中国及现代世界经济的发展》，史建云译，江苏人民出版社，2010。

435.〔美〕塞缪尔·P. 亨廷顿：《变化社会中的政治秩序》，王冠华等译，上海人民出版社，2008。

436.〔美〕塞缪尔·P. 亨廷顿：《文明的冲突与世界秩序的重建》，周琪等译，新华出版社，2010。

437.〔美〕塞缪尔·P. 亨廷顿：《谁是美国人？——美国国民特性面临的挑战》，程克雄译，新华出版社，2010。

438.〔美〕弗朗西斯·福山：《历史的终结与最后的人》，陈高华译，广西师范大学出版社，2014。

439.〔美〕弗朗西斯·福山：《意外：如何预测全球政治中的突发事件与未知因素》，辛平译，中国社会科学出版社，2014。

440.〔美〕弗朗西斯·福山：《衰败的美利坚——政治制度失灵的根源》，(Foreign Affairs)（《外交》）双月刊，2014 年 9/10 月号。

441.〔法〕卡洛琳·考德瑞尔特、〔美〕弗朗西斯·福山：《大世界，小小人》，李丹丹、刘仲敬译，广西师范大学出版社，2014。

442.〔美〕兹比格涅夫·布热津斯基：《大棋局：美国的首要地位及其

地缘战略》，上海人民出版社，2007。

443.〔美〕兹比格涅夫·布热津斯基、〔美〕布兰特·斯考克罗夫特：《大博弈：全球政治觉醒对美国的挑战》，姚芸竹译，新华出版社，2009。

444.〔美〕兹比格涅夫·布热津斯基：《战略远见：美国与全球权力危机》，洪漫等译，新华出版社，2012。

445.〔美〕约翰·米尔斯海默：《大国政治的悲剧》（修订版），王义桅、唐小松译，上海人民出版社，2008。

446.〔美〕小约瑟夫·奈、〔加〕戴维·韦尔奇：《理解全球冲突与合作：理论与历史》（第九版），张小明译，上海人民出版社，2012。

447.〔美〕罗伯特·D. 卡普兰：《大国威慑：不为人知的美军海陆空全球运作》，鲁创创译，四川人民出版社，2015。

448.〔美〕福里斯特·E. 摩根：《太空威慑和先发制人》，白堃等译，航空工业出版社，2012。

449.〔美〕罗特科普夫：《美国国家安全委员会内幕》，孙成昊、赵亦周译，商务印书馆，2013。

450.〔澳〕休·怀特：《中国抉择》，樊犇译，世界知识出版社，2013。

451.〔英〕马丁·雅克：《当中国统治世界：中国的崛起和西方世界的衰落》，张莉、刘曲译，中信出版社，2010。

452.〔美〕亨利·基辛格：《论中国》，中信出版社，2012。

453.李稻葵、〔美〕亨利·基辛格、〔美〕尼尔·弗格森、〔美〕法里德·扎卡利亚：《舌战中国：21 世纪属于中国吗？》，蒋宗强译，中信出版社，2012。

454.郑必坚、〔美〕亨利·基辛格等：《世界热议中国：寻找共同繁荣之路》，中信出版社，2013。

455.〔美〕约翰·奈斯比特、〔奥〕多丽丝·奈斯比特：《中国大趋势：新社会的八大支柱》（扩容升级版），魏平译，中华工商联合出版社，2011。

456.〔新〕李光耀（口述）：《李光耀论中国与世界》，〔美〕格雷厄姆·艾利森等编，中信出版社，2013。

457.〔美〕阿文德·萨勃拉曼尼亚：《大预测：未来 20 年，中国怎么样，美国又如何？》，倪颖、曹槟译，中信出版社，2012。

458.〔英〕帕戈登：《西方帝国简史：欧洲人的文明之旅》，徐鹏博译，安徽人民出版社，2013。

459.〔美〕亨利·基辛格等：《我们误判了中国》，谷棣、谢戎彬编，华文出版社，2015。

460.〔美〕奥巴马：《美国国家安全战略报告》，白宫网站，2015-2-6。

461.〔美〕亨利·基辛格：《世界秩序》，中信出版社，2015。

462.习近平：《更好统筹国内国际两个大局，夯实走和平发展道路的基础》，《人民日报》2013年1月30日。

463.中华人民共和国国务院新闻办公室：《中国的和平发展》，人民出版社，2011。

464.中华人民共和国国务院新闻办公室：《中国武装力量的多样化运用》，人民出版社2013。

465.王沪宁：《美国反对美国》，上海文艺出版社，1991。

466.郑必坚：《中国和平崛起新道路和亚洲的未来》，《学习时报》2003年11月17日。

467.秦亚青：《中国国际关系理论研究的进步与问题》，《世界经济与政治》2008年第11期。

468.王逸舟、谭秀英：《中国外交六十年（1949—2009年）》，中国社会科学出版社，2009。

469.姚云竹：《战后美国威慑理论与政策》，国防大学出版社，1998。

470.夏立平：《美国太空战略与中美太空博弈》，世界知识出版社，2015。

471.王湘穗：《赶超与遏制：中美博弈的历史逻辑》，长江文艺出版社，2012。

472.王湘穗：《中国奇迹的奥秘》，党建读物出版社，2014。

473.夏丽萍：《中国国家安全与地缘政治》，中国社会科学出版社，2013。

474.张文木：《中国地缘政治论》，海洋出版社，2015。

475.张文木：《国家战略能力与大国博弈》，山东人民出版社，2012。

476.张文木：《论中国海权》（第三版），海洋出版社，2014。

477.张文木：《印度与印度洋：基于中国地缘政治视角》，中国社会科学出版社，2015。

478.张文木：《世界地缘政治中的中国国家安全利益分析》，中国社会科学出版社，2012。

479.张文木：《基督教佛教兴起对欧亚地区竞争力的影响》，清华大学出版社，2015。

480.乔良：《超限战》（十五周年纪念版），长江文艺出版社，2014。

481.乔良：《帝国之弧：抛物线两端的美国与中国》，长江文艺出版社，2016。

482.阎学通：《世界权力的转移：政治领导与战略竞争》，北京大学出版社，2015。

483.朱云汉：《高思在云：中国兴起与全球秩序重组》，中国人民大学出版社，2015。

484.李海青：《共产党宣言导读》，中共中央党校出版社，2013。

485.孟慧英：《论原始信仰与萨满文化》，中国社会科学出版社，2014。

486.刘从德、李曼：《列宁的"两制"均势思想及其对欧洲均势传统的反思和创新》，《当代世界与社会主义》2010年第6期。

487.张翠荣：《中国传统文化中的安全哲学思想》，《时代文学》2008年第5期。

488.李永成：《霸权的神话——米尔斯海默进攻性现实主义理论研究》，世界知识出版社，2007。

489.陈家刚：《危机与未来：福山中国讲演录》，中央编译出版社，2012。

490.张骥：《世界主要国家国家安全委员会》，时事出版社，2014。

491.唐晋：《大国崛起：解读15世纪以来9个世界性大国崛起的历史》，人民出版社，2007。

492.廖仲恺：《中国人民和领土在新国家建设上之关系》，《建设杂志》1919年。

493.梁淑英：《论国家领土主权》，《法律适用》1997年第5期。

494.余民才：《自卫权适用的法律问题》，《法学家》2003年第3期。

495.何新华：《试析古代中国的天下观》，《东南亚研究》2006年第1期。

496.高祖贵：《美国霸权的根源分析》，《和平与发展》2004年第4期。

497.门洪华：《美国霸权与国际秩序》，《国际观察》2006年第1期。

498.袁建军：《霸权、制度与冷战后美国全球战略选择》，《世界经济与政治论坛》2016年第1期。

499.张怀民、郝传宇：《从地缘政治理论的历史与现状看其发展趋势》，《现代国家关系》2013年第2期。

500.孔小惠：《地缘政治的涵义、主要理论及其影响国家安全战略的途径分析》，《世界地理研究》2010年第2期。

501.余丽：《互联网在国际政治中的作用研究》，《政治学研究》2012年第4期。

502.张巨成：《人民民主专政理论的历史稽考和当代价值阐释》，《马克思主义研究》2014 年第 9 期。

503.周书灿：《合纵连横：战国中期的军事外交论纲》，《宁波大学学报（人文科学版)》2012 年第 6 期。

504.马尧：《法国再次遭受重创，欧洲反恐战争远未结束》，《世界博览》2015 年第 23 期。

505.史哲：《安理会否决权——"权力政治"的影像》，《欧洲》2002 年第 6 期。